中国统计摘要

2015

中华人民共和国国家统计局　编

图书在版编目(CIP)数据

中国统计摘要. 2015 / 国家统计局编. -- 北京 :
中国统计出版社, 2015.5
ISBN 978-7-5037-7423-2

Ⅰ. ①中… Ⅱ. ①国… Ⅲ. ①经济统计－统计资料－
中国－2015－年刊 Ⅳ. ①C832-54

中国版本图书馆 CIP 数据核字(2015)第 082965 号

中国统计摘要—2015

作　　者 / 中华人民共和国国家统计局
责任编辑 / 郭　栋
封面设计 / 黄　晨
出版发行 / 中国统计出版社
通信地址 / 北京市丰台区西三环南路甲 6 号　邮政编码 / 100073
电　　话 / 邮购 (010) 63376907　书店 (010) 68783172
网　　址 / http://www.zgtjcbs.com
印　　刷 / 河北天普润印刷厂
经　　销 / 新华书店
开　　本 / 710×1000 mm　1/16
字　　数 / 190 千字
印　　张 / 12.75
版　　别 / 2015 年 5 月第 1 版
版　　次 / 2015 年 5 月第 1 次印刷
定　　价 / 58.00 元

《中国统计摘要—2015》

编委会和编辑工作人员

《中国统计摘要—2015》
编委会和编辑工作人员

主　　任：[illegible]

副 主 任：[illegible]

编委会成员（以姓氏笔画为序）

[illegible]

编辑工作人员

总　　编：[illegible]

副 总 编：[illegible]

编辑部主任：[illegible]

编辑部副主任：[illegible]

编辑部成员（以姓氏笔画为序）

[illegible]

编者说明

一、《中国统计摘要》是为及时反映我国国民经济与社会发展情况而编辑的一本综合性简明统计资料年刊。《中国统计摘要-2015》收录了2014年社会经济主要指标数据，同时简要列示了1978年以来的历史资料。内容包括：综合、人口、国民经济核算、就业和工资、价格、人民生活、财政、资源环境和能源、固定资产投资、对外贸易和利用外资、农业、工业、建筑业、消费品零售和旅游、运输和邮电、金融、科技和教育、卫生、社会服务、文化和体育、香港和澳门特别行政区主要社会经济指标、台湾省主要社会经济指标、国际主要社会经济指标及主要统计指标解释。

二、为确保本书的出版时效，书中2014年部分数据为初步统计数，正式数据以日后出版的《中国统计年鉴-2015》为准。

三、书中所涉及的全国性统计指标，除特殊注明外，均未包括香港、澳门特别行政区和台湾省数据。

四、香港特别行政区和澳门特别行政区的统计是构成国家统计总体的一部分。但根据中华人民共和国"香港特别行政区基本法"和"澳门特别行政区基本法"的有关原则，香港、澳门与内地是相对独立的统计区域，根据各自不同的统计制度和法律规定，独立进行统计工作。本书中香港和澳门特别行政区统计资料分别由香港特别行政区政府统计处、澳门特别行政区政府统计暨普查局提供，国家统计局进行编辑。

五、本书中部分数据合计数或相对数由于单位取舍不同而产生的计算误差，均未作机械调整。

六、本书有关符号使用说明：摘要各表中的"空格"表示该项统计指标数据不足本表最小单位数、不详或无该项数据；"#"表示其中的主要项；"*"或"①"表示本表下有注解。

目　　录

一、综合

二、人口

三、国民经济核算

四、就业和工资

五、价格

六、人民生活

十、对外贸易和利用外资

十一、农业

十二、工业

十三、建筑业

十四、消费品零售和旅游

十五、运输和邮电

十六、金融

十七、科技和教育

十八、卫生、社会服务、文化和体育

十九、香港和澳门特别行政区主要社会经济指标

二十、台湾省主要社会经济指标

二十一、国际主要社会经济指标

附录一

附录二

附录三

分地区行政区划（一）

(2014年底)

单位：个

区划名称	地级	#地级市	县级	#市辖区	#县级市	#县	#自治县
全国	**333**	**288**	**2854**	**897**	**361**	**1425**	**117**
北京市			16	14		2	
天津市			16	13		3	
河北省	11	11	171	39	20	106	6
山西省	11	11	119	23	11	85	
内蒙古自治区	12	9	102	22	11	17	
辽宁省	14	14	100	56	17	19	8
吉林省	9	8	60	21	20	16	3
黑龙江省	13	12	128	65	17	45	1
上海市			17	16		1	
江苏省	13	13	99	55	23	21	
浙江省	11	11	90	35	20	34	1
安徽省	16	16	105	43	6	56	
福建省	9	9	85	28	13	44	
江西省	11	11	100	20	10	70	
山东省	17	17	137	51	28	58	
河南省	17	17	158	50	21	87	
湖北省	13	12	103	39	24	37	2
湖南省	14	13	122	35	16	64	7
广东省	21	21	119	61	21	34	3
广西壮族自治区	14	14	110	36	7	55	12
海南省	3	3	24	8	6	4	6
重庆市			38	21		13	4
四川省	21	18	183	49	14	116	4
贵州省	9	6	88	14	7	55	11
云南省	16	8	129	13	13	74	29
西藏自治区	7	3	74	3		71	
陕西省	10	10	107	25	3	79	
甘肃省	14	12	86	17	4	58	7
青海省	8	2	43	5	3	28	7
宁夏回族自治区	5	5	22	9	2	11	
新疆维吾尔自治区	14	2	103	11	24	62	6
香港特别行政区							
澳门特别行政区							
台湾省							

分地区行政区划（二）

（2014年底） 单位：个

区划名称	乡镇级	#镇数	#乡数	#民族乡	#街道办事处
全国	**40381**	**20401**	**12282**	**1020**	**7696**
北京市	329	144	38	5	147
天津市	240	121	6	1	113
河北省	2246	1050	907	50	288
山西省	1398	564	632	0	202
内蒙古自治区	1010	495	275	18	240
辽宁省	1530	645	217	56	668
吉林省	900	434	184	28	282
黑龙江省	1231	513	380	53	338
上海市	209	107	2	0	100
江苏省	1274	780	79	1	415
浙江省	1321	629	258	14	434
安徽省	1505	938	315	9	252
福建省	1104	628	301	19	175
江西省	1548	816	587	8	145
山东省	1826	1114	81	0	631
河南省	2420	1103	718	12	599
湖北省	1233	761	170	10	302
湖南省	2414	1153	902	97	359
广东省	1587	1128	11	7	448
广西壮族自治区	1243	773	350	59	120
海南省	218	176	21	0	21
重庆市	1023	610	207	14	206
四川省	4648	1937	2382	98	329
贵州省	1396	762	500	208	134
云南省	1389	665	561	140	163
西藏自治区	694	140	544	9	10
陕西省	1420	1142	74	0	204
甘肃省	1351	526	702	34	123
青海省	399	140	225	28	34
宁夏回族自治区	237	102	91	0	44
新疆维吾尔自治区	1038	305	562	42	170
香港特别行政区					
澳门特别行政区					
台湾省					

注：乡镇级总数包含河北省、新疆维吾尔自治区的各一个区公所。

按行业分法人单位数

单位：个

行 业 门 类	2009年	2010年	2011年	2012年	2013年
全国总计	**8003868**	**8754588**	**9593729**	**10616530**	**10825611**
农、林、牧、渔业	184764	242429	321086	440853	161824
采矿业	103403	104065	105490	107596	89112
制造业	1959254	2098370	2240315	2380759	2252225
电力、燃气及水的生产和供应业	62038	64151	66652	69947	70409
建筑业	261694	302232	346026	391392	347519
交通运输、仓储和邮政业	175914	195829	219630	249832	262048
信息传输、计算机服务和软件业	176326	191182	208867	245669	226107
批发和零售业	1670315	1965118	2276295	2630690	2810531
住宿和餐饮业	154895	164762	172070	186837	199592
金融业	36907	45512	55513	67554	
房地产业	244043	284726	323985	356717	343924
租赁和商务服务业	511666	590478	687575	813851	916953
科学研究、技术服务和地质勘查业	233221	256865	283777	324932	455778
水利、环境和公共设施管理业	61740	64794	69186	75981	84803
居民服务和其他服务业	141936	158152	175813	196880	190692
教育	342003	342408	346390	355072	413908
卫生、社会保障和社会福利业	209016	205778	205173	206885	249567
文化、体育和娱乐业	90891	95633	102775	121126	230544
公共管理和社会组织	1383842	1382104	1387111	1393957	1520075

注：1.2013年为经济普查年份，农、林、牧、渔业统计口径与其他年份不同，法人单位数为农、林、牧、渔服务业和兼营第二、第三产业活动的农、林、牧、渔业法人单位。

2.2013年数据不包括金融业、铁路运输业和无分组标识的部分数据。

3.统计范围不包括国际组织(下表同)。

分地区按三次产业分法人单位数

(2013年) 单位：个

地区	法人单位数	第一产业	第二产业	#工业	第三产业
全国总计	**10825611**	**1815**	**2743347**	**2395828**	**8080449**
北京	627051	60	51740	33314	575251
天津	211404	1	53924	44683	157479
河北	434833	38	115349	101325	319446
山西	205135	34	34163	27971	170938
内蒙古	157864	70	25614	21376	132180
辽宁	415421	48	108790	89063	306583
吉林	130301	34	26435	21494	103832
黑龙江	173343	183	33483	27335	139677
上海	409125	10	95065	78902	314050
江苏	1047033	28	391733	348449	655272
浙江	962213	152	393069	369653	568992
安徽	350360	86	91946	75873	258328
福建	373792	72	104108	93986	269612
江西	241367	28	58424	51314	182915
山东	823846	27	218082	188123	605737
河南	510502	13	120655	107811	389834
湖北	424368	79	82924	66485	341365
湖南	403026	43	80298	72066	322685
广东	1070306	87	334528	310589	735691
广西	236831	129	34375	29645	202327
海南	45679	68	6373	3199	39238
重庆	254834	89	53576	46457	201169
四川	373424	47	68083	58275	305294
贵州	146514	17	32330	28713	114167
云南	190607	89	32809	25049	157709
西藏	21162	1	3302	1235	17859
陕西	243170	17	42776	32297	200377
甘肃	130203	33	18458	15621	111712
青海	34202	20	5321	4114	28861
宁夏	43029	20	7220	5951	35789
新疆	134666	192	18394	15460	116080

分地区按行业分法人单位数（一）

(2013年)　　单位：个

地区	法人单位数	农、林、牧、渔业	采矿业	制造业	电力、煤气及水的生产和供应业	建筑业	交通运输、仓储和邮政业
全国总计	**10825611**	**161824**	**89112**	**2252225**	**70409**	**347519**	**262048**
北　京	627051	561	127	33023	638	18426	14150
天　津	211404	481	93	44653	528	9241	10440
河　北	434833	9590	6588	93568	1839	14024	9582
山　西	205135	5022	5567	21612	1211	6192	5205
内蒙古	157864	7416	4657	15438	1587	4238	4492
辽　宁	415421	9607	5444	82972	1895	19727	12109
吉　林	130301	7610	1182	19348	1149	4941	3146
黑龙江	173343	10946	1866	24466	1367	6148	4305
上　海	409125	368	2	79599	165	16163	15013
江　苏	1047033	12971	643	346771	2471	43284	25948
浙　江	962213	4118	1279	365388	4338	23416	16851
安　徽	350360	11993	2405	71494	2426	16073	10242
福　建	373792	2468	2157	86140	6096	10122	8976
江　西	241367	4108	3635	44179	3758	7110	8097
山　东	823846	12933	3733	183231	2399	29959	21632
河　南	510502	10713	5741	100313	2181	12844	9392
湖　北	424368	7819	3749	60233	2969	16439	10062
湖　南	403026	7023	7122	59905	5339	8232	6398
广　东	1070306	8613	2794	300938	8431	23939	26662
广　西	236831	3420	2988	24216	2587	4730	5092
海　南	45679	784	240	2661	345	3174	1127
重　庆	254834	2982	2206	42594	1929	7119	5035
四　川	373424	4505	4660	48284	5701	9808	7846
贵　州	146514	1084	5575	21692	1606	3617	2648
云　南	190607	4541	5739	17148	2291	7760	4006
西　藏	21162	44	160	981	119	2067	254
陕　西	243170	1958	3314	28282	1831	10479	4885
甘　肃	130203	1872	1779	12677	1374	2837	2514
青　海	34202	465	715	2997	443	1207	710
宁　夏	43029	1117	676	5040	282	1269	979
新　疆	134666	4692	2276	12382	1114	2934	4250

分地区按行业分法人单位数（二）

(2013年)　　　　单位：个

地　区	信息传输、计算机服务和软件业	批发和零售业	住宿和餐饮业	房地产业	租赁和商务服务业
全国总计	**226107**	**2810531**	**199592**	**343924**	**916953**
北　京	47608	190705	16323	17806	134953
天　津	7844	66138	2981	5842	23441
河　北	4211	111227	4458	13782	24379
山　西	1744	45404	3411	6747	12053
内蒙古	1869	39002	2773	6041	10390
辽　宁	8724	115758	6474	15314	32694
吉　林	2399	28095	1594	4384	8223
黑龙江	2703	39955	2693	6024	9757
上　海	14045	145683	12514	15129	51181
江　苏	21460	299067	11328	29144	77822
浙　江	16505	253594	13887	23807	73675
安　徽	6130	82267	5874	12522	28508
福　建	6636	97491	6430	10048	29040
江　西	2506	44458	3291	7337	15567
山　东	10079	236206	12168	21817	49917
河　南	4809	99916	11136	14387	22923
湖　北	7728	119635	10214	15705	30386
湖　南	5672	91397	9228	11361	24175
广　东	27126	291131	18606	41719	131863
广　西	2546	64262	3472	8447	18610
海　南	855	10880	1362	4165	4543
重　庆	5775	80603	12436	8709	20506
四　川	5120	56653	7794	10927	25165
贵　州	1410	28382	4060	5550	9129
云　南	3433	41751	3572	7488	14332
西　藏	144	1913	461	158	1004
陕　西	3694	55337	5933	8226	13100
甘　肃	1047	25811	2483	3845	6033
青　海	373	5312	734	1139	2094
宁　夏	422	10963	702	1371	2643
新　疆	1490	31535	1200	4983	8847

分地区按行业分法人单位数（三）

(2013年)　　单位：个

地　区	科学研究、技术服务和地质勘查业	水利、环境和公共设施管理业	居民服务和其他服务业	教　育	卫生、社会保障和社会福利业	文化、体育和娱乐业	公共管理和社会组织
全国总计	**455778**	**84803**	**190692**	**413908**	**249567**	**230544**	**1520075**
北　京	71148	3964	18734	11145	3811	26787	17142
天　津	14491	1416	5798	3803	1500	2544	10170
河　北	13650	3243	6292	19794	9432	7388	81786
山　西	6911	2583	2801	10068	5321	5601	57682
内蒙古	5512	2129	2621	6488	4775	3104	35332
辽　宁	17888	3745	7471	13308	11978	7967	42346
吉　林	4556	1335	2942	5572	3483	2736	27606
黑龙江	5916	1708	2748	7719	5573	3988	35461
上　海	17386	2035	12073	5708	3118	6266	12677
江　苏	40130	7501	14760	17858	14231	15410	66234
浙　江	25323	5542	12375	21049	7375	14697	78994
安　徽	12606	3043	5473	14217	8574	8852	47661
福　建	12126	3028	5993	13974	7483	7234	58350
江　西	6936	2414	3892	13457	9845	5098	55679
山　东	40568	5025	11901	24364	18572	11541	127801
河　南	24110	4033	6898	40079	34020	13048	93959
湖　北	20212	4821	9419	17774	11427	10128	65648
湖　南	13489	3866	7827	21741	16035	14474	89742
广　东	35982	5549	17589	36113	10362	14695	68194
广　西	10361	2762	3541	18301	5387	6665	49444
海　南	1525	384	847	3110	1054	1343	7280
重　庆	6947	1710	7613	10133	5337	5682	27518
四　川	15817	3537	5285	23458	17582	12806	108476
贵　州	3919	1224	3418	9880	3998	2853	36469
云　南	7507	2347	3122	9890	5171	5432	45077
西　藏	445	72	125	791	318	363	11743
陕　西	9181	2661	4236	14851	14694	5611	54897
甘　肃	3713	1156	1805	9421	3941	3331	44564
青　海	1266	445	477	1677	1050	888	12210
宁　夏	1209	395	691	1855	914	1087	11414
新　疆	4948	1130	1925	6310	3206	2925	38519

国民经济与社会发展总量指标（一）

指　　标	单　位	1978年	1990年	2000年	2013年	2014年
人口						
年末总人口	万人	96259	114333	126743	136072	136782
城镇人口	万人	17245	30195	45906	73111	74916
乡村人口	万人	79014	84138	80837	62961	61866
就业和失业						
就业人员	万人	40152	64749	72085	76977	77253
#城镇就业人员	万人	9514	17041	23151	38240	39310
城镇登记失业人员	万人	530	383	595	926	952
国民经济核算						
国内生产总值	亿元	3650.2	18774.3	99776.3	588018.8	636462.7
第一产业	亿元	1018.4	5017.0	14716.2	55321.7	58331.6
第二产业	亿元	1736.0	7678.0	45326.0	256810.0	271392.4
第三产业	亿元	895.8	6079.3	39734.1	275887.0	306738.7
人均国内生产总值	元	381.8	1653.9	7902.2	43320.1	46652.3
支出法国内生产总值	亿元	3605.6	18968.4	100080.1	589737.2	640796.4
最终消费支出	亿元	2239.1	12011.1	63729.2	301008.4	328311.2
资本形成总额	亿元	1377.9	6447.0	33960.7	274176.7	295022.3
货物和服务净出口	亿元	-11.4	510.3	2390.2	14552.1	17462.9
居民收入						
全国居民人均可支配收入	元				18311	20167
城镇居民人均可支配收入	元	343	1510	6280	26467	28844
农村居民人均纯收入	元	134	686	2253	9430	10489
财政						
公共财政收入	亿元	1132.3	2937.1	13395.2	129209.6	140349.7
公共财政支出	亿元	1122.1	3083.6	15886.5	140212.1	151661.5
能源						
能源生产总量	万吨标准煤	62770	103922	138570	358784	360000
能源消费总量	万吨标准煤	57144	98703	146964	416913	426000
固定资产投资						
全社会固定资产投资总额	亿元		4517.0	32917.7	446294.1	512760.7
#房地产开发	亿元		253.3	4984.1	86013.4	95035.6
对外贸易和实际利用外资						
货物进出口总额	亿美元	206.4	1154.4	4742.9	41589.9	43030.4
出口额	亿美元	97.5	620.9	2492.0	22090.0	23427.5
进口额	亿美元	108.9	533.5	2250.9	19499.9	19602.9
外商直接投资	亿美元		34.9	407.2	1175.9	1195.6
主要农业、工业产品产量						
粮食	万吨	30476.5	44624.3	46217.5	60193.8	60702.6
棉花	万吨	216.7	450.8	441.7	629.9	617.8
油料	万吨	521.8	1613.2	2954.8	3517.0	3507.4
肉类	万吨			6013.9	8535.0	8706.7
原煤	亿吨	6.18	10.80	13.84	39.74	38.74
原油	万吨	10405	13831	16300	20992	21143
水泥	万吨	6524	20971	59700	241924	247614
粗钢	万吨	3178	6635	12850	81314	82270
发电量	亿千瓦小时	2566	6212	13556	54316	56496

国民经济与社会发展总量指标（二）

指　　标	单　位	1978年	1990年	2000年	2013年	2014年
建筑业						
建筑业总产值	亿元		1345	12498	160366	176713
消费品零售和旅游						
社会消费品零售总额	亿元	1559	8300	39106	242843	271896
入境过夜游客	万人次	71.6	1048.4	3122.9	5568.6	5562.2
国际旅游外汇收入	亿美元	2.6	22.2	162.2	516.6	569.1
运输和邮电						
沿海主要港口货物吞吐量	万吨	19834	48321	125603	728098	769557
邮电业务总量	亿元	34.1	155.5	4792.7	18432.2	21845.6
移动电话用户	万户		1.8	8453.3	122911.3	128609.3
固定电话用户	万户	192.5	685.0	14482.9	26698.5	24943.0
金融						
金融机构人民币各项存款余额	亿元	1155	13943	123804	1043847	1138645
金融机构人民币各项贷款余额	亿元	1890	17511	99371	718961	816770
科技、教育、卫生、文化						
研究与试验发展经费支出	亿元			895.7	11847.0	13312.0
技术市场成交额	亿元			651	7469	8577
在校学生数						
#普通本、专科	万人	85.6	206.3	556.1	2468.1	2547.7
普通高中	万人	1553.1	717.3	1201.3	2435.9	2400.5
初中	万人	4995.2	3916.6	6256.3	4440.1	4384.6
普通小学	万人	14624.0	12241.4	13013.3	9360.5	9451.1
医院数	个	9293	14377	16318	24709	25861
医院床位数	万张	110.0	186.9	216.7	457.9	496.1
执业(助理)医师	万人	97.8	176.3	207.6	279.5	289.3
图书总印数	亿册(张)	37.7	56.4	62.7	83.1	84.0
期刊总印数	亿册	7.6	17.9	29.4	32.7	32.0
报纸总印数	亿份	127.8	211.3	329.3	482.4	465.0
社会保障						
参加基本养老保险人数	万人		6166	13617	81968	84232
参加城镇基本医疗保险人数	万人			3787	57073	59747
参加失业保险人数	万人			10408	16417	17043
参加工伤保险人数	万人			4350	19917	20639
参加生育保险人数	万人			3002	16392	17039
社会保险基金收入	亿元		187	2645	35253	39828

注：1.由于计算误差的影响，按支出法计算的国内生产总值不等于按生产法计算的国内生产总值。

2.居民人均可支配收入2013年起为城乡一体化住户收支与生活状况调查数据，与此前分城镇和农村住户调查的统计口径有所不同。

3.本表价值量指标中，邮电业务总量2000年及以前按1990年不变价格计算，2001-2010年按2000年不变价格计算，2011年起按2010年不变价格计算。其余指标按当年价格计算。

国民经济与社会发展速度指标（一）

指　　标	2014年为下列各年%				平均每年增长%		
	1978年	1990年	2000年	2013年	1979-2014年	1991-2014年	2001-2014年
人口							
年末总人口	142.1	119.6	107.9	100.5	1.0	0.7	0.5
城镇人口	434.4	248.1	163.2	102.5	4.2	3.9	3.6
乡村人口	78.3	73.5	76.5	98.3	-0.7	-1.3	-1.9
就业和失业							
就业人员	192.4	119.3	107.2	100.4	1.8	0.7	0.5
#城镇就业人员	413.2	230.7	169.8	102.8	4.0	3.5	3.9
城镇登记失业人员	179.6	248.6	160.0	102.8	1.6	3.9	3.4
国民经济核算							
国内生产总值	999.4	370.4	136.4	107.4	9.7	10.1	9.8
第一产业	252.6	174.9	117.6	104.1	4.5	3.9	4.1
第二产业	1459.8	410.9	138.4	107.3	11.1	11.8	10.6
第三产业	1063.2	400.7	138.3	108.1	10.7	10.4	10.4
财政收支							
公共财政收入	12395.5	4778.5	1047.8	108.6	14.3	17.5	18.3
公共财政支出	13516.0	4918.3	954.7	108.2	14.6	17.6	17.5
能源							
能源生产总量	573.5	346.4	259.8	100.3	5.0	5.3	7.1
能源消费总量	745.5	431.6	289.9	102.2	5.7	6.3	7.9
固定资产投资							
全社会固定资产投资总额		11351.8	1557.7	114.9		22.3	22.4
#房地产开发		37519.0	1906.8	110.5		29.6	24.7
对外贸易和实际利用外资							
货物进出口总额	20848.0	3727.5	907.3	103.5	16.0	16.3	17.1
出口额	24028.2	3773.1	940.1	106.1	16.4	16.3	17.4
进口额	18000.8	3674.4	870.9	100.5	15.5	16.2	16.7
外商直接投资		3428.8	293.6	101.7		15.9	8.0
主要农业、工业产品产量							
粮食	199.2	136.0	131.3	100.8	1.9	1.3	2.0
棉花	285.1	137.1	139.9	98.1	3.0	1.3	2.4
油料	672.2	217.4	118.7	99.7	5.4	3.3	1.2
肉类			144.8	102.0			2.7
原煤	626.8	358.7	279.9	97.5	5.2	5.5	7.6
原油	203.2	152.9	129.7	100.7	2.0	1.8	1.9
水泥	3795.4	1180.7	414.8	102.4	10.6	10.8	10.7
粗钢	2588.7	1239.9	640.2	101.2	9.5	11.1	14.2
发电量	2201.7	909.5	416.8	104.0	9.0	9.6	10.7

国民经济与社会发展速度指标（二）

指　　标	2014年为下列各年%				平均每年增长%		
	1978年	1990年	2000年	2013年	1979－2014年	1991－2014年	2001－2014年
建筑业							
建筑业总产值		13139	1414.0	110.2		22.5	20.8
消费品零售和旅游							
社会消费品零售总额	17444.9	3275.8	695.3	112.0	15.4	15.6	14.9
入境过夜游客	7768.4	530.5	178.1	99.9	12.9	7.2	4.2
国际旅游外汇收入	21638.8	2565.8	350.9	110.2	16.1	14.5	9.4
运输和邮电							
沿海主要港口货物吞吐量	3880.0	1592.6	612.7	105.7	10.7	12.2	13.8
邮电业务总量	239832	52562	1705.8	118.5	24.1	29.8	22.5
移动电话用户		7144961	1521.4	104.6		59.3	21.5
固定电话用户	12954.4	3641.2	172.2	93.4	14.5	16.2	4.0
科技、教育、卫生、文化							
研究与试验发展经费支出			1486.3	112.4			21.3
技术市场成交额			1318.0	114.8			20.2
在校学生数							
#普通本、专科	2975.2	1235.1	458.1	103.2	9.9	11.0	11.5
普通高中	154.6	334.7	199.8	98.5	1.2	5.2	5.1
初中	87.8	112.0	70.1	98.8	-0.4	0.5	-2.5
普通小学	64.6	77.2	72.6	101.0	-1.2	-1.1	-2.3
医院数	278.3	179.9	158.5	104.7	2.9	2.5	3.3
医院床位数	451.0	265.5	229.0	108.4	4.3	4.2	6.1
执业(助理)医师	295.8	164.1	139.4	103.5	3.1	2.1	2.4
图书总印数	222.8	148.9	134.0	101.1	2.3	1.7	2.1
期刊总印数	421.1	178.8	108.8	97.9	4.1	2.5	0.6
报纸总印数	363.8	220.1	141.2	96.4	3.7	3.3	2.5

注：本表价值量指标中，国内生产总值、居民收入和邮电业务总量按可比价格计算，其他按当年价格计算；固定资产投资总额平均每年增长速度按累计法计算。

国民经济与社会发展结构指标

单位：%

指　　标	1978年	1990年	2000年	2013年	2014年
人口					
城镇	17.9	26.4	36.2	53.7	54.8
乡村	82.1	73.6	63.8	46.3	45.2
就业人员					
第一产业	70.5	60.1	50.0	31.4	29.5
第二产业	17.3	21.4	22.5	30.1	29.9
第三产业	12.2	18.5	27.5	38.5	40.6
国内生产总值					
第一产业	27.9	26.7	14.7	9.4	9.2
第二产业	47.6	40.9	45.4	43.7	42.6
第三产业	24.5	32.4	39.8	46.9	48.2
公共财政收入					
中央	15.5	33.8	52.2	46.6	45.9
地方	84.5	66.2	47.8	53.4	54.1
公共财政支出					
中央	47.4	32.6	34.7	14.6	14.9
地方	52.6	67.4	65.3	85.4	85.1
货物进出口总额					
出口总额	47.2	53.8	52.5	53.1	54.4
初级产品		25.6	10.2	4.9	4.8
工业制成品		74.4	89.8	95.1	95.2
进口总额	52.8	46.2	47.5	46.9	45.6
初级产品		18.5	20.8	33.7	33.0
工业制成品		81.5	79.2	66.3	67.0
财政收入与GDP之比	31.0	15.6	13.4	22.0	22.1
财政支出与GDP之比	30.7	16.4	15.9	23.8	23.8
R&D经费与GDP之比			0.90	2.01	2.09

注：全社会劳动生产率为国内生产总值与就业人员的比率(单位：元/人，以2010年不变价格计算)。

东、中、西、东北地区主要经济指标(一)

(2014年)

指　标	单位	东部地区	占全国比重(%)	中部地区	占全国比重(%)
国民经济核算					
国内(地区)生产总值	亿元	350052.5	51.2	138671.7	20.3
第一产业	亿元	20133.7	34.5	15350.7	26.3
第二产业	亿元	159195.7	49.5	69160.3	21.5
第三产业	亿元	170723.1	56.1	54160.6	17.8
固定资产投资					
全社会固定资产投资额	亿元	206453.7	40.8	124111.7	24.5
对外贸易					
货物进出口总额	亿美元	35419.9	82.3	2474.3	5.8
出口总额	亿美元	18848.9	80.5	1585.3	6.8
进口总额	亿美元	16571.0	84.5	889.0	4.5
农业					
主要农产品产量					
粮食	万吨	14768.2	24.3	18247.8	30.1
棉花	万吨	132.0	21.4	105.6	17.1
油料	万吨	812.7	23.2	1527.7	43.6
工业					
主要工业产品产量					
原油	万吨	7866.1	37.2	549.5	2.6
水泥	万吨	86002.9	34.7	68011.1	27.5
粗钢	万吨	44502.4	54.1	16868.3	20.5
发电量	亿千瓦小时	21272.0	37.7	11980.1	21.2
建筑业					
建筑业总产值	亿元	95355.6	54.0	36701.5	20.8
消费品零售					
社会消费品零售总额	亿元	140947.9	51.8	56145.2	20.6

注：1.东部10省(市)包括北京、天津、河北、上海、江苏、浙江、福建、山东、广东和海南；中部6省包括山西、安徽、江西、河南、湖北和湖南。

2.占全国比重以各地区合计数为100计算。

东、中、西、东北地区主要经济指标(二)

(2014年)

指　　标	单位	西部地区	占全国比重(%)	东北地区	占全国比重(%)
国民经济核算					
国内(地区)生产总值	亿元	138073.5	20.2	57469.8	8.4
第一产业	亿元	16426.8	28.2	6421.8	11.0
第二产业	亿元	66090.1	20.5	27175.9	8.4
第三产业	亿元	55556.7	18.3	23872.1	7.8
固定资产投资					
全社会固定资产投资额	亿元	129171.1	25.5	46095.6	9.1
对外贸易					
货物进出口总额	亿美元	3343.8	7.8	1792.4	4.2
出口总额	亿美元	2174.6	9.3	818.8	3.5
进口总额	亿美元	1169.2	6.0	973.6	5.0
农业					
主要农产品产量					
粮食	万吨	16157.6	26.6	11528.9	19.0
棉花	万吨	380.2	61.5	0.1	0.01
油料	万吨	1000.5	28.5	166.5	4.7
工业					
主要工业产品产量					
原油	万吨	7041.6	33.3	5685.9	26.9
水泥	万吨	80386.7	32.5	13212.8	5.3
粗钢	万吨	12646.6	15.4	8252.5	10.0
发电量	亿千瓦小时	19942.7	35.3	3300.9	5.8
建筑业					
建筑业总产值	亿元	32133.4	18.2	12522.9	7.1
消费品零售					
社会消费品零售总额	亿元	49849.8	18.3	24953.2	9.2

注：1.西部12省(区、市)包括内蒙古、广西、重庆、四川、贵州、云南、西藏、陕西、甘肃、青海、宁夏和新疆；东北3省包括辽宁、吉林和黑龙江。

2.占全国比重以各地区合计数为100计算。

京津冀、长江经济带国民经济和社会发展主要指标

(2014年)

指　　标	单位	京津冀		长江经济带	
		绝对数	占全国比重(%)	绝对数	占全国比重(%)
国民核算					
国内(地区)生产总值	亿元	66474.5	9.7	284643.3	41.6
第一产业	亿元	3806.3	6.5	23798.3	40.8
第二产业	亿元	27297.1	8.5	133469.5	41.5
第三产业	亿元	35371.1	11.6	127375.4	41.9
固定资产投资					
全社会固定资产投资额	亿元	44114.3	8.7	209375.4	41.4
对外贸易					
货物进出口总额	亿美元	6094.5	14.2	17576.0	40.8
出口总额	亿美元	1506.6	6.4	10720.4	45.8
进口总额	亿美元	4587.9	23.4	6855.6	35.0
农业					
主要农产品产量					
粮食	万吨	3600.1	5.9	23024.0	37.9
棉花	万吨	46.9	7.6	108.5	17.6
油料	万吨	151.4	4.3	1625.0	46.3
工业					
主要工业产品产量					
原油	万吨	3667.2	17.3	310.0	1.5
水泥	亿千瓦小时	12338.8	5.0	119057.0	48.1
粗钢	万吨	20819.5	25.3	28648.3	34.8
发电量	万辆	3489.4	6.2	22681.3	40.1
建筑业					
建筑业总产值	亿元	17959.0	10.2	96761.0	54.8
国内贸易					
社会消费品零售总额	亿元	26197.1	9.6	112692.7	41.4

注：1.根据2014年9月12日《国务院关于依托黄金水道推动长江经济带发展的指导意见》(国发〔2014〕39号)，长江经济带统计范围为上海、江苏、浙江、安徽、江西、湖北、湖南、重庆、四川、云南、贵州等11省市。

2.占全国比重以全国各地区合计数为100计算。

人　口　数

(年末数)　　　　单位：万人

年　份	总人口	按性别分		按城乡分	
		男	女	城镇人口	乡村人口
1978	96259	49567	46692	17245	79014
1979	97542	50192	47350	18495	79047
1980	98705	50785	47920	19140	79565
1981	100072	51519	48553	20171	79901
1982	101654	52352	49302	21480	80174
1983	103008	53152	49856	22274	80734
1984	104357	53848	50509	24017	80340
1985	105851	54725	51126	25094	80757
1986	107507	55581	51926	26366	81141
1987	109300	56290	53010	27674	81626
1988	111026	57201	53825	28661	82365
1989	112704	58099	54605	29540	83164
1990	114333	58904	55429	30195	84138
1991	115823	59466	56357	31203	84620
1992	117171	59811	57360	32175	84996
1993	118517	60472	58045	33173	85344
1994	119850	61246	58604	34169	85681
1995	121121	61808	59313	35174	85947
1996	122389	62200	60189	37304	85085
1997	123626	63131	60495	39449	84177
1998	124761	63940	60821	41608	83153
1999	125786	64692	61094	43748	82038
2000	126743	65437	61306	45906	80837
2001	127627	65672	61955	48064	79563
2002	128453	66115	62338	50212	78241
2003	129227	66556	62671	52376	76851
2004	129988	66976	63012	54283	75705
2005	130756	67375	63381	56212	74544
2006	131448	67728	63720	58288	73160
2007	132129	68048	64081	60633	71496
2008	132802	68357	64445	62403	70399
2009	133450	68647	64803	64512	68938
2010	134091	68748	65343	66978	67113
2011	134735	69068	65667	69079	65656
2012	135404	69395	66009	71182	64222
2013	136072	69728	66344	73111	62961
2014	136782	70079	66703	74916	61866

注：1.本表1982年以前数据为户籍统计数，1990、2000和2010年数据为当年人口普查数据推算数，其余年份数据根据年度人口抽样调查推算。

2.1982年以前的城镇人口是指市辖区和建制镇内全部人口；乡村人口是指县人口，但不包括镇人口。1982年及以后的城乡人口是按国家统计局关于统计上划分城乡规定计算的。

人口出生率、死亡率、自然增长率、人口密度和城镇人口比重

年份	出生率 (‰)	死亡率 (‰)	自然增长率 (‰)	人口密度 (人/平方公里)	城镇人口占总人口比重 (%)
1978	18.25	6.25	12.00	100	17.92
1979	17.82	6.21	11.61	102	18.96
1980	18.21	6.34	11.87	103	19.39
1981	20.91	6.36	14.55	104	20.16
1982	22.28	6.60	15.68	106	21.13
1983	20.19	6.90	13.29	107	21.62
1984	19.90	6.82	13.08	109	23.01
1985	21.04	6.78	14.26	110	23.71
1986	22.43	6.86	15.57	112	24.52
1987	23.33	6.72	16.61	114	25.32
1988	22.37	6.64	15.73	116	25.81
1989	21.58	6.54	15.04	117	26.21
1990	21.06	6.67	14.39	119	26.41
1991	19.68	6.70	12.98	121	26.94
1992	18.24	6.64	11.60	122	27.46
1993	18.09	6.64	11.45	123	27.99
1994	17.70	6.49	11.21	125	28.51
1995	17.12	6.57	10.55	126	29.04
1996	16.98	6.56	10.42	127	30.48
1997	16.57	6.51	10.06	129	31.91
1998	15.64	6.50	9.14	130	33.35
1999	14.64	6.46	8.18	131	34.78
2000	14.03	6.45	7.58	132	36.22
2001	13.38	6.43	6.95	133	37.66
2002	12.86	6.41	6.45	134	39.09
2003	12.41	6.40	6.01	135	40.53
2004	12.29	6.42	5.87	135	41.76
2005	12.40	6.51	5.89	136	42.99
2006	12.09	6.81	5.28	137	44.34
2007	12.10	6.93	5.17	138	45.89
2008	12.14	7.06	5.08	138	46.99
2009	11.95	7.08	4.87	139	48.34
2010	11.90	7.11	4.79	140	49.95
2011	11.93	7.14	4.79	140	51.27
2012	12.10	7.15	4.95	141	52.57
2013	12.08	7.16	4.92	142	53.73
2014	12.37	7.16	5.21	142	54.77

人口年龄结构和抚养比

年份	总人口(年末)(万人)	各年龄段人口比重(%)			总抚养比(%)		
		0-14岁	15-64岁	65岁及以上		少儿抚养比	老年抚养比
1982	101654	33.6	61.5	4.9	62.6	54.6	8.0
1987	109300	28.7	65.9	5.4	51.8	43.5	8.3
1990	114333	27.7	66.7	5.6	49.8	41.5	8.3
1991	115823	27.7	66.3	6.0	50.8	41.8	9.0
1992	117171	27.6	66.2	6.2	51.0	41.7	9.3
1993	118517	27.2	66.7	6.2	49.9	40.7	9.2
1994	119850	27.0	66.6	6.4	50.1	40.5	9.5
1995	121121	26.6	67.2	6.2	48.8	39.6	9.2
1996	122389	26.4	67.2	6.4	48.8	39.3	9.5
1997	123626	26.0	67.5	6.5	48.1	38.5	9.7
1998	124761	25.7	67.6	6.7	47.9	38.0	9.9
1999	125786	25.4	67.7	6.9	47.7	37.5	10.2
2000	126743	22.9	70.1	7.0	42.6	32.6	9.9
2001	127627	22.5	70.4	7.1	42.0	32.0	10.1
2002	128453	22.4	70.3	7.3	42.2	31.9	10.4
2003	129227	22.1	70.4	7.5	42.0	31.4	10.7
2004	129988	21.5	70.9	7.6	41.0	30.3	10.7
2005	130756	20.3	72.0	7.7	38.8	28.1	10.7
2006	131448	19.8	72.3	7.9	38.3	27.3	11.0
2007	132129	19.4	72.5	8.1	37.9	26.8	11.1
2008	132802	19.0	72.7	8.3	37.4	26.0	11.3
2009	133450	18.5	73.0	8.5	36.9	25.3	11.6
2010	134091	16.6	74.5	8.9	34.2	22.3	11.9
2011	134735	16.5	74.4	9.1	34.4	22.1	12.3
2012	135404	16.5	74.1	9.4	34.9	22.2	12.7
2013	136072	16.4	73.9	9.7	35.3	22.2	13.1
2014	136782	16.5	73.4	10.1	36.1	22.5	13.7

分地区年末常住人口

单位：万人

地 区	2006年	2007年	2008年	2009年	2010年	2011年	2012年	2013年	2014年
全 国	**131448**	**132129**	**132802**	**133450**	**134091**	**134735**	**135404**	**136072**	**136782**
北 京	1601	1676	1771	1860	1962	2019	2069	2115	2152
天 津	1075	1115	1176	1228	1299	1355	1413	1472	1517
河 北	6898	6943	6989	7034	7194	7241	7288	7333	7384
山 西	3375	3393	3411	3427	3574	3593	3611	3630	3648
内蒙古	2415	2429	2444	2458	2472	2482	2490	2498	2505
辽 宁	4271	4298	4315	4341	4375	4383	4389	4390	4391
吉 林	2723	2730	2734	2740	2747	2749	2750	2751	2752
黑龙江	3823	3824	3825	3826	3833	3834	3834	3835	3833
上 海	1964	2064	2141	2210	2303	2347	2380	2415	2426
江 苏	7656	7723	7762	7810	7869	7899	7920	7939	7960
浙 江	5072	5155	5212	5276	5447	5463	5477	5498	5508
安 徽	6110	6118	6135	6131	5957	5968	5988	6030	6083
福 建	3585	3612	3639	3666	3693	3720	3748	3774	3806
江 西	4339	4368	4400	4432	4462	4488	4504	4522	4542
山 东	9309	9367	9417	9470	9588	9637	9685	9733	9789
河 南	9392	9360	9429	9487	9405	9388	9406	9413	9436
湖 北	5693	5699	5711	5720	5728	5758	5779	5799	5816
湖 南	6342	6355	6380	6406	6570	6596	6639	6691	6737
广 东	9442	9660	9893	10130	10441	10505	10594	10644	10724
广 西	4719	4768	4816	4856	4610	4645	4682	4719	4754
海 南	836	845	854	864	869	877	887	895	903
重 庆	2808	2816	2839	2859	2885	2919	2945	2970	2991
四 川	8169	8127	8138	8185	8045	8050	8076	8107	8140
贵 州	3690	3632	3596	3537	3479	3469	3484	3502	3508
云 南	4483	4514	4543	4571	4602	4631	4659	4687	4714
西 藏	285	289	292	296	300	303	308	312	318
陕 西	3699	3708	3718	3727	3735	3743	3753	3764	3775
甘 肃	2547	2548	2551	2555	2560	2564	2578	2582	2591
青 海	548	552	554	557	563	568	573	578	583
宁 夏	604	610	618	625	633	639	647	654	662
新 疆	2050	2095	2131	2159	2185	2209	2233	2264	2298

注：1.全国数据包括中国人民解放军现役军人数，但不包括香港、澳门特别行政区和台湾地区数据；分省数据中未包括中国人民解放军现役军人数。

2.2010年数据为当年人口普查数据推算数，其余年份数据根据年度人口抽样调查推算。

分地区年末城镇人口比重

单位：%

地区	2006年	2007年	2008年	2009年	2010年	2011年	2012年	2013年	2014年
全国	**44.34**	**45.89**	**46.99**	**48.34**	**49.95**	**51.27**	**52.57**	**53.73**	**54.77**
北京	84.33	84.50	84.90	85.00	85.96	86.20	86.20	86.30	86.35
天津	75.73	76.31	77.23	78.01	79.55	80.50	81.55	82.01	82.27
河北	38.77	40.25	41.90	43.74	44.50	45.60	46.80	48.12	49.33
山西	43.01	44.03	45.11	45.99	48.05	49.68	51.26	52.56	53.79
内蒙古	48.64	50.15	51.71	53.40	55.50	56.62	57.74	58.71	59.51
辽宁	58.99	59.20	60.05	60.35	62.10	64.05	65.65	66.45	67.05
吉林	52.97	53.16	53.21	53.32	53.35	53.40	53.70	54.20	54.81
黑龙江	53.50	53.90	55.40	55.50	55.66	56.50	56.90	57.40	58.01
上海	88.70	88.70	88.60	88.60	89.30	89.30	89.30	89.60	89.60
江苏	51.90	53.20	54.30	55.60	60.58	61.90	63.00	64.11	65.21
浙江	56.50	57.20	57.60	57.90	61.62	62.30	63.20	64.00	64.87
安徽	37.10	38.70	40.50	42.10	43.01	44.80	46.50	47.86	49.15
福建	50.40	51.40	53.00	55.10	57.10	58.10	59.60	60.77	61.80
江西	38.68	39.80	41.36	43.18	44.06	45.70	47.51	48.87	50.22
山东	46.10	46.75	47.60	48.32	49.70	50.95	52.43	53.75	55.01
河南	32.47	34.34	36.03	37.70	38.50	40.57	42.43	43.80	45.20
湖北	43.80	44.30	45.20	46.00	49.70	51.83	53.50	54.51	55.67
湖南	38.71	40.45	42.15	43.20	43.30	45.10	46.65	47.96	49.28
广东	63.00	63.14	63.37	63.40	66.18	66.50	67.40	67.76	68.00
广西	34.64	36.24	38.16	39.20	40.00	41.80	43.53	44.81	46.01
海南	46.10	47.20	48.00	49.13	49.80	50.50	51.60	52.74	53.76
重庆	46.70	48.30	49.99	51.59	53.02	55.02	56.98	58.34	59.60
四川	34.30	35.60	37.40	38.70	40.18	41.83	43.53	44.90	46.30
贵州	27.46	28.24	29.11	29.89	33.81	34.96	36.41	37.83	40.01
云南	30.50	31.60	33.00	34.00	34.70	36.80	39.31	40.48	41.73
西藏	21.13	21.50	21.90	22.30	22.67	22.71	22.75	23.71	25.75
陕西	39.12	40.62	42.10	43.50	45.76	47.30	50.02	51.31	52.57
甘肃	31.09	32.25	33.56	34.89	36.12	37.15	38.75	40.13	41.68
青海	39.26	40.07	40.86	41.90	44.72	46.22	47.44	48.51	49.78
宁夏	43.00	44.02	44.98	46.10	47.90	49.82	50.67	52.01	53.61
新疆	37.94	39.15	39.64	39.85	43.01	43.54	43.98	44.47	46.07

注：2010年数据为当年人口普查数据推算数；其余年份数据根据年度人口抽样调查推算。

国民总收入和国内生产总值(一)

年　　份	国　　民 总 收 入 (亿元)	国内生产 总　　值 (亿元)	第一产业	第二产业	第三产业
1978	3650.2	3650.2	1018.4	1736.0	895.8
1979	4067.7	4067.7	1258.9	1903.3	905.4
1980	4551.6	4551.6	1359.4	2180.5	1011.6
“六五”时期	**32561.3**	**32473.0**	**10105.1**	**14183.4**	**8184.5**
1981	4896.0	4898.1	1545.6	2243.7	1108.8
1982	5340.2	5333.0	1761.6	2370.6	1200.9
1983	5998.5	5975.6	1960.8	2632.6	1382.2
1984	7262.0	7226.3	2295.5	3089.7	1841.1
1985	9064.6	9039.9	2541.6	3846.8	2651.6
“七五”时期	**73420.9**	**73376.7**	**19044.2**	**31168.0**	**23164.5**
1986	10308.0	10308.8	2763.9	4469.9	3074.9
1987	12094.2	12102.2	3204.3	5225.3	3672.6
1988	15095.1	15101.1	3831.0	6554.0	4716.0
1989	17098.9	17090.3	4228.0	7240.8	5621.6
1990	18824.8	18774.3	5017.0	7678.0	6079.3
“八五”时期	**192989.5**	**194077.6**	**39467.3**	**87938.8**	**66671.5**
1991	21940.2	21895.5	5288.6	9055.8	7551.2
1992	27082.0	27068.3	5800.0	11640.4	9627.9
1993	35450.4	35524.3	6887.3	16373.0	12264.1
1994	48370.3	48459.6	9471.4	22333.5	16654.7
1995	60146.5	61129.8	12020.0	28536.2	20573.6
“九五”时期	**420113.3**	**425849.5**	**72024.8**	**195982.2**	**157842.5**
1996	70538.3	71572.3	13877.8	33665.8	24028.7
1997	78517.3	79429.5	14264.6	37353.9	27810.9
1998	83505.7	84883.7	14618.0	38808.8	31456.8
1999	88989.8	90187.7	14548.1	40827.6	34812.0
2000	98562.2	99776.3	14716.2	45326.0	39734.1
“十五”时期	**709032.7**	**714447.2**	**91363.4**	**325664.3**	**297419.5**
2001	108683.4	110270.4	15501.2	49262.0	45507.2
2002	119765.0	121002.0	16188.6	53624.4	51189.0
2003	135718.9	136564.6	16968.3	62120.8	57475.6
2004	160289.7	160714.4	20901.8	73529.8	66282.8
2005	184575.8	185895.8	21803.5	87127.3	76964.9
“十一五”时期	**1556798.4**	**1556959.9**	**157351.6**	**723061.8**	**676546.5**
2006	217246.6	217656.6	23313.0	103163.5	91180.1
2007	268631.0	268019.4	27783.0	125145.4	115090.9
2008	318736.7	316751.7	32747.0	148097.9	135906.9
2009	345046.4	345629.2	34154.0	157850.1	153625.1
2010	407137.8	408903.0	39354.6	188804.9	180743.4
“十二五”时期					
2011	479576.1	484123.5	46153.3	223390.3	214579.9
2012	532872.1	534123.0	50892.7	240200.4	243030.0
2013	583196.7	588018.8	55321.7	256810.0	275887.0
2014	634367.3	636462.7	58331.6	271392.4	306738.7

注：1.本表按当年价格计算。

2.按照我国国内生产总值(GDP)数据修订制度和国际通行作法，根据修订后的2013年GDP数据和有关历史资料，对2012年及以前年度的GDP历史数据进行了系统修订(以下相关表同)。

3.三次产业分类依据国家统计局2012年制定的《三次产业划分规定》(以下相关表同)。

国民总收入和国内生产总值(二)

年份	#工业	#建筑业	#批发和零售业	#交通运输、仓储和邮政业	人均国内生产总值(元)
1978	1602.9	138.2	242.3	182.0	382
1979	1765.2	143.8	200.9	193.7	420
1980	1991.4	195.5	193.8	213.4	464
"六五"时期	**12791.4**	**1433.0**	**1767.0**	**1502.7**	**633**
1981	2043.2	207.1	231.1	220.7	493
1982	2156.8	220.7	171.4	246.9	529
1983	2369.6	270.6	198.7	274.9	584
1984	2781.9	316.7	363.5	338.5	697
1985	3439.9	417.9	802.4	421.7	860
"七五"时期	**27601.7**	**3654.9**	**6200.7**	**3732.7**	**1327**
1986	3956.9	525.7	852.6	498.8	966
1987	4574.1	665.8	1059.6	568.3	1116
1988	5762.5	810.0	1483.4	685.7	1371
1989	6467.5	794.0	1536.2	812.7	1528
1990	6840.6	859.4	1268.9	1167.0	1654
"八五"时期	**76795.2**	**11390.1**	**15608.2**	**11315.5**	**3276**
1991	8066.5	1015.1	1834.6	1420.3	1903
1992	10258.4	1415.0	2405.0	1689.0	2324
1993	14151.9	2266.5	2816.6	2174.0	3015
1994	19431.2	2964.7	3773.4	2787.9	4066
1995	24887.2	3728.8	4778.6	3244.3	5074
"九五"时期	**171844.5**	**24689.1**	**34490.0**	**23927.7**	**6854**
1996	29372.7	4387.4	5599.7	3782.2	5878
1997	32837.7	4621.6	6327.4	4148.6	6457
1998	33931.9	4985.8	6913.2	4660.9	6835
1999	35770.3	5172.1	7491.1	5175.2	7199
2000	39931.8	5522.3	8158.6	6161.0	7902
"十五"时期	**287665.1**	**38949.5**	**56704.2**	**42246.9**	**11076**
2001	43469.8	5931.7	9119.4	6870.3	8670
2002	47310.7	6465.5	9995.4	7492.9	9450
2003	54805.8	7490.8	11169.5	7913.2	10600
2004	65044.2	8694.3	12453.8	9304.4	12400
2005	77034.4	10367.3	13966.2	10666.2	14259
"十一五"时期	**629487.2**	**96226.9**	**128556.8**	**78439.6**	**23476**
2006	91078.8	12408.6	16530.7	12183.0	16602
2007	110253.9	15296.5	20937.8	14601.0	20337
2008	129929.1	18743.2	26182.3	16362.5	23912
2009	135849.0	22601.1	29001.5	16516.1	25963
2010	162376.4	27177.6	35904.4	18777.0	30567
"十二五"时期					
2011	191570.8	32840.0	43730.5	21834.1	36018
2012	204539.5	36804.8	49831.0	23754.7	39544
2013	217263.9	40807.3	56284.1	26036.3	43320
2014	227991.0	44724.8	62215.6	28750.0	46652

注：1.行业分类采用《国民经济行业分类(GB/T 4754－2011)》，其中工业包括采矿业，制造业，电力、热力、燃气及水生产和供应业(以下相关表同)。

2.各时期人均国内生产总值为该时期各年的平均数。

国内生产总值构成

(国内生产总值=100)

年 份	第一产业	第二产业	第三产业	#工 业	#建筑业	#批发和零售业	#交通运输、仓储和邮政业
1978	27.9	47.6	24.5	43.9	3.8	6.6	5.0
1979	30.9	46.8	22.3	43.4	3.5	4.9	4.8
1980	29.9	47.9	22.2	43.8	4.3	4.3	4.7
1981	31.6	45.8	22.6	41.7	4.2	4.7	4.5
1982	33.0	44.5	22.5	40.4	4.1	3.2	4.6
1983	32.8	44.1	23.1	39.7	4.5	3.3	4.6
1984	31.8	42.8	25.5	38.5	4.4	5.0	4.7
1985	28.1	42.6	29.3	38.1	4.6	8.9	4.7
1986	26.8	43.4	29.8	38.4	5.1	8.3	4.8
1987	26.5	43.2	30.3	37.8	5.5	8.8	4.7
1988	25.4	43.4	31.2	38.2	5.4	9.8	4.5
1989	24.7	42.4	32.9	37.8	4.6	9.0	4.8
1990	26.7	40.9	32.4	36.4	4.6	6.8	6.2
1991	24.2	41.4	34.5	36.8	4.6	8.4	6.5
1992	21.4	43.0	35.6	37.9	5.2	8.9	6.2
1993	19.4	46.1	34.5	39.8	6.4	7.9	6.1
1994	19.5	46.1	34.4	40.1	6.1	7.8	5.8
1995	19.7	46.7	33.7	40.7	6.1	7.8	5.3
1996	19.4	47.0	33.6	41.0	6.1	7.8	5.3
1997	18.0	47.0	35.0	41.3	5.8	8.0	5.2
1998	17.2	45.7	37.1	40.0	5.9	8.1	5.5
1999	16.1	45.3	38.6	39.7	5.7	8.3	5.7
2000	14.7	45.4	39.8	40.0	5.5	8.2	6.2
2001	14.1	44.7	41.3	39.4	5.4	8.3	6.2
2002	13.4	44.3	42.3	39.1	5.3	8.3	6.2
2003	12.4	45.5	42.1	40.1	5.5	8.2	5.8
2004	13.0	45.8	41.2	40.5	5.4	7.7	5.8
2005	11.7	46.9	41.4	41.4	5.6	7.5	5.7
2006	10.7	47.4	41.9	41.8	5.7	7.6	5.6
2007	10.4	46.7	42.9	41.1	5.7	7.8	5.4
2008	10.3	46.8	42.9	41.0	5.9	8.3	5.2
2009	9.9	45.7	44.4	39.3	6.5	8.4	4.8
2010	9.6	46.2	44.2	39.7	6.6	8.8	4.6
2011	9.5	46.1	44.3	39.6	6.8	9.0	4.5
2012	9.5	45.0	45.5	38.3	6.9	9.3	4.4
2013	9.4	43.7	46.9	36.9	6.9	9.6	4.4
2014	9.2	42.6	48.2	35.8	7.0	9.8	4.5

注：本表按当年价格计算。

国内生产总值指数（一）

（上年=100）

年 份	国 民 总收入	国内 生产 总值	第一 产业	第二 产业	第三 产业	#工业	#建筑业	#批发和 零售业	#交通 运输、 仓储和 邮政业	人均国 内生产 总 值
1978	111.6	111.6	104.1	115.0	113.6	116.4	99.4	123.1	108.9	110.2
1979	107.6	107.6	106.1	108.2	107.8	108.7	102.0	108.7	108.3	106.1
1980	107.9	107.9	98.5	113.6	106.1	112.7	126.7	98.1	104.3	106.5
1981	105.1	105.1	107.0	101.9	109.7	101.7	103.2	129.5	101.9	103.8
1982	109.2	109.0	111.5	105.6	112.7	105.8	103.4	99.3	111.4	107.4
1983	111.0	110.8	108.3	110.4	114.7	109.7	117.1	121.2	109.5	109.2
1984	115.4	115.2	112.9	114.5	119.5	114.9	110.9	124.7	114.9	113.7
1985	113.3	113.5	101.8	118.6	118.3	118.2	122.2	133.5	113.8	112.0
1986	108.6	108.9	103.3	110.2	112.3	109.6	115.9	109.4	113.9	107.3
1987	111.7	111.7	104.7	113.7	114.8	113.2	117.9	114.7	109.6	109.9
1988	111.3	111.3	102.5	114.5	113.3	115.3	108.0	111.8	112.5	109.5
1989	104.3	104.2	103.1	103.7	105.9	105.1	91.6	89.3	104.2	102.6
1990	104.1	103.9	107.3	103.2	102.7	103.4	101.2	94.7	108.3	102.4
1991	109.2	109.3	102.4	113.9	109.2	114.4	109.6	105.2	110.6	107.8
1992	114.1	114.3	104.7	121.2	112.6	121.2	121.0	110.5	110.1	112.9
1993	113.6	113.9	104.6	119.9	112.2	120.1	118.0	108.6	112.5	112.6
1994	113.1	113.1	103.9	118.3	111.4	118.9	113.7	108.2	108.5	111.8
1995	109.4	111.0	104.9	113.9	110.1	114.0	112.4	108.2	111.0	109.8
1996	110.1	109.9	105.0	112.1	109.2	112.5	108.5	107.6	111.0	108.8
1997	109.6	109.2	103.4	110.5	110.4	111.3	102.6	108.8	109.2	108.1
1998	107.3	107.8	103.4	108.9	108.4	108.9	109.0	106.5	110.6	106.8
1999	107.9	107.6	102.7	108.2	109.2	108.5	104.3	108.7	112.2	106.7
2000	108.6	108.4	102.3	109.4	109.7	109.8	105.7	109.4	108.6	107.6
2001	108.1	108.3	102.6	108.4	110.2	108.7	106.8	109.1	108.8	107.5
2002	109.5	109.1	102.7	109.8	110.5	110.0	108.8	108.8	107.1	108.4
2003	110.5	110.0	102.4	112.7	109.5	112.8	112.1	109.9	106.1	109.3
2004	110.5	110.1	106.1	111.1	110.1	111.5	108.1	106.6	114.5	109.4
2005	110.9	111.3	105.1	112.1	112.3	111.6	116.0	113.0	111.2	110.7
2006	113.3	112.7	104.8	113.4	114.1	112.9	117.2	119.5	110.0	112.1
2007	114.7	114.2	103.5	115.0	116.1	114.9	116.2	120.2	111.8	113.6
2008	110.1	109.6	105.2	109.8	110.5	109.9	109.5	115.9	107.3	109.1
2009	108.4	109.2	104.0	110.1	109.5	108.8	118.9	111.9	103.4	108.7
2010	110.3	110.6	104.3	112.7	109.7	112.6	113.9	114.6	109.5	110.1
2011	108.9	109.5	104.2	110.6	109.5	110.8	109.8	112.5	109.7	109.0
2012	108.5	107.7	104.5	108.2	108.0	107.9	109.8	110.3	106.1	107.2
2013	107.1	107.7	103.8	107.9	108.3	107.6	109.7	110.5	106.6	107.2
2014	107.9	107.4	104.1	107.3	108.1	107.0	108.9	109.5	107.0	106.8

注：本表按不变价格计算。

国内生产总值指数（二）

(1978年=100)

年　份	国民总收入	国内生产总值	第一产业	第二产业	第三产业
1978	100.0	100.0	100.0	100.0	100.0
1979	107.6	107.6	106.1	108.2	107.8
1980	116.0	116.0	104.6	122.9	114.4
1981	121.9	122.0	111.9	125.2	125.4
1982	133.2	133.0	124.8	132.1	141.4
1983	147.9	147.3	135.1	145.9	162.1
1984	170.6	169.7	152.6	167.0	193.7
1985	193.2	192.7	155.4	198.0	229.0
1986	209.9	209.9	160.5	218.2	257.3
1987	234.4	234.5	168.1	248.1	295.3
1988	260.9	261.0	172.3	284.1	334.5
1989	272.1	272.0	177.6	294.7	354.1
1990	283.4	282.7	190.7	304.1	363.5
1991	309.5	308.9	195.2	346.2	397.0
1992	353.2	353.0	204.2	419.4	447.2
1993	401.3	402.2	213.7	502.8	501.8
1994	454.0	454.8	222.2	594.5	559.2
1995	496.7	504.8	233.1	677.0	615.7
1996	546.9	554.9	244.9	759.0	672.4
1997	599.1	606.1	253.3	838.5	742.5
1998	643.1	653.7	262.0	913.2	804.9
1999	694.1	703.5	269.2	987.7	879.1
2000	753.5	762.8	275.4	1080.5	964.6
2001	814.3	826.1	282.7	1171.8	1063.3
2002	892.0	901.2	290.3	1287.0	1174.5
2003	985.4	991.5	297.2	1450.0	1286.4
2004	1088.6	1091.4	315.3	1611.0	1416.2
2005	1206.7	1215.3	331.3	1805.4	1590.7
2006	1366.9	1369.5	347.1	2047.5	1815.3
2007	1567.5	1563.9	359.3	2354.9	2106.8
2008	1725.1	1714.4	377.8	2585.7	2327.1
2009	1869.6	1872.7	392.9	2846.1	2547.4
2010	2062.8	2071.8	409.6	3206.9	2794.1
2011	2247.0	2268.3	426.7	3546.1	3059.7
2012	2438.4	2444.1	445.8	3836.5	3303.3
2013	2610.3	2631.9	462.8	4138.8	3576.0
2014	2816.1	2825.4	481.7	4439.3	3864.8
平均每年增长(%)					
1979-2014年	9.7	9.7	4.5	11.1	10.7
1991-2014年	10.0	10.1	3.9	11.8	10.4
2001-2014年	9.9	9.8	4.1	10.6	10.4

注：本表按不变价格计算。

国内生产总值指数（三）

（1978年=100）

年份	#工业	#建筑业	#批发和零售业	#交通运输、仓储和邮政业	人均国内生产总值
1978	100.0	100.0	100.0	100.0	100.0
1979	108.7	102.0	108.7	108.3	106.1
1980	122.4	129.2	106.7	112.9	113.0
1981	124.5	133.3	138.2	115.0	117.3
1982	131.7	137.9	137.2	128.1	126.1
1983	144.5	161.4	166.3	140.2	137.6
1984	166.0	179.0	207.4	161.1	156.5
1985	196.2	218.7	277.0	183.3	175.3
1986	215.2	253.4	303.2	208.8	188.1
1987	243.6	298.7	347.8	228.9	206.8
1988	280.8	322.5	388.7	257.5	226.6
1989	295.0	295.3	347.1	268.3	232.5
1990	304.9	298.8	328.8	290.7	238.1
1991	348.8	327.4	345.8	321.4	256.7
1992	422.6	396.2	382.2	353.7	289.7
1993	507.5	467.5	414.9	398.1	326.3
1994	603.5	531.5	448.9	432.0	364.9
1995	688.2	597.4	485.9	479.4	400.6
1996	774.3	648.2	523.0	532.4	435.8
1997	861.9	665.2	568.8	581.3	471.1
1998	938.6	725.2	605.9	642.9	503.3
1999	1018.6	756.2	658.6	721.2	536.9
2000	1118.3	799.1	720.7	783.0	577.6
2001	1215.2	853.3	786.2	852.0	621.1
2002	1336.4	928.3	855.5	912.7	673.0
2003	1506.8	1040.4	940.5	968.6	735.8
2004	1680.2	1125.0	1002.2	1108.9	805.2
2005	1874.7	1305.0	1132.8	1233.1	891.3
2006	2116.1	1529.8	1353.3	1356.0	998.8
2007	2431.5	1777.4	1626.9	1516.0	1134.7
2008	2673.0	1946.3	1884.7	1627.1	1237.5
2009	2909.0	2314.4	2109.1	1681.8	1345.1
2010	3274.3	2636.0	2417.0	1841.1	1480.9
2011	3628.3	2893.4	2718.2	2019.0	1613.6
2012	3915.4	3176.1	2998.2	2141.9	1730.2
2013	4212.9	3484.5	3313.4	2283.5	1854.0
2014	4506.5	3796.3	3628.1	2443.9	1980.2
平均每年增长(%)					
1979-2014年	11.2	10.6	10.5	9.3	8.6
1991-2014年	11.9	11.2	10.5	9.3	9.2
2001-2014年	10.5	11.8	12.2	8.5	9.2

注：本表按不变价格计算。

三次产业贡献率

单位：%

年 份	国内生产总值	第一产业	第二产业	第三产业
1990	100.0	40.5	39.6	19.9
1991	100.0	6.8	61.1	32.2
1992	100.0	8.2	63.2	28.7
1993	100.0	7.6	64.4	28.0
1994	100.0	6.3	66.3	27.4
1995	100.0	8.7	62.8	28.5
1996	100.0	9.3	62.2	28.5
1997	100.0	6.5	59.0	34.5
1998	100.0	7.2	59.7	33.0
1999	100.0	5.7	56.8	37.5
2000	100.0	4.2	59.5	36.3
2001	100.0	4.7	46.2	49.1
2002	100.0	4.2	49.2	46.6
2003	100.0	3.1	57.9	39.0
2004	100.0	7.4	51.7	40.9
2005	100.0	5.3	50.3	44.4
2006	100.0	4.4	49.5	46.1
2007	100.0	2.7	49.9	47.4
2008	100.0	5.3	48.4	46.3
2009	100.0	4.1	51.9	44.0
2010	100.0	3.6	57.2	39.2
2011	100.0	4.2	51.5	44.3
2012	100.0	5.3	49.3	45.4
2013	100.0	4.4	48.0	47.6
2014	100.0	4.7	46.3	48.9

注：本表按不变价格计算。产业贡献率指各产业增加值增量与国内生产总值增量之比。

三次产业对国内生产总值增长的拉动

单位：百分点

年 份	国内生产总值	第一产业	第二产业	第三产业
1990	3.9	1.6	1.6	0.8
1991	9.3	0.6	5.7	3.0
1992	14.3	1.2	9.0	4.1
1993	13.9	1.1	9.0	3.9
1994	13.1	0.8	8.7	3.6
1995	11.0	1.0	6.9	3.1
1996	9.9	0.9	6.2	2.8
1997	9.2	0.6	5.4	3.2
1998	7.8	0.6	4.7	2.6
1999	7.6	0.4	4.3	2.9
2000	8.4	0.4	5.0	3.1
2001	8.3	0.4	3.8	4.1
2002	9.1	0.4	4.5	4.2
2003	10.0	0.3	5.8	3.9
2004	10.1	0.7	5.2	4.1
2005	11.3	0.6	5.7	5.0
2006	12.7	0.6	6.3	5.8
2007	14.2	0.4	7.1	6.7
2008	9.6	0.5	4.7	4.5
2009	9.2	0.4	4.8	4.1
2010	10.6	0.4	6.1	4.2
2011	9.5	0.4	4.9	4.2
2012	7.7	0.4	3.8	3.5
2013	7.7	0.3	3.7	3.7
2014	7.4	0.3	3.4	3.6

注：本表按不变价格计算。产业拉动指国内生产总值增长速度与各产业贡献率之乘积。

地区生产总值

单位：亿元

地　区	2008年	2009年	2010年	2011年	2012年	2013年	2014年
北　京	11115.0	12153.0	14113.6	16251.9	17879.4	19800.8	21330.8
天　津	6719.0	7521.9	9224.5	11307.3	12893.9	14442.0	15722.5
河　北	16012.0	17235.5	20394.3	24515.8	26575.0	28443.0	29421.2
山　西	7315.4	7358.3	9200.9	11237.6	12112.8	12665.3	12759.4
内蒙古	8496.2	9740.3	11672.0	14359.9	15880.6	16916.5	17769.5
辽　宁	13668.6	15212.5	18457.3	22226.7	24846.4	27213.2	28626.6
吉　林	6426.1	7278.8	8667.6	10568.8	11939.2	13046.4	13803.8
黑龙江	8314.4	8587.0	10368.6	12582.0	13691.6	14454.9	15039.4
上　海	14069.9	15046.5	17166.0	19195.7	20181.7	21818.2	23560.9
江　苏	30982.0	34457.3	41425.5	49110.3	54058.2	59753.4	65088.3
浙　江	21462.7	22990.4	27722.3	32318.9	34665.3	37756.6	40153.5
安　徽	8851.7	10062.8	12359.3	15300.7	17212.1	19229.3	20848.8
福　建	10823.0	12236.5	14737.1	17560.2	19701.8	21868.5	24055.8
江　西	6971.1	7655.2	9451.3	11702.8	12948.9	14410.2	15708.6
山　东	30933.3	33896.7	39169.9	45361.9	50013.2	55230.3	59426.6
河　南	18018.5	19480.5	23092.4	26931.0	29599.3	32191.3	34939.4
湖　北	11328.9	12961.1	15967.6	19632.3	22250.5	24791.8	27367.0
湖　南	11555.0	13059.7	16038.0	19669.6	22154.2	24621.7	27048.5
广　东	36796.7	39482.6	46013.1	53210.3	57067.9	62474.8	67792.2
广　西	7021.0	7759.2	9569.9	11720.9	13035.1	14449.9	15673.0
海　南	1503.1	1654.2	2064.5	2522.7	2855.5	3177.6	3500.7
重　庆	5793.7	6530.0	7925.6	10011.4	11409.6	12783.3	14265.4
四　川	12601.2	14151.3	17185.5	21026.7	23872.8	26392.1	28536.7
贵　州	3561.6	3912.7	4602.2	5701.8	6852.2	8086.9	9251.0
云　南	5692.1	6169.8	7224.2	8893.1	10309.5	11832.3	12814.6
西　藏	394.9	441.4	507.5	605.8	701.0	815.7	920.8
陕　西	7314.6	8169.8	10123.5	12512.3	14453.7	16205.5	17689.9
甘　肃	3166.8	3387.6	4120.8	5020.4	5650.2	6330.7	6835.3
青　海	1018.6	1081.3	1350.4	1670.4	1893.5	2122.1	2301.1
宁　夏	1203.9	1353.3	1689.7	2102.2	2341.3	2577.6	2752.1
新　疆	4183.2	4277.1	5437.5	6610.1	7505.3	8443.8	9264.1

注：本表按当年价格计算。

地区生产总值指数

(上年=100)

地　区	2008年	2009年	2010年	2011年	2012年	2013年	2014年
北　京	109.1	110.2	110.3	108.1	107.7	107.7	107.3
天　津	116.5	116.5	117.4	116.4	113.8	112.5	110.0
河　北	110.1	110.0	112.2	111.3	109.6	108.2	106.5
山　西	108.5	105.4	113.9	113.0	110.1	108.9	104.9
内蒙古	117.8	116.9	115.0	114.3	111.5	109.0	107.8
辽　宁	113.4	113.1	114.2	112.2	109.5	108.7	105.8
吉　林	116.0	113.6	113.8	113.8	112.0	108.3	106.5
黑龙江	111.8	111.4	112.7	112.3	110.0	108.0	105.6
上　海	109.7	108.2	110.3	108.2	107.5	107.7	107.0
江　苏	112.7	112.4	112.7	111.0	110.1	109.6	108.7
浙　江	110.1	108.9	111.9	109.0	108.0	108.2	107.6
安　徽	112.7	112.9	114.6	113.5	112.1	110.4	109.2
福　建	113.0	112.3	113.9	112.3	111.4	111.0	109.9
江　西	113.2	113.1	114.0	112.5	111.0	110.1	109.7
山　东	112.0	112.2	112.3	110.9	109.8	109.6	108.7
河　南	112.1	110.9	112.5	111.9	110.1	109.0	108.9
湖　北	113.4	113.5	114.8	113.8	111.3	110.1	109.7
湖　南	113.9	113.7	114.6	112.8	111.3	110.1	109.5
广　东	110.4	109.7	112.4	110.0	108.2	108.5	107.8
广　西	112.8	113.9	114.2	112.3	111.3	110.2	108.5
海　南	110.3	111.7	116.0	112.0	109.1	109.9	108.5
重　庆	114.5	114.9	117.1	116.4	113.6	112.3	110.9
四　川	111.0	114.5	115.1	115.0	112.6	110.0	108.5
贵　州	111.3	111.4	112.8	115.0	113.6	112.5	110.8
云　南	110.6	112.1	112.3	113.7	113.0	112.1	108.1
西　藏	110.1	112.4	112.3	112.7	111.8	112.1	110.8
陕　西	116.4	113.6	114.6	113.9	112.9	111.0	109.7
甘　肃	110.1	110.3	111.8	112.5	112.6	110.8	108.9
青　海	113.5	110.1	115.3	113.5	112.3	110.8	109.2
宁　夏	112.6	111.9	113.5	112.1	111.5	109.8	108.0
新　疆	111.0	108.1	110.6	112.0	112.0	111.0	110.0

注：本表按不变价格计算。

人均地区生产总值

单位：元

地 区	2008年	2009年	2010年	2011年	2012年	2013年	2014年
北 京	64491	66940	73856	81658	87475	94648	99995
天 津	58656	62574	72994	85213	93173	100105	105202
河 北	22986	24581	28668	33969	36584	38909	39984
山 西	21506	21522	26283	31357	33628	34984	35064
内蒙古	34869	39735	47347	57974	63886	67836	71044
辽 宁	31739	35149	42355	50760	56649	61996	65201
吉 林	23521	26595	31599	38460	43415	47428	50162
黑龙江	21740	22447	27076	32819	35711	37697	39226
上 海	66932	69165	76074	82560	85373	90993	97343
江 苏	40014	44253	52840	62290	68347	75354	81874
浙 江	41405	43842	51711	59249	63374	68805	72967
安 徽	14448	16408	20888	25659	28792	32001	34427
福 建	29755	33437	40025	47377	52763	58145	63472
江 西	15900	17335	21253	26150	28800	31930	34661
山 东	32936	35894	41106	47335	51768	56885	60879
河 南	19181	20597	24446	28661	31499	34211	37073
湖 北	19858	22677	27906	34197	38572	42826	47124
湖 南	18147	20428	24719	29880	33480	36943	40287
广 东	37638	39436	44736	50807	54095	58833	63452
广 西	14652	16045	20219	25326	27952	30741	33090
海 南	17691	19254	23831	28898	32377	35663	38924
重 庆	20490	22920	27596	34500	38914	43223	47859
四 川	15495	17339	21182	26133	29608	32617	35128
贵 州	9855	10971	13119	16413	19710	23151	26393
云 南	12570	13539	15752	19265	22195	25322	27264
西 藏	13588	15008	17027	20077	22936	26326	29252
陕 西	19700	21947	27133	33464	38564	43117	46929
甘 肃	12421	13269	16113	19595	21978	24539	26427
青 海	18421	19454	24115	29522	33181	36875	39633
宁 夏	19609	21777	26860	33043	36394	39613	41834
新 疆	19797	19942	25034	30087	33796	37553	40607

注：本表按当年价格计算。

人均地区生产总值指数

(上年=100)

地　区	2008年	2009年	2010年	2011年	2012年	2013年	2014年
北　京	103.7	104.6	104.8	103.8	104.9	105.2	105.2
天　津	111.4	111.1	111.7	110.9	109.2	108.0	106.2
河　北	109.3	109.3	110.6	109.7	108.9	107.5	105.8
山　西	107.9	104.9	111.2	110.4	109.6	108.4	104.4
内蒙古	117.1	116.2	114.4	113.8	111.1	108.7	107.5
辽　宁	112.8	112.5	113.4	111.7	109.3	108.6	105.7
吉　林	115.7	113.4	113.6	113.5	111.9	108.3	106.5
黑龙江	111.7	111.4	112.6	112.2	110.1	107.9	105.6
上　海	105.1	104.6	106.4	105.0	105.7	106.2	106.0
江　苏	111.9	111.8	112.0	110.3	109.8	109.3	108.4
浙　江	108.6	107.7	109.5	107.2	107.7	107.9	107.3
安　徽	112.4	112.8	118.8	112.6	111.8	109.9	108.4
福　建	112.3	111.6	113.2	111.6	110.5	110.2	109.1
江　西	112.4	112.3	113.2	111.8	110.4	109.6	109.2
山　东	111.4	111.6	111.3	109.9	109.2	109.0	108.1
河　南	111.9	110.2	112.6	112.5	110.1	108.9	108.7
湖　北	113.2	113.3	114.7	113.5	110.7	109.7	109.3
湖　南	113.6	113.2	112.9	111.2	110.7	109.3	108.7
广　东	107.9	107.1	109.5	108.0	107.4	107.8	107.1
广　西	111.7	112.9	113.9	112.0	110.4	109.4	107.7
海　南	109.2	110.4	115.0	111.1	108.0	108.7	107.5
重　庆	113.9	114.1	116.2	115.1	112.4	111.3	110.0
四　川	111.2	114.0	115.7	115.9	112.3	109.6	108.1
贵　州	112.8	112.9	114.7	116.1	113.5	111.9	110.4
云　南	109.8	111.4	111.6	112.9	112.3	111.5	107.5
西　藏	108.7	111.1	110.8	111.3	110.4	110.5	109.1
陕　西	116.1	113.3	114.4	113.7	112.6	110.7	109.4
甘　肃	110.1	110.2	111.6	112.3	112.2	110.4	108.6
青　海	112.9	109.6	114.5	112.3	111.3	109.9	108.2
宁　夏	111.3	110.6	112.2	110.8	110.3	108.6	106.8
新　疆	108.9	106.5	109.3	110.7	110.8	109.6	108.4

注：本表按不变价格计算。

地区生产总值及增长速度（一）

(2014年)

地　区	地　区 生产总值 (亿元)	第一产业	第二产业	第三产业	#农林牧渔业
北　京	21330.8	159.0	4545.5	16626.3	161.3
天　津	15722.5	199.8	7731.4	7791.3	201.5
河　北	29421.2	3447.5	15020.2	10953.5	3576.5
山　西	12759.4	788.1	6343.3	5628.0	827.5
内蒙古	17769.5	1627.2	9119.8	7022.6	1651.1
辽　宁	28626.6	2285.8	14384.6	11956.2	2403.2
吉　林	13803.8	1524.6	7287.3	4992.0	1570.2
黑龙江	15039.4	2611.5	5504.0	6923.9	2659.6
上　海	23560.9	124.3	8164.8	15271.9	128.6
江　苏	65088.3	3634.3	31057.5	30396.5	3835.2
浙　江	40153.5	1779.3	19152.7	19221.5	1808.7
安　徽	20848.8	2392.4	11204.0	7252.3	2481.9
福　建	24055.8	2014.9	12515.4	9525.5	2085.1
江　西	15708.6	1683.7	8388.3	5636.6	1735.3
山　东	59426.6	4798.4	28788.1	25840.1	4992.9
河　南	34939.4	4160.8	17902.7	12875.9	4260.0
湖　北	27367.0	3176.9	12840.2	11349.9	3256.0
湖　南	27048.5	3148.8	12481.9	11417.8	3266.9
广　东	67792.2	3166.7	31345.8	33279.8	3242.4
广　西	15673.0	2412.2	7335.6	5925.2	2472.8
海　南	3500.7	809.6	874.4	1816.7	832.8
重　庆	14265.4	1061.0	6531.9	6672.5	1076.7
四　川	28536.7	3531.1	14519.4	10486.2	3594.2
贵　州	9251.0	1275.5	3847.1	4128.5	1311.1
云　南	12814.6	1991.2	5281.8	5541.6	2027.9
西　藏	920.8	91.6	336.8	492.4	93.7
陕　西	17689.9	1564.9	9689.8	6435.2	1635.9
甘　肃	6835.3	900.8	2924.9	3009.6	939.2
青　海	2301.1	215.9	1232.1	853.1	219.0
宁　夏	2752.1	216.8	1343.1	1192.1	229.5
新　疆	9264.1	1538.6	3927.8	3797.7	1574.6

注：1.本表绝对数按当年价格计算，增长速度按不变价格计算。

2.执行《国民经济行业分类》(GB/T4754-2011)和《三次产业划分规定》(2012)。

地区生产总值及增长速度（二）

(2014年)

地　区	#工　业	#建筑业	#交通运输、仓储和邮政业	#批发和零售业	地区生产总值比上年增长(%)
北　京	3746.8	907.4	948.1	2447.7	7.3
天　津	7083.4	682.5	753.2	1981.1	10.0
河　北	13330.7	1702.7	2490.1	2282.3	6.5
山　西	5521.0	825.7	797.1	990.0	4.9
内蒙古	7904.4	1217.6	1379.8	1806.3	7.8
辽　宁	12656.8	1875.7	1486.1	2588.1	5.8
吉　林	6420.0	897.0	516.1	1066.6	6.5
黑龙江	4741.8	850.0	663.0	1585.0	5.6
上　海	7362.8	825.1	1044.5	3809.3	7.0
江　苏	27166.5	3899.5	2591.1	6655.0	8.7
浙　江	16741.8	2445.5	1516.9	4983.0	7.6
安　徽	9581.4	1638.3	784.4	1500.3	9.2
福　建	10426.7	2112.0	1320.4	1961.2	9.9
江　西	6994.7	1393.6	710.5	1124.1	9.7
山　东	25340.9	3534.5	2278.6	7835.2	8.7
河　南	15904.3	2079.4	1614.0	2284.0	8.9
湖　北	10992.8	1912.9	1181.6	2143.2	9.7
湖　南	10749.9	1744.9	1257.6	2211.8	9.5
广　东	29087.6	2323.7	2663.1	8047.5	7.8
广　西	6065.3	1274.6	714.4	1168.8	8.5
海　南	514.4	361.2	185.1	419.0	8.5
重　庆	5175.8	1356.1	705.8	1229.9	10.9
四　川	12409.0	2225.4	828.0	1586.8	8.5
贵　州	3140.9	707.3	828.7	624.2	10.8
云　南	3899.0	1389.7	288.5	1246.5	8.1
西　藏	66.2	270.7	30.4	64.1	10.8
陕　西	8090.4	1650.9	675.0	1412.3	9.7
甘　肃	2263.2	679.8	280.7	482.7	8.9
青　海	954.3	278.2	81.7	150.6	9.2
宁　夏	973.5	370.3	199.0	137.5	8.0
新　疆	3179.6	858.2	483.7	541.9	10.0

支出法国内生产总值

单位：亿元

年 份	支 出 法 国内生产总值	最终消费 支 出	资本形成 总 额	货物和服务 净 出 口
1978	3605.6	2239.1	1377.9	-11.4
1979	4045.4	2586.5	1478.9	-20.0
1980	4539.3	2974.3	1579.7	-14.7
“六五”时期	**32754.1**	**21660.0**	**11301.0**	**-206.9**
1981	4919.6	3282.3	1620.2	17.1
1982	5385.9	3580.7	1714.2	91.0
1983	6033.4	4068.6	1914.0	50.8
1984	7293.7	4797.3	2495.1	1.3
1985	9121.5	5931.1	3557.5	-367.1
“七五”时期	**74119.4**	**46876.4**	**27313.8**	**-70.8**
1986	10406.2	6739.5	3921.9	-255.2
1987	12221.8	7649.0	4562.0	10.8
1988	15252.9	9433.8	5970.2	-151.1
1989	17270.1	11043.0	6412.7	-185.6
1990	18968.4	12011.1	6447.0	510.3
“八五”时期	**194947.1**	**115233.2**	**77867.6**	**1846.3**
1991	22014.1	13628.6	7768.0	617.5
1992	27208.0	16246.1	10686.3	275.6
1993	35751.2	20826.9	15603.8	-679.5
1994	48644.9	28305.9	19704.9	634.1
1995	61328.9	36225.7	24104.6	998.6
“九五”时期	**427302.2**	**262595.2**	**151141.8**	**13565.1**
1996	71861.2	43117.6	27284.5	1459.2
1997	79739.2	47556.7	28632.5	3549.9
1998	85174.4	51509.8	30035.4	3629.2
1999	90447.3	56681.9	31228.7	2536.6
2000	100080.1	63729.2	33960.7	2390.2
“十五”时期	**719075.0**	**413259.4**	**282987.4**	**22828.4**
2001	110657.4	68617.2	39715.6	2324.7
2002	121576.7	74171.7	44310.9	3094.1
2003	137457.3	79641.5	54850.9	2964.9
2004	161616.4	89224.8	68156.0	4235.6
2005	187767.2	101604.2	75954.0	10209.1
“十一五”时期	**1559095.0**	**781681.3**	**683015.2**	**94398.6**
2006	219424.6	114894.9	87875.2	16654.6
2007	269486.4	136438.7	109624.6	23423.1
2008	317172.0	157746.3	135199.0	24226.8
2009	346431.1	173093.0	158301.1	15037.0
2010	406580.9	199508.4	192015.3	15057.1
“十二五”时期				
2011	480860.7	241579.1	227593.1	11688.5
2012	534744.6	271718.6	248389.9	14636.1
2013	589737.2	301008.4	274176.7	14552.1
2014	640796.4	328311.2	295022.3	17462.9

注：本表按当年价格计算。

支出法国内生产总值主要构成项

单位：亿元

年　　份	最终消费支出		资本形成总额	
	居民消费支　出	政府消费支　出	固定资本形成总额	存货变动
1978	1759.1	480.0	1073.9	304.0
1979	2014.0	572.5	1153.1	325.8
1980	2336.9	637.4	1302.4	277.3
“六五”时期	**17032.4**	**4627.2**	**9439.8**	**1861.2**
1981	2627.5	654.7	1339.3	280.9
1982	2867.1	713.6	1513.2	201.0
1983	3220.9	847.6	1688.3	225.7
1984	3689.5	1107.7	2127.0	368.1
1985	4627.4	1303.6	2772.0	785.5
“七五”时期	**37086.2**	**9790.3**	**20657.5**	**6656.3**
1986	5293.5	1446.0	3219.7	702.2
1987	6047.6	1601.4	3738.7	823.3
1988	7532.1	1901.7	4751.9	1218.3
1989	8778.0	2265.1	4419.4	1993.3
1990	9435.0	2576.1	4527.8	1919.2
“八五”时期	**88071.9**	**27161.3**	**64475.3**	**13392.3**
1991	10544.5	3084.1	5670.3	2097.7
1992	12312.2	3933.9	8313.7	2372.6
1993	15696.2	5130.7	13395.3	2208.5
1994	21446.1	6859.8	16976.5	2728.4
1995	28072.9	8152.8	20119.5	3985.1
“九五”时期	**198011.1**	**64584.1**	**139234.2**	**11907.6**
1996	33660.3	9457.2	23047.7	4236.8
1997	36626.3	10930.4	25029.5	3603.0
1998	38821.8	12688.0	28390.2	1645.2
1999	41914.9	14767.0	29804.5	1424.2
2000	46987.8	16741.5	32962.3	998.4
“十五”时期	**306948.4**	**106311.2**	**271992.6**	**10994.8**
2001	50708.8	17908.4	37400.7	2314.9
2002	55076.4	19095.4	42978.0	1332.9
2003	59343.8	20297.7	52978.6	1872.3
2004	66587.0	22637.9	64405.3	3750.7
2005	75232.4	26371.8	74230.0	1724.0
“十一五”时期	**571969.2**	**209712.2**	**646970.5**	**36044.7**
2006	84119.1	30775.8	85275.1	2600.0
2007	99793.3	36645.4	102630.0	6994.6
2008	115338.3	42408.0	124958.1	10240.9
2009	126660.9	46432.1	152917.7	5383.4
2010	146057.6	53450.9	181189.6	10825.8
“十二五”时期				
2011	176532.0	65047.2	213936.8	13656.3
2012	198536.8	73181.8	237750.6	10639.3
2013	219762.5	81245.9	263027.9	11148.8
2014	241541.7	86770.5	283017.6	12004.7

注：本表按当年价格计算。

支出法国内生产总值构成

(支出法国内生产总值=100)

年份	最终消费支出	居民消费支出	政府消费支出	资本形成总额	固定资本形成总额	存货变动	货物和服务净出口
1978	62.1	48.8	13.3	38.2	29.8	8.4	-0.3
1979	63.9	49.8	14.2	36.6	28.5	8.1	-0.5
1980	65.5	51.5	14.0	34.8	28.7	6.1	-0.3
1981	66.7	53.4	13.3	32.9	27.2	5.7	0.3
1982	66.5	53.2	13.2	31.8	28.1	3.7	1.7
1983	67.4	53.4	14.0	31.7	28.0	3.7	0.8
1984	65.8	50.6	15.2	34.2	29.2	5.0	
1985	65.0	50.7	14.3	39.0	30.4	8.6	-4.0
1986	64.8	50.9	13.9	37.7	30.9	6.7	-2.5
1987	62.6	49.5	13.1	37.3	30.6	6.7	0.1
1988	61.8	49.4	12.5	39.1	31.2	8.0	-1.0
1989	63.9	50.8	13.1	37.1	25.6	11.5	-1.1
1990	63.3	49.7	13.6	34.0	23.9	10.1	2.7
1991	61.9	47.9	14.0	35.3	25.8	9.5	2.8
1992	59.7	45.3	14.5	39.3	30.6	8.7	1.0
1993	58.3	43.9	14.4	43.6	37.5	6.2	-1.9
1994	58.2	44.1	14.1	40.5	34.9	5.6	1.3
1995	59.1	45.8	13.3	39.3	32.8	6.5	1.6
1996	60.0	46.8	13.2	38.0	32.1	5.9	2.0
1997	59.6	45.9	13.7	35.9	31.4	4.5	4.5
1998	60.5	45.6	14.9	35.3	33.3	1.9	4.3
1999	62.7	46.3	16.3	34.5	33.0	1.6	2.8
2000	63.7	47.0	16.7	33.9	32.9	1.0	2.4
2001	62.0	45.8	16.2	35.9	33.8	2.1	2.1
2002	61.0	45.3	15.7	36.4	35.4	1.1	2.5
2003	57.9	43.2	14.8	39.9	38.5	1.4	2.2
2004	55.2	41.2	14.0	42.2	39.9	2.3	2.6
2005	54.1	40.1	14.0	40.5	39.5	0.9	5.4
2006	52.4	38.3	14.0	40.0	38.9	1.2	7.6
2007	50.6	37.0	13.6	40.7	38.1	2.6	8.7
2008	49.7	36.4	13.4	42.6	39.4	3.2	7.6
2009	50.0	36.6	13.4	45.7	44.1	1.6	4.3
2010	49.1	35.9	13.1	47.2	44.6	2.7	3.7
2011	50.2	36.7	13.5	47.3	44.5	2.8	2.4
2012	50.8	37.1	13.7	46.5	44.5	2.0	2.7
2013	51.0	37.3	13.8	46.5	44.6	1.9	2.5
2014	51.2	37.7	13.5	46.1	44.2	1.9	2.7

注：本表按当年价格计算。

三大需求对国内生产总值增长的贡献率和拉动

年　份	最终消费支出		资本形成总额		货物和服务净出口	
	贡献率 (%)	拉　动 (百分点)	贡献率 (%)	拉　动 (百分点)	贡献率 (%)	拉　动 (百分点)
1978	39.4	4.6	66.0	7.7	-5.4	-0.6
1979	85.1	6.4	18.1	1.4	-3.2	-0.2
1980	77.5	6.1	20.7	1.7	1.8	0.1
1981	88.7	4.6	-1.1	-0.1	12.4	0.6
1982	56.4	5.1	22.9	2.0	20.7	1.9
1983	75.7	8.1	32.3	3.6	-8.0	-0.9
1984	69.7	10.6	41.3	6.3	-11.0	-1.7
1985	71.2	9.6	80.0	10.8	-51.2	-6.9
1986	49.5	4.4	15.2	1.3	35.3	3.2
1987	41.1	4.8	26.5	3.1	32.4	3.8
1988	43.2	4.9	56.0	6.3	0.8	0.1
1989	83.5	3.5	-16.8	-0.7	33.3	1.4
1990	92.6	3.6	-62.0	-2.4	69.4	2.7
1991	61.7	5.7	37.9	3.6	0.4	
1992	56.0	8.0	52.3	7.5	-8.3	-1.2
1993	57.8	8.1	52.5	7.2	-10.3	-1.4
1994	34.2	4.5	36.6	4.8	29.2	3.8
1995	46.2	5.1	46.9	5.1	6.9	0.8
1996	62.6	6.2	34.5	3.4	2.9	0.3
1997	43.2	4.0	14.6	1.3	42.2	3.9
1998	64.8	5.1	28.4	2.2	6.8	0.5
1999	87.1	6.6	20.4	1.6	-7.5	-0.6
2000	78.2	6.6	21.4	1.8	0.4	
2001	49.3	4.1	65.3	5.4	-14.6	-1.2
2002	57.6	5.2	38.1	3.5	4.3	0.4
2003	35.8	3.6	69.6	6.9	-5.4	-0.5
2004	43.5	4.4	61.9	6.2	-5.4	-0.5
2005	56.0	6.4	33.0	3.6	11.0	1.3
2006	42.7	5.4	42.6	5.4	14.7	1.9
2007	46.1	6.5	43.6	6.2	10.3	1.5
2008	44.7	4.3	51.8	5.0	3.5	0.3
2009	57.7	5.3	87.1	8.0	-44.8	-4.1
2010	46.9	5.0	66.0	7.0	-12.9	-1.4
2011	62.7	6.0	45.2	4.3	-7.9	-0.8
2012	56.7	4.4	42.0	3.2	1.3	0.1
2013	48.2	3.7	54.2	4.2	-2.4	-0.2
2014	50.2	3.7	48.5	3.6	1.3	0.1

注：1.本表按不变价格计算。三大需求指支出法国内生产总值的三大构成项目,即最终消费支出、资本形成总额、货物和服务净出口。

2.贡献率指三大需求增量分别与支出法国内生产总值增量之比。

3.拉动指国内生产总值增长速度分别与三大需求贡献率的乘积。

居民消费水平

年　份	绝对数(元)			指数（1978年=100)		
	全体居民	农村居民	城镇居民	全体居民	农村居民	城镇居民
1978	184	138	405	100.0	100.0	100.0
1979	208	159	425	107.0	106.6	102.9
1980	238	178	490	116.8	115.7	110.4
1981	264	202	517	126.1	127.3	113.8
1982	284	227	504	133.1	140.6	108.6
1983	315	252	547	145.3	154.1	115.6
1984	356	280	621	160.9	168.2	128.0
1985	440	346	750	181.3	192.5	137.4
1986	496	385	847	191.6	200.8	145.7
1987	558	427	953	203.1	212.6	152.2
1988	684	506	1200	212.6	219.8	159.9
1989	785	588	1345	221.3	232.4	161.4
1990	831	627	1404	227.5	240.4	163.6
1991	916	661	1619	242.2	246.0	181.2
1992	1057	701	2009	265.8	250.5	212.3
1993	1332	822	2661	293.8	261.6	243.9
1994	1799	1073	3645	313.8	274.9	260.8
1995	2330	1344	4769	339.8	288.8	285.6
1996	2765	1655	5382	372.5	328.6	297.2
1997	2978	1768	5645	389.6	341.8	302.6
1998	3126	1778	5909	411.5	346.5	319.6
1999	3346	1793	6351	445.9	354.2	348.9
2000	3721	1917	6999	493.1	377.6	382.9
2001	3987	2032	7324	523.2	395.2	397.4
2002	4301	2157	7745	567.3	421.1	422.5
2003	4606	2292	8104	600.0	440.5	437.2
2004	5138	2521	8880	643.0	457.8	463.3
2005	5771	2784	9832	705.4	488.9	502.6
2006	6416	3066	10739	765.0	524.7	535.6
2007	7572	3538	12480	862.6	570.4	597.6
2008	8707	4065	14061	934.3	610.3	636.4
2009	9514	4402	15127	1026.1	666.9	687.1
2010	10919	4941	17104	1124.5	716.0	741.2
2011	13134	6187	19912	1248.6	808.6	802.1
2012	14699	6964	21861	1362.0	880.4	859.9
2013	16190	7773	23609	1462.0	955.8	905.4
2014	17705	8680	25315	1574.6	1048.8	956.7

注：1.本表绝对数按当年价格计算，指数按不变价格计算。

2.居民消费水平指按常住人口计算的人均居民消费支出。

按三次产业分就业人员

(年底数)

年 份	就业人员总 计(万人)	第 一产 业	第 二产 业	第 三产 业	构成（以合计为100）第 一产 业	第 二产 业	第 三产 业
1978	40152	28318	6945	4890	70.5	17.3	12.2
1979	41024	28634	7214	5177	69.8	17.6	12.6
1980	42361	29122	7707	5532	68.7	18.2	13.1
1981	43725	29777	8003	5945	68.1	18.3	13.6
1982	45295	30859	8346	6090	68.1	18.4	13.5
1983	46436	31151	8679	6606	67.1	18.7	14.2
1984	48197	30868	9590	7739	64.0	19.9	16.1
1985	49873	31130	10384	8359	62.4	20.8	16.8
1986	51282	31254	11216	8811	60.9	21.9	17.2
1987	52783	31663	11726	9395	60.0	22.2	17.8
1988	54334	32249	12152	9933	59.3	22.4	18.3
1989	55329	33225	11976	10129	60.1	21.6	18.3
1990	64749	38914	13856	11979	60.1	21.4	18.5
1991	65491	39098	14015	12378	59.7	21.4	18.9
1992	66152	38699	14355	13098	58.5	21.7	19.8
1993	66808	37680	14965	14163	56.4	22.4	21.2
1994	67455	36628	15312	15515	54.3	22.7	23.0
1995	68065	35530	15655	16880	52.2	23.0	24.8
1996	68950	34820	16203	17927	50.5	23.5	26.0
1997	69820	34840	16547	18432	49.9	23.7	26.4
1998	70637	35177	16600	18860	49.8	23.5	26.7
1999	71394	35768	16421	19205	50.1	23.0	26.9
2000	72085	36043	16219	19823	50.0	22.5	27.5
2001	72797	36399	16234	20165	50.0	22.3	27.7
2002	73280	36640	15682	20958	50.0	21.4	28.6
2003	73736	36204	15927	21605	49.1	21.6	29.3
2004	74264	34830	16709	22725	46.9	22.5	30.6
2005	74647	33442	17766	23439	44.8	23.8	31.4
2006	74978	31941	18894	24143	42.6	25.2	32.2
2007	75321	30731	20186	24404	40.8	26.8	32.4
2008	75564	29923	20553	25087	39.6	27.2	33.2
2009	75828	28890	21080	25857	38.1	27.8	34.1
2010	76105	27931	21842	26332	36.7	28.7	34.6
2011	76420	26594	22544	27282	34.8	29.5	35.7
2012	76704	25773	23241	27690	33.6	30.3	36.1
2013	76977	24171	23170	29636	31.4	30.1	38.5
2014	77253	22790	23099	31364	29.5	29.9	40.6

按城乡分就业人员

(年底数)　　单位: 万人

年 份	合 计	城镇小计	#国有单位	#集体单位	#股份合作单位	#联营单位	#有限责任公司
1978	40152	9514	7451	2048			
1980	42361	10525	8019	2425			
1985	49873	12808	8990	3324		38	
1990	64749	17041	10346	3549		96	
1995	68065	19040	11261	3147		53	
1996	68950	19922	11244	3016		49	
1997	69820	20781	11044	2883		43	
1998	70637	21616	9058	1963	136	48	484
1999	71394	22412	8572	1712	144	46	603
2000	72085	23151	8102	1499	155	42	687
2001	72797	24123	7640	1291	153	45	841
2002	73280	25159	7163	1122	161	45	1083
2003	73736	26230	6876	1000	173	44	1261
2004	74264	27293	6710	897	192	44	1436
2005	74647	28389	6488	810	188	45	1750
2006	74978	29630	6430	764	178	45	1920
2007	75321	30953	6424	718	170	43	2075
2008	75564	32103	6447	662	164	43	2194
2009	75828	33322	6420	618	160	37	2433
2010	76105	34687	6516	597	156	36	2613
2011	76420	35914	6704	603	149	37	3269
2012	76704	37102	6839	589	149	39	3787
2013	76977	38240	6365	566	108	25	6069
2014	77253	39310	6312	537	103	22	6315

年 份	#股份有限公司	#私营企业	#港澳台商投资单位	#外商投资单位	#个体	乡村小计
1978					15	30638
1980					81	31836
1985				6	450	37065
1990		57	4	62	614	47708
1995	317	485	272	241	1560	49025
1996	363	620	265	275	1709	49028
1997	468	750	281	300	1919	49039
1998	410	973	294	293	2259	49021
1999	420	1053	306	306	2414	48982
2000	457	1268	310	332	2136	48934
2001	483	1527	326	345	2131	48674
2002	538	1999	367	391	2269	48121
2003	592	2545	409	454	2377	47506
2004	625	2994	470	563	2521	46971
2005	699	3458	557	688	2778	46258
2006	741	3954	611	796	3012	45348
2007	788	4581	680	903	3310	44368
2008	840	5124	679	943	3609	43461
2009	956	5544	721	978	4245	42506
2010	1024	6071	770	1053	4467	41418
2011	1183	6912	932	1217	5227	40506
2012	1243	7557	969	1246	5643	39602
2013	1721	8242	1397	1566	6142	38737
2014	1751	9857	1393	1562	7009	37943

城镇登记失业人数及失业率

(年底数)

年份	城镇失业人数(万人)	失业率(%)	年份	城镇失业人数(万人)	失业率(%)
1978	530.0	5.3	1997	576.8	3.1
1979	567.6	5.4	1998	571.0	3.1
1980	541.5	4.9	1999	575.0	3.1
1981	439.5	3.8	2000	595.0	3.1
1982	379.4	3.2	2001	681.0	3.6
1983	271.4	2.3	2002	770.0	4.0
1984	235.7	1.9	2003	800.0	4.3
1985	238.5	1.8	2004	827.0	4.2
1986	264.4	2.0	2005	839.0	4.2
1987	276.6	2.0	2006	847.0	4.1
1988	296.2	2.0	2007	830.0	4.0
1989	377.9	2.6	2008	886.0	4.2
1990	383.2	2.5	2009	921.0	4.3
1991	352.2	2.3	2010	908.0	4.1
1992	363.9	2.3	2011	922.0	4.1
1993	420.1	2.6	2012	917.0	4.1
1994	476.4	2.8	2013	926.0	4.05
1995	519.6	2.9	2014	952.0	4.09
1996	552.8	3.0			

城镇单位就业人员工资总额和指数

年份	工资总额(亿元)				指数(上年=100)			
	合计	国有单位	城镇集体单位	其他单位	合计	国有单位	城镇集体单位	其他单位
1978	568.9	468.7	100.2		110.5	110.1	112.5	
1980	772.4	627.9	144.5		119.4	118.6	123.3	
1985	1383.0	1064.8	312.3	5.9	122.0	121.6	123.0	163.9
1990	2951.1	2324.1	581.0	46.0	119.0	113.4	108.7	135.7
1995	8055.8	6172.6	1210.6	672.7	119.0	117.4	115.6	142.2
1996	8964.4	6893.3	1269.4	801.7	111.3	111.7	104.9	119.2
1997	9602.4	7323.9	1283.9	994.5	107.1	106.2	101.1	124.0
1998	9540.2	6934.6	1054.9	1550.7	99.4	94.7	82.2	155.9
1999	10155.9	7289.9	995.8	1870.1	106.5	105.1	94.4	120.6
2000	10954.7	7744.9	950.7	2259.1	107.9	106.2	95.5	120.8
2001	12205.4	8515.2	898.5	2791.7	111.4	109.9	94.5	123.6
2002	13638.1	9138.0	863.9	3636.2	111.7	107.3	96.1	130.3
2003	15329.6	9911.9	867.1	4550.6	112.4	108.5	100.4	125.1
2004	17615.0	11038.2	876.2	5700.6	114.9	111.4	101.0	125.3
2005	20627.1	12291.7	906.4	7429.0	117.1	111.4	103.4	130.3
2006	24262.3	13920.6	983.8	9357.9	117.6	113.3	108.5	126.0
2007	29471.5	16689.1	1108.1	11674.3	121.5	119.9	112.6	124.8
2008	35289.5	19487.9	1203.2	14598.4	119.7	116.8	108.6	125.0
2009	40288.2	21862.7	1273.3	17152.1	114.2	112.2	105.8	117.5
2010	47269.9	24886.4	1433.7	20949.7	117.3	113.8	112.6	122.1
2011	59954.7	28954.8	1737.4	29262.4	126.8	116.3	121.2	139.7
2012	70914.2	32950.0	1990.4	35973.8	118.3	113.8	114.6	122.9
2013	93064.3	33359.6	2195.8	57508.9	131.2	101.2	110.3	159.9
2014	102777.5	36106.6	2302.7	64368.3	110.4	108.2	104.9	111.9

注：本表数据不包含私营单位（下表同），2013年工资总额增加较多，系将原属于乡镇企业的规模以上法人单位纳入劳动工资统计范围所致。

城镇单位就业人员平均货币工资及指数

年 份	平均货币工资(元)				平均货币工资指数(上年=100)			
	合 计	国 有 单 位	城镇集体 单 位	其 他 单 位	合 计	国 有 单 位	城镇集体 单 位	其 他 单 位
1978	615	644	506		106.8	107.0	105.9	
1979	668	705	542		108.6	109.5	107.1	
1980	762	803	623		114.1	113.9	114.9	
1981	772	812	642		101.3	101.1	103.0	
1982	798	836	671		103.4	103.0	104.5	
1983	826	865	698		103.5	103.5	104.0	
1984	974	1034	811	1048	117.9	119.5	116.2	
1985	1148	1213	967	1436	117.9	117.3	119.2	137.0
1986	1329	1414	1092	1629	115.8	116.6	112.9	113.4
1987	1459	1546	1207	1879	109.8	109.3	110.5	115.3
1988	1747	1853	1426	2382	119.7	119.9	118.1	126.8
1989	1935	2055	1557	2707	110.8	110.9	109.2	113.6
1990	2140	2284	1681	2987	110.6	111.1	108.0	110.3
1991	2340	2477	1866	3468	109.3	108.5	111.0	116.1
1992	2711	2878	2109	3966	115.9	116.2	113.0	114.4
1993	3371	3532	2592	4966	124.3	122.7	122.9	125.2
1994	4538	4797	3245	6303	134.6	135.8	125.2	126.9
1995	5348	5553	3934	7728	118.9	117.3	121.1	119.9
1996	5980	6207	4312	8521	111.8	111.8	109.6	110.3
1997	6444	6679	4516	9092	107.8	107.6	104.7	106.7
1998	7446	7579	5314	9241	115.5	113.5	117.7	101.6
1999	8319	8443	5758	10142	111.7	111.4	108.4	109.8
2000	9333	9441	6241	11238	112.2	111.8	108.4	110.8
2001	10834	11045	6851	12437	116.1	117.0	109.8	110.7
2002	12373	12701	7636	13486	114.2	115.0	111.5	108.4
2003	13969	14358	8627	14843	112.9	113.0	113.0	110.1
2004	15920	16445	9723	16519	114.0	114.5	112.7	111.3
2005	18200	18978	11176	18362	114.3	115.4	114.9	111.2
2006	20856	21706	12866	21004	114.6	114.4	115.1	114.4
2007	24721	26100	15444	24271	118.5	120.2	120.0	115.6
2008	28898	30287	18103	28552	116.9	116.0	117.2	117.6
2009	32244	34130	20607	31350	111.6	112.7	113.8	109.8
2010	36539	38359	24010	35801	113.3	112.4	116.5	114.2
2011	41799	43483	28791	41323	114.4	113.4	119.9	115.4
2012	46769	48357	33784	46360	111.9	111.2	117.3	112.2
2013	51483	52657	38905	51453	110.1	108.9	115.2	111.0
2014	56339	57296	42742	56452	109.4	108.8	109.9	109.7

城镇单位就业人员平均实际工资指数

年 份	平均实际工资指数(1978年=100)				平均实际工资指数(上年=100)			
	合 计	国 有 单 位	城镇集体 单 位	其 他 单 位	合 计	国 有 单 位	城镇集体 单 位	其 他 单 位
1978	100.0	100.0	100.0		106.0	106.2	105.1	
1979	106.6	107.5	105.1		106.6	107.4	105.1	
1980	113.2	113.9	112.4		106.1	106.0	106.9	
1981	111.9	112.4	113.1		98.8	98.7	100.5	
1982	113.4	113.5	115.9		101.3	100.9	102.5	
1983	115.1	115.1	118.2		101.5	101.4	102.0	
1984	132.1	133.9	133.7	100.0	114.8	116.4	113.1	
1985	139.0	140.4	142.4	122.5	105.3	104.8	106.6	122.5
1986	150.4	152.9	150.3	129.8	108.2	108.9	105.5	106.0
1987	151.9	153.7	152.7	137.6	100.9	100.5	101.6	106.0
1988	150.7	152.6	149.5	144.6	99.2	99.3	97.9	105.0
1989	143.5	145.6	140.4	141.3	95.2	95.4	93.9	97.7
1990	156.7	159.8	149.6	153.9	109.2	109.7	106.6	108.9
1991	162.9	164.6	157.9	170.0	104.0	103.2	105.6	110.5
1992	173.8	176.2	164.3	179.0	106.7	107.0	104.1	105.3
1993	186.1	186.2	173.9	193.0	107.1	105.7	105.9	107.9
1994	200.4	202.3	174.3	196.0	107.7	108.7	100.2	101.5
1995	204.0	203.2	180.7	201.2	101.8	100.4	103.7	102.6
1996	209.7	208.8	182.0	203.9	102.8	102.7	100.7	101.3
1997	219.1	217.9	184.9	211.0	104.5	104.4	101.6	103.5
1998	254.7	248.7	218.9	215.8	116.2	114.2	118.4	102.3
1999	288.3	280.7	240.3	239.9	113.2	112.9	109.8	111.2
2000	320.9	311.4	258.4	263.8	111.3	110.9	107.5	109.9
2001	370.0	361.8	281.7	289.9	115.3	116.2	109.0	109.9
2002	426.8	420.3	317.2	317.5	115.4	116.2	112.6	109.5
2003	477.5	470.8	355.1	346.3	111.9	112.0	112.0	109.1
2004	526.8	522.1	387.5	373.1	110.3	110.9	109.1	107.7
2005	592.8	593.0	438.3	408.2	112.5	113.6	113.1	109.4
2006	669.3	668.2	497.2	460.0	112.9	112.7	113.4	112.7
2007	758.9	768.6	570.9	508.9	113.4	115.0	114.8	110.6
2008	840.1	844.3	633.6	566.7	110.7	109.8	111.0	111.4
2009	946.1	960.2	727.6	627.9	112.6	113.7	114.8	110.8
2010	1038.7	1045.7	821.4	694.9	109.8	108.9	112.9	110.7
2011	1128.4	1125.8	935.4	761.7	108.6	107.7	113.9	109.6
2012	1230.0	1219.2	1068.2	832.5	109.0	108.3	114.3	109.2
2013	1319.9	1294.1	1198.6	900.7	107.3	106.1	112.2	108.2
2014	1414.2	1379.0	1290.1	967.7	107.1	106.6	107.6	107.4

各种价格指数

(上年=100)

年份	居民消费价格指数	商品零售价格指数	农业生产资料价格指数	农产品生产者价格指数	工业生产者出厂价格指数	工业生产者购进价格指数	固定资产投资价格指数
1978	100.7	100.7	99.9	103.9	100.1		
1979	101.9	102.0	100.4	122.1	101.5		
1980	107.5	106.0	101.0	107.1	100.5		
1981	102.5	102.4	101.7	105.9	100.2		
1982	102.0	101.9	101.9	102.2	99.8		
1983	102.0	101.5	103.0	104.4	99.9		
1984	102.7	102.8	108.9	104.0	101.4		
1985	109.3	108.8	104.8	108.6	108.7		
1986	106.5	106.0	101.1	106.4	103.8		
1987	107.3	107.3	107.0	112.0	107.9		
1988	118.8	118.5	116.2	123.0	115.0		
1989	118.0	117.8	118.9	115.0	118.6	126.4	
1990	103.1	102.1	105.5	97.4	104.1	105.6	108.0
1991	103.4	102.9	102.9	98.0	106.2	109.1	109.5
1992	106.4	105.4	103.7	103.4	106.8	111.0	115.3
1993	114.7	113.2	114.1	113.4	124.0	135.1	126.6
1994	124.1	121.7	121.6	139.9	119.5	118.2	110.4
1995	117.1	114.8	127.4	119.9	114.9	115.3	105.9
1996	108.3	106.1	108.4	104.2	102.9	103.9	104.0
1997	102.8	100.8	99.5	95.5	99.7	101.3	101.7
1998	99.2	97.4	94.5	92.0	95.9	95.8	99.8
1999	98.6	97.0	95.8	87.8	97.6	96.7	99.6
2000	100.4	98.5	99.1	96.4	102.8	105.1	101.1
2001	100.7	99.2	99.1	103.1	98.7	99.8	100.4
2002	99.2	98.7	100.5	99.7	97.8	97.7	100.2
2003	101.2	99.9	101.4	104.4	102.3	104.8	102.2
2004	103.9	102.8	110.6	113.1	106.1	111.4	105.6
2005	101.8	100.8	108.3	101.4	104.9	108.3	101.6
2006	101.5	101.0	101.5	101.2	103.0	106.0	101.5
2007	104.8	103.8	107.7	118.5	103.1	104.4	103.9
2008	105.9	105.9	120.3	114.1	106.9	110.5	108.9
2009	99.3	98.8	97.5	97.6	94.6	92.1	97.6
2010	103.3	103.1	102.9	110.9	105.5	109.6	103.6
2011	105.4	104.9	111.3	116.5	106.0	109.1	106.6
2012	102.6	102.0	105.6	102.7	98.3	98.2	101.1
2013	102.6	101.4	101.4	103.2	98.1	98.0	100.3
2014	102.0	101.0	99.1	99.8	98.1	97.8	100.5

注：1.居民消费价格指数1985年及以前为职工生活费用价格指数（下表同）。

2.从2011年起工业品出厂价格指数改为工业生产者出厂价格指数，原材料、燃料、动力购进价格指数改为工业生产者购进价格指数(下表同)。

各种价格定基指数

年份	居民消费价格指数(1978年=100)	商品零售价格指数(1978年=100)	农业生产资料价格指数(1978年=100)	农产品生产者价格指数(1978年=100)	工业生产者出厂价格指数(1985年=100)	工业生产者购进价格指数(1990年=100)	固定资产投资价格指数(1990年=100)
1978	100.0	100.0	100.0	100.0			
1979	101.9	102.0	100.4	122.1			
1980	109.5	108.1	101.4	130.8			
1981	112.2	110.7	103.1	138.5			
1982	114.4	112.8	105.1	141.5			
1983	116.7	114.5	108.3	147.8			
1984	119.9	117.7	117.9	153.7			
1985	131.1	128.1	123.6	166.9	100.0		
1986	139.6	135.8	125.0	177.6	103.8		
1987	149.8	145.7	133.8	198.9	112.0		
1988	177.9	172.7	155.5	244.6	128.8		
1989	209.9	203.4	184.9	281.3	152.8		
1990	216.4	207.7	195.1	274.0	159.0	100.0	100.0
1991	223.8	213.7	200.8	268.5	168.9	109.1	109.5
1992	238.1	225.2	208.2	277.6	180.4	121.1	126.3
1993	273.1	254.9	237.6	314.8	223.7	163.6	159.8
1994	339.0	310.2	288.9	440.5	267.3	193.4	176.5
1995	396.9	356.1	368.1	528.1	307.1	222.9	186.9
1996	429.9	377.8	399.0	550.3	316.0	231.6	194.3
1997	441.9	380.8	397.0	525.5	315.0	234.6	197.6
1998	438.4	370.9	375.2	483.5	302.1	224.7	197.3
1999	432.2	359.8	359.4	424.5	294.8	217.3	196.5
2000	434.0	354.4	356.2	409.2	303.1	228.4	198.6
2001	437.0	351.6	353.0	421.9	299.2	227.9	199.4
2002	433.5	347.0	354.8	420.6	292.6	222.7	199.8
2003	438.7	346.7	359.8	439.0	299.3	233.4	204.2
2004	455.8	356.4	397.9	496.5	317.6	260.0	215.7
2005	464.0	359.3	430.9	503.4	333.2	281.6	219.1
2006	471.0	362.9	437.4	509.4	343.2	298.5	222.4
2007	493.6	376.7	471.1	603.6	353.8	311.6	231.1
2008	522.7	398.9	566.7	688.5	378.2	344.3	251.8
2009	519.0	394.1	552.5	672.0	357.8	317.2	245.8
2010	536.1	406.3	568.5	745.5	377.5	347.7	254.6
2011	565.0	426.2	632.7	868.2	400.2	379.3	271.4
2012	579.7	434.7	668.1	892.0	393.4	372.5	274.4
2013	594.8	440.8	677.5	920.7	385.9	365.1	275.2
2014	606.7	445.2	671.4	919.2	378.6	357.1	276.6

居民消费价格指数

(上年=100)

项　目	2012年	2013年	2014年	城　市	农　村
居民消费价格指数	**102.6**	**102.6**	**102.0**	**102.1**	**101.8**
食品	**104.8**	**104.7**	**103.1**	**103.3**	**102.6**
#粮食	104.0	104.6	103.1	103.2	103.1
油脂	105.1	100.3	95.1	94.9	95.4
肉禽及其制品	102.1	104.3	100.4	100.6	99.7
蛋	97.1	104.9	110.4	110.4	110.3
水产品	108.0	104.2	104.4	104.5	104.0
菜	113.7	108.0	99.2	99.2	99.3
糖	104.2	100.5	100.1	100.4	99.4
茶及饮料	104.2	102.0	101.8	101.7	102.1
干鲜瓜果	100.1	105.9	114.1	114.1	113.9
液体乳及乳制品	103.2	105.7	108.5	108.9	106.6
烟酒及用品	**102.9**	**100.3**	**99.4**	**99.3**	**99.5**
烟草	100.5	100.4	100.2	100.1	100.3
酒	106.3	100.3	98.2	98.1	98.5
衣着	**103.1**	**102.3**	**102.4**	**102.4**	**102.4**
#服装	103.3	102.4	102.6	102.6	102.4
鞋袜帽	102.3	101.6	101.9	102.0	101.8
家庭设备用品及维修服务	**101.9**	**101.5**	**101.2**	**101.2**	**101.2**
#耐用消费品	100.4	100.3	100.3	100.2	100.6
室内装饰品	100.8	100.4	100.0	99.7	100.8
家庭服务及加工维修服务	109.7	108.7	107.3	107.6	106.1
医疗保健和个人用品	**102.0**	**101.3**	**101.3**	**101.2**	**101.5**
医疗保健	101.7	101.5	101.7	101.7	101.7
个人用品及服务	102.6	101.0	100.4	100.2	101.0
交通和通信	**99.9**	**99.6**	**99.9**	**99.8**	**100.0**
交通	101.2	100.2	100.2	100.2	100.4
通信	98.0	98.8	99.4	99.3	99.5
娱乐教育文化用品及服务	**100.5**	**101.8**	**101.9**	**101.9**	**101.7**
文娱用耐用消费品及服务	94.5	96.3	97.3	96.9	98.6
教育	101.7	102.7	102.4	102.6	101.9
文化娱乐	101.3	101.4	101.3	101.3	101.1
旅游	101.7	104.0	105.0	104.8	105.9
居住	**102.1**	**102.8**	**102.0**	**102.1**	**101.9**
建房及装修材料	101.0	101.2	101.0	101.1	100.9
住房租金	102.7	104.1	103.3	103.2	103.3
自有住房	102.3	103.8	103.0	102.8	103.5
水电燃料	102.4	101.6	100.7	100.9	100.0

分地区居民消费价格指数

(上年=100)

地　区	2008年	2009年	2010年	2011年	2012年	2013年	2014年
全　国	**105.9**	**99.3**	**103.3**	**105.4**	**102.6**	**102.6**	**102.0**
北　京	105.1	98.5	102.4	105.6	103.3	103.3	101.6
天　津	105.4	99.0	103.5	104.9	102.7	103.1	101.9
河　北	106.2	99.3	103.1	105.7	102.6	103.0	101.7
山　西	107.2	99.6	103.0	105.2	102.5	103.1	101.7
内蒙古	105.7	99.7	103.2	105.6	103.1	103.2	101.6
辽　宁	104.6	100.0	103.0	105.2	102.8	102.4	101.7
吉　林	105.1	100.1	103.7	105.2	102.5	102.9	102.0
黑龙江	105.6	100.2	103.9	105.8	103.2	102.2	101.5
上　海	105.8	99.6	103.1	105.2	102.8	102.3	102.7
江　苏	105.4	99.6	103.8	105.3	102.6	102.3	102.2
浙　江	105.0	98.5	103.8	105.4	102.2	102.3	102.1
安　徽	106.2	99.1	103.1	105.6	102.3	102.4	101.6
福　建	104.6	98.2	103.2	105.3	102.4	102.5	102.0
江　西	106.0	99.3	103.0	105.2	102.7	102.5	102.3
山　东	105.3	100.0	102.9	105.0	102.1	102.2	101.9
河　南	107.0	99.4	103.5	105.6	102.5	102.9	101.9
湖　北	106.3	99.6	102.9	105.8	102.9	102.8	102.0
湖　南	106.0	99.6	103.1	105.5	102.0	102.5	101.9
广　东	105.6	97.7	103.1	105.3	102.8	102.5	102.3
广　西	107.8	97.9	103.0	105.9	103.2	102.2	102.1
海　南	106.9	99.3	104.8	106.1	103.2	102.8	102.4
重　庆	105.6	98.4	103.2	105.3	102.6	102.7	101.8
四　川	105.1	100.8	103.2	105.3	102.5	102.8	101.6
贵　州	107.6	98.7	102.9	105.1	102.7	102.5	102.4
云　南	105.7	100.4	103.7	104.9	102.7	103.1	102.4
西　藏	105.7	101.4	102.2	105.0	103.5	103.6	102.9
陕　西	106.4	100.5	104.0	105.7	102.8	103.0	101.6
甘　肃	108.2	101.3	104.1	105.9	102.7	103.2	102.1
青　海	110.1	102.6	105.4	106.1	103.1	103.9	102.8
宁　夏	108.5	100.7	104.1	106.3	102.0	103.4	101.9
新　疆	108.1	100.7	104.3	105.9	103.8	103.9	102.1

分地区居民消费价格分类指数

(2014年)　　　　(上年=100)

地　区	居民消费价格指数	食品	烟酒及用品	衣着	家庭设备用品及服务	医疗保健和个人用品	交通和通信	娱乐教育文化	居住
全　国	**102.0**	**103.1**	**99.4**	**102.4**	**101.2**	**101.3**	**99.9**	**101.9**	**102.0**
北　京	101.6	103.2	99.7	100.4	100.3	99.9	99.2	103.2	101.4
天　津	101.9	103.0	98.7	101.8	103.3	100.4	99.7	101.7	102.0
河　北	101.7	102.3	98.8	104.1	101.2	101.5	100.0	101.9	101.1
山　西	101.7	102.8	100.1	102.4	101.4	100.9	99.8	101.8	100.8
内蒙古	101.6	102.9	100.4	102.1	100.6	100.8	99.4	101.2	101.0
辽　宁	101.7	102.7	100.3	102.2	100.3	101.6	100.4	101.1	101.3
吉　林	102.0	103.0	100.1	103.1	100.8	100.6	100.2	101.8	102.0
黑龙江	101.5	102.0	100.9	102.9	100.8	102.2	99.6	100.9	100.6
上　海	102.7	103.2	101.0	103.7	101.8	100.4	100.1	101.8	104.6
江　苏	102.2	102.6	98.6	103.9	103.3	101.8	99.8	102.6	102.4
浙　江	102.1	103.1	99.6	101.8	101.5	101.9	99.7	102.2	102.4
安　徽	101.6	102.5	97.5	101.0	101.3	101.6	99.2	102.4	102.0
福　建	102.0	103.3	99.2	102.6	100.4	100.7	100.2	101.7	102.3
江　西	102.3	103.7	100.1	102.4	99.9	101.0	99.7	102.8	102.5
山　东	101.9	102.6	100.3	102.9	101.1	101.2	99.8	102.0	102.1
河　南	101.9	102.6	98.3	102.5	100.9	101.0	99.9	103.2	102.2
湖　北	102.0	102.3	99.7	102.0	101.5	100.7	100.2	101.7	103.3
湖　南	101.9	102.6	99.5	101.7	101.3	102.1	100.2	103.0	101.4
广　东	102.3	104.4	99.6	103.0	100.8	100.9	99.6	101.1	101.9
广　西	102.1	104.3	99.2	100.4	100.3	101.0	99.9	101.5	101.5
海　南	102.4	103.7	97.9	102.3	101.4	102.0	100.0	101.7	102.6
重　庆	101.8	103.3	97.8	102.0	100.5	101.7	100.3	100.1	101.6
四　川	101.6	102.1	97.9	102.5	101.2	101.1	100.3	101.6	101.9
贵　州	102.4	104.2	99.8	102.1	100.7	101.6	100.2	102.4	101.8
云　南	102.4	104.3	100.5	100.9	101.3	101.1	100.3	100.6	102.7
西　藏	102.9	105.3	100.1	102.3	101.3	101.0	100.6	101.7	102.4
陕　西	101.6	102.8	98.8	101.1	101.0	102.7	99.9	100.7	101.2
甘　肃	102.1	103.6	99.9	102.4	102.2	101.2	100.0	101.4	101.5
青　海	102.8	104.0	98.7	104.9	99.8	101.4	100.3	102.6	103.0
宁　夏	101.9	102.7	99.1	102.7	101.1	101.6	99.6	102.8	101.2
新　疆	102.1	103.6	100.6	101.9	101.1	101.3	100.4	100.4	101.9

商品零售价格指数

(上年=100)

项　　目	2012年	2013年	2014年		
				城　市	农　村
商品零售价格指数	**102.0**	**101.4**	**101.0**	**101.0**	**101.0**
食品	**104.8**	**104.7**	**103.0**	**103.2**	**102.5**
#粮食	103.8	104.9	103.1	103.2	103.1
油脂	105.1	100.4	95.1	94.9	95.5
肉禽及其制品	102.2	104.4	100.3	100.5	100.0
蛋	97.1	104.8	110.8	110.9	110.4
水产品	108.1	104.1	104.3	104.3	104.2
菜	113.5	108.1	98.8	98.8	98.7
干鲜瓜果	99.7	106.0	114.0	114.1	113.7
液体乳及乳制品	103.1	105.7	108.6	109.1	106.3
饮料、烟酒	**103.3**	**100.7**	**99.9**	**99.9**	**100.0**
服装、鞋帽	**102.9**	**102.2**	**102.4**	**102.5**	**102.3**
纺织品	**101.5**	**101.0**	**100.9**	**100.6**	**101.6**
家用电器及音像器材	**97.7**	**98.3**	**98.5**	**98.2**	**99.3**
#家庭设备	100.0	99.7	99.7	99.5	100.1
文娱用耐用消费品	93.9	95.7	96.5	95.9	98.0
专业音像器材	99.2	99.2	98.8	98.7	99.1
文化办公用品	**98.1**	**98.6**	**99.0**	**98.7**	**100.0**
日用品	**102.1**	**100.8**	**100.5**	**100.4**	**100.8**
体育娱乐用品	**101.0**	**100.7**	**100.5**	**100.7**	**100.1**
#体育用品	101.8	101.1	100.6	100.8	100.1
娱乐用品	100.3	100.3	100.5	100.6	100.1
交通、通信用品	**96.0**	**97.3**	**98.6**	**98.5**	**99.0**
#交通运输机械	98.3	98.6	99.3	99.2	99.4
通信器材	90.5	93.7	96.9	96.3	98.2
家具	**101.3**	**101.2**	**101.5**	**101.6**	**101.1**
化妆品	**102.2**	**101.5**	**100.8**	**100.7**	**100.8**
金银珠宝	**101.0**	**91.9**	**91.6**	**91.8**	**90.9**
中西药品及医疗保健用品	**102.1**	**101.3**	**101.7**	**101.8**	**101.6**
#中药材及中成药	104.9	103.1	103.0	103.1	102.5
西药	100.3	100.0	100.5	100.3	100.9
书报杂志及电子出版物	**101.4**	**101.3**	**101.1**	**101.2**	**100.9**
#教材及参考书	101.5	101.7	101.2	101.1	101.3
书报杂志	101.8	101.2	101.5	101.8	100.8
电子音像制品	100.3	100.3	99.9	99.9	100.1
燃料	**102.9**	**99.9**	**99.2**	**99.3**	**99.0**
#煤炭及制品	101.7	98.5	97.0	96.8	97.2
石油及制品	103.2	100.2	99.6	99.6	99.6
建筑材料及五金电料	**100.3**	**100.5**	**100.4**	**100.4**	**100.4**
#建筑装潢材料	99.8	100.3	100.3	100.3	100.2
五金电料	101.8	101.1	100.7	100.6	101.0

分地区农业生产资料价格分类指数

(2014年)　　(上年=100)

地区	农业生产资料价格指数	农用手工工具	饲料	产品畜	半机械化农具	机械化农具	化学肥料	农药及农药械	农用机油	其他农业生产资料	农业生产服务
全　国	**99.1**	**103.1**	**102.0**	**97.8**	**100.5**	**100.6**	**94.2**	**101.2**	**98.2**	**102.1**	**104.0**
北　京											
天　津											
河　北	99.1	99.6	104.3	95.0	98.6	100.8	91.6	101.7	98.6	102.8	101.2
山　西	99.2	102.9	102.7	93.8	100.0	99.9	94.0	100.5	98.4	101.0	103.8
内蒙古	99.9	100.7	102.4	104.7	107.1	101.4	93.0	101.3	97.4	103.3	100.7
辽　宁	98.9	103.1	100.7	97.9	100.1	101.4	96.1	101.0	97.6	101.8	102.9
吉　林	95.1	100.0	102.8	93.0	100.1	100.3	87.3	100.8	96.8	96.4	103.0
黑龙江	100.3	102.0	101.2	100.2	100.0	100.9	93.8	101.1	98.3	102.6	106.4
上　海											
江　苏	100.2	101.8	101.5	102.0	100.5	100.2	93.6	100.9	98.6	101.7	104.0
浙　江	99.8	101.3	100.6	93.3	100.5	100.1	94.6	101.1	98.3	102.0	106.4
安　徽	99.6	104.9	102.4	101.7	100.3	102.5	92.2	102.5	98.9	102.7	104.7
福　建	99.5	100.7	102.4	99.2	100.7	100.2	95.8	100.1	98.8	101.7	103.8
江　西	99.6	101.2	102.2	104.8	100.1	99.6	91.4	101.7	101.3	101.0	107.7
山　东	99.5	102.8	101.8	99.0	98.9	100.9	96.5	102.0	97.1	103.1	101.9
河　南	97.9	106.1	101.0	93.6	102.1	100.4	91.2	102.6	97.5	102.4	103.9
湖　北	97.9	104.0	102.1	94.6	101.3	99.8	94.0	100.2	99.7	99.7	103.6
湖　南	100.2	108.0	102.2	100.7	100.5	98.2	96.1	101.4	98.6	100.2	104.5
广　东	99.9	103.9	104.7	94.0	100.1	99.8	97.5	101.0	98.2	102.5	103.2
广　西	98.9	102.6	99.0	100.1	98.8	100.1	91.9	100.4	98.0	102.9	103.5
海　南	105.3	107.2	109.9	105.7	101.5	102.8	104.9	102.7	97.2	102.8	107.1
重　庆											
四　川	98.8	102.5	101.0	95.8	100.0	100.1	95.9	101.6	99.0	101.8	105.9
贵　州	99.0	101.0	100.9	100.0	99.2	99.3	94.1	102.3	98.2	104.8	101.5
云　南	98.4	101.3	100.7	97.6	100.1	100.1	94.4	100.0	99.4	102.0	107.7
西　藏	100.9	100.1	100.7	101.2	100.3	100.1	101.0	100.0	99.4	102.8	102.0
陕　西	100.9	101.3	103.4	97.9	100.7	101.7	96.8	102.0	99.1	104.9	105.6
甘　肃	99.0	108.7	102.7	97.5	100.1	100.1	93.3	101.4	98.8	101.9	103.1
青　海	99.8	99.8	104.8	98.0	100.8	101.0	93.6	103.0	97.1	107.5	107.3
宁　夏	96.9	100.4	100.7	99.1	97.8	98.7	86.7	101.3	99.2	101.1	104.0
新　疆	97.7	102.5	101.6	96.9	100.3	100.2	88.4	100.4	99.2	104.1	106.2

农产品生产者价格指数

（上年＝100）

指　　标	2008年	2009年	2010年	2011年	2012年	2013年	2014年
农产品生产者价格指数	**114.1**	**97.6**	**110.9**	**116.5**	**102.7**	**103.2**	**99.8**
农业产品	**108.4**	**102.9**	**116.6**	**107.8**	**104.8**	**104.3**	**101.8**
谷物	107.1	104.9	112.8	109.7	104.8	103.1	102.7
小麦	108.7	107.9	107.9	105.2	102.9	106.7	105.1
稻谷	106.6	105.2	112.8	113.3	104.1	102.2	102.2
玉米	107.3	98.5	116.1	109.9	106.6	100.2	101.7
大豆	119.7	92.3	107.9	106.3	105.7	105.7	101.8
油料	128.0	94.2	112.1	112.1	105.2	102.4	99.9
棉花	90.6	111.8	157.7	79.5	98.1	103.9	87.1
糖料	98.4	101.5	106.0	125.5	105.0	98.9	99.7
蔬菜	104.7	111.8	116.8	103.4	109.9	106.9	98.5
水果	101.4	107.0	118.9	106.2	103.9	106.2	106.4
林业产品	**108.5**	**94.9**	**122.8**	**114.9**	**101.2**	**99.1**	**99.4**
畜牧产品	**123.9**	**90.1**	**103.0**	**126.2**	**99.7**	**102.4**	**97.1**
猪（毛重）	130.8	81.6	98.3	137.0	95.9	99.3	92.2
牛（毛重）	123.6	101.0	104.7	108.1	116.8	113.1	104.4
羊（毛重）	118.8	101.1	108.7	115.7	107.8	109.1	100.8
家禽（毛重）	111.9	102.2	107.0	112.0	103.8	103.2	104.4
蛋类	112.2	102.8	107.5	112.6	100.5	105.8	105.7
奶类	125.5	91.6	115.3	108.1	103.9	111.0	107.9
渔业产品	**111.2**	**99.0**	**107.6**	**110.0**	**106.2**	**104.3**	**103.1**
海水养殖产品				111.5	101.0	100.7	101.9
海水捕捞产品				111.2	110.9	107.7	103.1
淡水养殖产品				109.5	106.8	104.7	103.8
淡水捕捞产品				103.7	107.2	103.5	101.5

分地区农产品生产者价格指数

(上年=100)

地　区	2008年	2009年	2010年	2011年	2012年	2013年	2014年
全　国	**114.1**	**97.6**	**110.9**	**116.5**	**102.7**	**103.2**	**99.8**
北　京	112.3	98.3	106.5	110.7	104.7	104.7	99.7
天　津	107.1	103.0	110.2	105.0	105.3	105.4	102.9
河　北	109.0	99.7	115.1	110.9	100.7	105.1	100.2
山　西	109.2	100.4	110.2	111.0	101.3	106.1	101.5
内蒙古	111.0	99.8	111.4	112.8	104.7	103.3	102.7
辽　宁	109.8	102.9	110.6	114.2	106.6	101.1	101.7
吉　林	104.5	103.8	111.8	116.8	105.1	100.4	102.9
黑龙江	117.0	98.1	109.2	116.5	105.9	101.0	101.0
上　海	109.7	102.2	107.1	110.9	101.4	104.1	99.5
江　苏	114.3	99.9	108.8	112.1	103.7	103.4	101.3
浙　江	112.9	100.3	114.8	113.6	104.3	103.0	99.5
安　徽	114.7	99.1	110.8	112.8	102.9	103.7	100.2
福　建	110.7	98.0	111.5	113.3	102.7	103.0	100.3
江　西	114.2	96.8	107.5	114.3	103.5	102.3	100.3
山　东	112.5	101.2	118.8	109.7	102.5	105.9	100.5
河　南	115.0	99.1	112.5	111.5	102.9	102.6	97.5
湖　北	117.0	96.3	112.3	111.7	103.3	101.8	100.0
湖　南	126.7	90.6	109.9	121.9	100.2	102.1	98.6
广　东	113.9	95.0	107.6	112.4	103.4	103.5	102.2
广　西	113.0	89.3	107.6	124.5	99.4	102.5	98.1
海　南	112.5	101.9	107.9	115.3	103.3	100.0	105.6
重　庆	120.2	89.0	103.2	120.2	104.6	103.0	100.2
四　川	118.4	96.9	105.9	117.8	104.0	102.6	99.9
贵　州	115.5	96.1	106.7	120.3	104.3	102.4	99.5
云　南	115.5	96.5	112.5	117.9	110.7	104.9	100.6
西　藏							
陕　西	111.2	95.8	121.7	113.8	102.6	107.4	102.1
甘　肃	114.0	100.2	113.8	111.3	105.9	105.9	102.1
青　海	114.9	94.6	124.3	117.3	108.2	110.4	100.0
宁　夏	118.7	99.4	117.0	111.3	103.6	106.7	98.3
新　疆	119.8	92.9	131.5	103.7	103.2	108.5	97.8

工业生产者出厂价格指数

(上年=100)

项　　目	2008年	2009年	2010年	2011年	2012年	2013年	2014年
工业生产者出厂价格指数	**106.9**	**94.6**	**105.5**	**106.0**	**98.3**	**98.1**	**98.1**
生产资料	**107.7**	**93.3**	**106.6**	**106.6**	**97.5**	**97.4**	**97.5**
采掘工业	123.2	84.2	122.2	115.4	97.6	94.3	93.5
原材料工业	108.9	91.9	110.1	109.2	98.0	96.9	97.0
加工工业	105.2	95.1	103.1	104.6	97.3	98.0	98.2
生活资料	**104.1**	**98.8**	**102.0**	**104.2**	**100.8**	**100.2**	**100.0**
食品类	108.3	98.6	103.8	107.4	101.4	100.7	100.2
衣着类	102.2	100.1	102.0	104.2	102.1	101.2	100.7
一般日用品类	103.6	99.2	101.9	104.0	100.9	99.8	100.1
耐用消费品类	99.5	97.7	99.4	99.4	99.1	99.1	99.2

工业生产者购进价格分类指数

(上年=100)

项　　目	2008年	2009年	2010年	2011年	2012年	2013年	2014年
工业生产者购进价格指数	**110.5**	**92.1**	**109.6**	**109.1**	**98.2**	**98.0**	**97.8**
燃料、动力类	120.6	89.2	116.3	110.8	100.9	96.6	97.1
黑色金属材料类	118.4	86.3	106.6	109.4	92.9	95.7	94.6
有色金属材料类	98.6	81.1	122.2	112.1	94.5	95.4	96.1
化工原料类	105.2	91.3	107.0	110.4	96.1	97.3	98.3
木材及纸浆类	105.2	95.8	103.0	104.6	100.1	99.6	99.4
建材类	109.5	101.1	103.8	108.4	99.7	98.7	99.8
农副产品类	107.5	97.0	110.4	115.6	100.2	101.6	99.4
纺织原料类	103.1	98.8	106.7	112.7	99.1	99.9	98.9

按行业分工业生产者出厂价格指数

(上年＝100)

行　　业	2010年	2011年	2012年	2013年	2014年
工业生产者出厂价格指数	**105.5**	**106.0**	**98.3**	**98.1**	**98.1**
煤炭开采和洗选业	110.0	110.2	97.0	88.7	89.0
石油和天然气开采业	137.8	124.5	99.6	96.5	96.8
黑色金属矿采选业	117.5	112.7	89.0	97.0	91.2
有色金属矿采选业	119.0	115.0	97.6	95.7	96.5
非金属矿采选业	106.4	109.1	103.4	100.6	99.3
农副食品加工业	105.5	110.6	102.2	101.2	99.1
食品制造业	103.3	106.3	102.2	101.7	102.0
饮料制造业	102.9	104.4	101.9	100.1	100.5
烟草制品业	100.4	100.3	101.3	100.4	100.3
纺织业	108.5	111.1	96.6	99.8	99.4
纺织服装、鞋、帽制造业	101.7	103.7	102.3	101.1	100.3
皮革、毛皮、羽毛(绒)及其制品业	101.7	104.5	102.3	102.4	101.8
木材加工及木、竹、藤、棕、草制品业	101.5	104.1	102.2	100.8	100.9
家具制造业	101.4	102.4	101.7	100.5	100.8
造纸及纸制品业	103.5	103.0	98.5	97.7	99.2
印刷业和记录媒介的复制	100.7	101.9	100.4	99.5	100.0
文教体育用品制造业	102.4	103.7	101.8	100.2	100.4
石油加工、炼焦及核燃料加工业	117.8	114.9	101.6	96.3	94.8
化学原料及化学制品制造业	108.0	109.8	96.0	96.7	98.0
医药制造业	103.2	102.5	100.1	100.6	100.7
化学纤维制造业	114.1	112.1	88.0	95.6	94.7
橡胶制品业	103.8	110.0	99.4	97.1	96.6
塑料制品业	102.3	104.7	99.4	99.7	99.8
非金属矿物制品业	102.1	107.0	98.6	99.0	99.9
黑色金属冶炼及压延加工业	107.4	109.8	89.4	93.8	92.8
有色金属冶炼及压延加工业	117.3	113.0	93.1	94.6	95.6
金属制品业	101.7	104.1	99.1	98.3	98.6
通用设备制造业	100.1	102.7	99.8	98.9	99.5
专用设备制造业	101.2	101.5	100.3	100.2	99.8
交通运输设备制造业	100.3	100.4	99.5	99.3	99.5
电气机械及器材制造业	103.2	103.1	97.5	98.4	98.8
通信设备、计算机及其他电子设备制造业	98.3	98.3	97.8	97.3	98.3
仪器仪表及文化、办公用机械制造业	99.1	99.8	100.2	99.3	99.1
工艺品及其他制造业	103.5	105.3	100.9	99.2	100.1
废弃资源和废旧材料回收加工业	107.5	111.8	92.2	94.0	93.5
电力、热力的生产和供应业	102.0	101.6	103.7	100.2	100.2
燃气生产和供应业	105.4	109.4	102.0	102.1	103.5
水的生产和供应业	105.5	102.8	102.2	101.9	102.6

固定资产投资价格指数

年份	上年=100				1990年=100			
	固定资产投资	建筑安装工程	设备工器具购置	其他费用	固定资产投资	建筑安装工程	设备工器具购置	其他费用
1990	108.0	106.9	109.1	112.4	100.0	100.0	100.0	100.0
1991	109.5	109.7	106.1	116.8	109.5	109.7	106.1	116.8
1992	115.3	116.8	109.4	120.9	126.3	128.1	116.1	141.2
1993	126.6	131.3	119.7	123.4	159.8	168.2	138.9	174.3
1994	110.4	110.4	109.5	112.1	176.5	185.7	152.1	195.3
1995	105.9	104.7	106.3	112.4	186.9	194.5	161.7	219.6
1996	104.0	105.1	101.6	104.3	194.3	204.4	164.3	229.0
1997	101.7	102.9	98.1	102.9	197.6	210.3	161.2	235.6
1998	99.8	100.5	97.5	100.4	197.3	211.4	157.2	236.6
1999	99.6	100.3	97.5	99.9	196.5	212.0	153.2	236.3
2000	101.1	102.4	97.4	101.0	198.6	217.1	149.2	238.7
2001	100.4	101.4	97.0	101.0	199.4	220.1	144.8	241.1
2002	100.2	101.0	97.0	101.2	199.8	222.3	140.4	244.0
2003	102.2	104.2	97.0	101.6	204.2	231.7	136.2	247.9
2004	105.6	108.2	99.4	103.5	215.7	250.7	135.4	256.6
2005	101.6	101.8	99.4	103.2	219.1	255.2	134.6	264.8
2006	101.5	101.3	100.7	103.3	222.4	258.5	135.5	273.5
2007	103.9	105.1	100.2	104.2	231.1	271.8	135.7	284.9
2008	108.9	112.9	100.6	105.4	251.8	306.9	136.4	300.3
2009	97.6	96.3	97.6	102.4	245.8	295.5	133.1	307.5
2010	103.6	104.9	100.3	103.1	254.6	310.0	133.5	317.0
2011	106.6	109.2	101.1	104.0	271.4	338.5	135.0	329.7
2012	101.1	101.6	98.9	102.2	274.4	343.9	133.5	337.0
2013	100.3	100.3	99.0	101.7	275.2	344.9	132.2	342.7
2014	100.5	100.6	99.7	101.4	276.6	347.0	131.8	347.5

建筑安装工程价格指数

(上年=100)

项目	2008年	2009年	2010年	2011年	2012年	2013年	2014年
建筑安装工程价格指数	**112.9**	**96.3**	**104.9**	**109.2**	**101.6**	**100.3**	**100.6**
人工费	113.8	106.6	109.1	113.5	109.7	108.1	106.1
材料费	114.1	92.8	104.3	108.7	98.0	97.6	98.5
#钢材	120.1	85.3	105.0	109.8	94.4	94.1	94.9
木材	108.3	101.5	103.8	106.6	102.6	101.6	101.8
水泥	110.4	100.4	103.1	109.2	97.8	98.6	100.7

分地区固定资产投资价格指数

(上年=100)

地 区	2008年	2009年	2010年	2011年	2012年	2013年	2014年
全 国	**108.9**	**97.6**	**103.6**	**106.6**	**101.1**	**100.3**	**100.5**
北 京	107.8	97.1	102.5	105.7	101.3	99.9	100.0
天 津	109.2	97.6	102.6	105.7	100.0	99.5	100.5
河 北	109.6	96.5	103.7	105.5	100.3	99.9	100.2
山 西	113.3	98.1	103.7	105.5	101.2	100.5	99.6
内蒙古	108.1	98.5	105.4	106.3	101.6	99.6	99.8
辽 宁	109.1	97.0	103.3	106.6	101.0	100.0	99.7
吉 林	107.3	99.4	102.4	105.6	100.4	100.0	100.2
黑龙江	109.0	97.6	105.2	107.5	100.8	100.1	100.0
上 海	107.9	97.0	103.8	106.5	99.4	100.2	100.5
江 苏	110.0	97.7	105.1	106.8	98.6	100.5	101.1
浙 江	109.3	96.7	104.7	107.5	99.2	100.0	100.6
安 徽	109.4	96.0	105.4	108.1	101.0	100.2	100.3
福 建	105.9	98.0	103.3	106.2	100.3	100.1	100.4
江 西	110.4	96.1	104.8	108.4	101.0	100.4	100.1
山 东	107.7	96.9	103.6	106.8	100.8	100.4	100.3
河 南	109.0	96.4	103.5	107.4	101.0	99.9	100.0
湖 北	109.4	98.8	104.7	107.3	101.8	100.5	101.0
湖 南	109.9	99.7	104.0	107.2	101.7	101.3	101.5
广 东	108.6	96.7	103.0	105.5	101.5	101.4	101.5
广 西	107.9	97.9	103.0	106.2	100.6	100.1	101.6
海 南	113.3	97.7	105.2	106.4	102.0	99.3	100.6
重 庆	110.2	97.8	102.1	105.9	101.8	100.5	100.3
四 川	112.5	98.3	102.5	105.2	101.0	100.4	100.5
贵 州	108.9	100.5	102.7	105.4	101.5	100.9	101.1
云 南	107.4	98.1	102.7	104.6	101.4	101.1	101.0
西 藏							
陕 西	109.5	99.3	103.6	105.9	102.6	102.0	101.1
甘 肃	106.7	101.5	103.5	104.7	102.1	100.4	100.1
青 海	110.5	100.9	103.8	106.5	102.2	101.5	100.9
宁 夏	109.0	100.2	104.2	107.5	101.5	99.8	100.8
新 疆	111.2	98.0	104.6	107.1	100.6	100.5	100.3

居民人均可支配收入

单位：元

指　　标	2013年	2014年
一、全国居民可支配收入	**18310.8**	**20167.1**
1.工资性收入	10410.8	11420.6
2.经营净收入	3434.7	3732.0
3.财产净收入	1423.3	1587.8
4.转移净收入	3042.1	3426.8
二、城镇居民可支配收入	**26467.0**	**28843.9**
1.工资性收入	16617.4	17936.8
2.经营净收入	2975.3	3279.0
3.财产净收入	2551.5	2812.1
4.转移净收入	4322.8	4815.9
三、农村居民可支配收入	**9429.6**	**10488.9**
1.工资性收入	3652.5	4152.2
2.经营净收入	3934.8	4237.4
3.财产净收入	194.7	222.1
4.转移净收入	1647.5	1877.2

注：从2013年起，国家统计局开展了城乡一体化住户收支与生活状况调查，本表数据来源于此调查，与2013年前的分城镇和农村住户调查的调查范围、调查方法、指标口径有所不同(下表同)。

居民人均消费支出

单位：元

指　　标	2013年	2014年
一、全国居民消费支出	**13220.4**	**14491.4**
1.食品烟酒	4126.7	4493.9
2.衣着	1027.1	1099.3
3.居住	2998.5	3200.5
4.生活用品及服务	806.5	889.7
5.交通和通信	1627.1	1869.3
6.教育、文化和娱乐	1397.7	1535.9
7.医疗保健	912.1	1044.8
8.其他用品及服务	324.7	358.0
二、城镇居民消费支出	**18487.5**	**19968.1**
1.食品烟酒	5570.7	6000.0
2.衣着	1553.7	1627.2
3.居住	4301.4	4489.6
4.生活用品及服务	1129.2	1233.2
5.交通和通信	2317.8	2637.3
6.教育、文化和娱乐	1988.3	2142.3
7.医疗保健	1136.1	1305.6
8.其他用品及服务	490.4	532.9
三、农村居民消费支出	**7485.1**	**8382.6**
1.食品烟酒	2554.4	2814.0
2.衣着	453.8	510.4
3.居住	1579.8	1762.7
4.生活用品及服务	455.1	506.5
5.交通和通信	874.9	1012.6
6.教育、文化和娱乐	754.6	859.5
7.医疗保健	668.2	753.9
8.其他用品及服务	144.2	163.0

城乡居民人均收入和指数

年份	城镇居民人均可支配收入			农村居民人均纯收入		
	绝对数（元）	指数（上年=100）	指数（1978年=100）	绝对数（元）	指数（上年=100）	指数（1978年=100）
1978	343.4		100.0	133.6		100.0
1979	405.0	115.7	115.7	160.2	119.2	119.2
1980	477.6	109.7	127.0	191.3	116.6	139.0
1981	500.4	102.2	129.9	223.4	115.4	160.4
1982	535.3	104.9	136.3	270.1	119.9	192.3
1983	564.6	103.9	141.5	309.8	114.2	219.6
1984	652.1	112.2	158.7	355.3	113.6	249.5
1985	739.1	101.1	160.4	397.6	107.8	268.9
1986	900.9	113.9	182.7	423.8	103.2	277.6
1987	1002.1	102.2	186.8	462.6	105.2	292.0
1988	1180.2	97.6	182.3	544.9	106.4	310.7
1989	1373.9	100.1	182.5	601.5	98.4	305.7
1990	1510.2	108.5	198.1	686.3	101.8	311.2
1991	1700.6	107.1	212.4	708.6	102.0	317.4
1992	2026.6	109.7	232.9	784.0	105.9	336.2
1993	2577.4	109.5	255.1	921.6	103.2	346.9
1994	3496.2	108.5	276.8	1221.0	105.0	364.3
1995	4283.0	104.9	290.3	1577.7	105.3	383.6
1996	4838.9	103.8	301.6	1926.1	109.0	418.1
1997	5160.3	103.4	311.9	2090.1	104.6	437.3
1998	5425.1	105.8	329.9	2162.0	104.3	456.1
1999	5854.0	109.3	360.6	2210.3	103.8	473.5
2000	6280.0	106.4	383.7	2253.4	102.1	483.4
2001	6859.6	108.5	416.3	2366.4	104.2	503.7
2002	7702.8	113.4	472.1	2475.6	104.8	527.9
2003	8472.2	109.0	514.6	2622.2	104.3	550.6
2004	9421.6	107.7	554.2	2936.4	106.8	588.0
2005	10493.0	109.6	607.4	3254.9	106.2	624.5
2006	11759.5	110.4	670.7	3587.0	107.4	670.7
2007	13785.8	112.2	752.5	4140.4	109.5	734.4
2008	15780.8	108.4	815.7	4760.6	108.0	793.2
2009	17174.7	109.8	895.4	5153.2	108.5	860.6
2010	19109.4	107.8	965.2	5919.0	110.9	954.4
2011	21809.8	108.4	1046.3	6977.3	111.4	1063.2
2012	24564.7	109.6	1146.7	7916.6	110.7	1176.9
平均每年增长(%)						
1979-2012年			7.4			7.5
1991-2012年			8.3			6.2
2001-2012年			9.6			7.7

注：1.本表绝对数按当年价格计算，指数和平均增长速度按可比价格计算。

2.本表数据来源于分城镇和农村住户抽样调查资料（以下相关表同）。

城乡居民人均消费支出和住房情况

年 份	城镇居民		农村居民		城镇居民人均住房建筑面积(平方米)	农村居民人均住房面 积(平方米)
	人均现金消费支出(元)	恩格尔系 数(%)	人 均消费支出(元)	恩格尔系 数(%)		
1978	311.2	57.5	116.1	67.7		8.1
1979			134.5	64.0		8.4
1980	412.4	56.9	162.2	61.8		9.4
1981	456.8	56.7	190.8	59.9		10.2
1982	471.0	58.6	220.2	60.7		10.7
1983	505.9	59.2	248.3	59.4		11.6
1984	559.4	58.0	273.8	59.2		13.6
1985	673.2	53.3	317.4	57.8		14.7
1986	799.0	52.4	357.0	56.4		15.3
1987	884.4	53.5	398.3	55.8		16.0
1988	1104.0	51.4	476.7	54.0		16.6
1989	1211.0	54.5	535.4	54.8		17.2
1990	1278.9	54.2	584.6	58.8		17.8
1991	1453.8	53.8	619.8	57.6		18.5
1992	1671.7	53.0	659.0	57.6		18.9
1993	2110.8	50.3	769.7	58.1		20.7
1994	2851.3	50.0	1016.8	58.9		20.2
1995	3537.6	50.1	1310.4	58.6		21.0
1996	3919.5	48.8	1572.1	56.3		21.7
1997	4185.6	46.6	1617.2	55.1		22.5
1998	4331.6	44.7	1590.3	53.4		23.3
1999	4615.9	42.1	1577.4	52.6		24.2
2000	4998.0	39.4	1670.1	49.1		24.8
2001	5309.0	38.2	1741.1	47.7		25.7
2002	6029.9	37.7	1834.3	46.2	24.5	26.5
2003	6510.9	37.1	1943.3	45.6	25.3	27.2
2004	7182.1	37.7	2184.7	47.2	26.4	27.9
2005	7942.9	36.7	2555.4	45.5	27.8	29.7
2006	8696.6	35.8	2829.0	43.0	28.5	30.7
2007	9997.5	36.3	3223.9	43.1	30.1	31.6
2008	11242.9	37.9	3660.7	43.7	30.6	32.4
2009	12264.6	36.5	3993.5	41.0	31.3	33.6
2010	13471.5	35.7	4381.8	41.1	31.6	34.1
2011	15160.9	36.3	5221.1	40.4	32.7	36.2
2012	16674.3	36.2	5908.0	39.3	32.9	37.1

城乡居民人民币储蓄存款

单位：亿元

年份	年底余额			年增加额		
	总计	定期	活期	总计	定期	活期
1978	210.6	128.9	81.7	29.0	17.2	11.8
1979	281.0	166.4	114.6	70.4	37.5	32.9
1980	395.8	304.9	90.9	114.8	138.5	-23.7
1981	523.4	396.4	127.0	127.6	91.5	36.1
1982	675.4	519.3	156.1	152.0	122.9	29.1
1983	892.9	682.4	210.5	217.5	163.1	54.4
1984	1214.7	900.9	313.8	321.8	218.5	103.3
1985	1622.6	1225.2	397.4	407.9	324.3	83.6
1986	2237.8	1729.2	508.6	615.2	504.0	111.2
1987	3083.4	2357.8	725.6	845.6	628.6	217.0
1988	3819.1	2845.3	973.8	735.7	487.5	248.2
1989	5184.5	4208.5	976.0	1365.4	1363.2	2.2
1990	7119.6	5909.4	1210.2	1935.1	1700.9	234.2
1991	9244.9	7634.9	1610.0	2125.3	1725.5	399.8
1992	11757.3	9445.0	2312.3	2512.4	1810.1	702.3
1993	15203.5	12108.3	3095.2	3446.2	2663.3	782.9
1994	21518.8	16838.7	4680.1	6315.3	4730.4	1584.9
1995	29662.3	23778.3	5884.1	8143.5	6939.6	1203.9
1996	38520.8	30873.2	7647.6	8858.6	7095.0	1763.6
1997	46279.8	36226.7	10053.1	7759.0	5353.5	2405.4
1998	53407.5	41791.6	11615.9	7127.7	5564.8	1562.8
1999	59621.8	44955.1	14666.7	6214.4	3163.5	3050.8
2000	64332.4	46141.7	18190.7	4710.6	1186.6	3524.0
2001	73762.4	51434.9	22327.6	9430.1	5293.2	4136.9
2002	86910.7	58788.9	28121.7	13148.2	7354.1	5794.1
2003	103617.7	68498.7	35119.0	16707.0	9709.7	6997.3
2004	119555.4	78138.9	41416.5	15937.7	9640.2	6297.6
2005	141051.0	92263.5	48787.5	21495.6	14124.7	7370.9
2006	161587.3	103011.4	58575.9	20544.0	10777.3	9766.7
2007	172534.2	104934.5	67599.7	10946.9	1923.1	9023.8
2008	217885.4	139300.2	78585.2	45351.2	34365.7	10985.5
2009	260771.7	160230.4	100541.3	42886.3	20930.2	21956.1
2010	303302.5	178413.9	124888.6	42530.8	18183.5	24347.3
2011	343635.9			40333.4		
2012	399551.0			55915.2		
2013	447601.6			48050.6		
2014	485261.3			37659.7		

注：2011年起，城乡居民人民币储蓄存款统计不再划分活期、定期存款。

城镇居民平均每百户耐用消费品年底拥有量

项　　目	单位	2008年	2009年	2010年	2011年	2012年
摩托车	辆	21.4	22.4	22.5	20.1	20.3
洗衣机	台	94.7	96.0	96.9	97.1	98.0
电冰箱	台	93.6	95.4	96.6	97.2	98.5
彩色电视机	台	132.9	135.7	137.4	135.2	136.1
组合音响	台	27.4	28.2	28.1	24.0	23.6
照相机	台	39.1	41.7	43.7	44.5	46.4
空调器	台	100.3	106.8	112.1	122.0	126.8
淋浴热水器	台	80.7	83.4	84.8	89.1	91.0
计算机	台	59.3	65.7	71.2	81.9	87.0
摄像机	台	7.1	7.8	8.2	9.4	10.0
微波炉	台	54.6	57.2	59.0	60.7	62.2
健身器材	件	4.0	4.1	4.2	4.1	4.3
家用汽车	辆	8.8	10.9	13.1	18.6	21.5
移动电话	部	172.0	181.0	188.9	205.3	212.6
固定电话	部	82.0	81.9	80.9	69.6	68.4

按五等份分组的城镇居民人均可支配收入

单位：元

年　份	人均可支配收入	低收入户(20%)	中等偏下户(20%)	中等收入户(20%)	中等偏上户(20%)	高收入户(20%)
2000	6280.0	3132.0	4623.5	5897.9	7487.4	11299.0
2001	6859.6	3319.7	4946.6	6366.2	8164.2	12662.6
2002	7702.8	3032.1	4932.0	6656.8	8869.5	15459.5
2003	8472.2	3295.4	5377.3	7278.8	9763.4	17471.8
2004	9421.6	3642.2	6024.1	8166.5	11050.9	20101.6
2005	10493.0	4017.3	6710.6	9190.1	12603.4	22902.3
2006	11759.5	4567.1	7554.2	10269.7	14049.2	25410.8
2007	13785.8	5364.3	8900.5	12042.2	16385.8	29478.9
2008	15780.8	6074.9	10195.6	13984.2	19254.1	34667.8
2009	17174.7	6725.2	11243.6	15399.9	21018.0	37433.9
2010	19109.4	7605.2	12702.1	17224.0	23188.9	41158.0
2011	21809.8	8788.9	14498.3	19544.9	26420.0	47021.0
2012	24564.7	10353.8	16761.4	22419.1	29813.7	51456.4

农村居民平均每百户主要耐用消费品年底拥有量

项　目	单 位	2008年	2009年	2010年	2011年	2012年
电视机	台	109.1	116.6	118.2	117.1	118.3
#彩电	台	99.2	108.9	111.8	115.5	116.9
电冰箱	台	30.2	37.1	45.2	61.5	67.3
摩托车	辆	52.5	56.6	59.0	60.9	62.2
洗衣机	台	49.1	53.1	57.3	62.6	67.2
空调机	台	9.8	12.2	16.0	22.6	25.4
电话机	部	67.0	62.7	60.8	43.1	42.2
移动电话	部	96.1	115.2	136.5	179.7	197.8
计算机	台	5.4	7.5	10.4	18.0	21.4

按五等份分组的农村居民人均纯收入

单位：元

年　份	人　均 纯收入	低收入户 (20%)	中等偏下户 (20%)	中等收入户 (20%)	中等偏上户 (20%)	高收入户 (20%)
2000	2253.4	802.0	1440.0	2004.0	2767.0	5190.0
2001	2366.4	818.0	1491.0	2081.0	2891.0	5534.0
2002	2475.6	857.0	1548.0	2164.0	3031.0	5903.0
2003	2622.2	865.9	1606.5	2273.1	3206.8	6346.9
2004	2936.4	1007.0	1842.2	2578.6	3608.0	6931.0
2005	3254.9	1067.2	2018.3	2851.0	4003.3	7747.4
2006	3587.0	1182.5	2222.0	3148.5	4446.6	8474.8
2007	4140.4	1346.9	2581.8	3658.8	5129.8	9790.7
2008	4760.6	1499.8	2935.0	4203.1	5928.6	11290.2
2009	5153.2	1549.3	3110.1	4502.1	6467.6	12319.1
2010	5919.0	1869.8	3621.2	5221.7	7440.6	14049.7
2011	6977.3	2000.5	4255.7	6207.7	8893.6	16783.1
2012	7916.6	2316.2	4807.5	7041.0	10142.1	19008.9

分地区全体居民人均收入与支出

单位：元

地　区	人均可支配收入		人均消费支出	
	2013年	2014年	2013年	2014年
全国总计	**18310.8**	**20167.1**	**13220.4**	**14491.4**
北　京	40830.0	44488.6	29175.6	31102.9
天　津	26359.2	28832.3	20418.7	22343.0
河　北	15189.6	16647.4	10872.2	11931.5
山　西	15119.7	16538.3	10118.3	10863.8
内蒙古	18692.9	20559.3	14877.7	16258.1
辽　宁	20817.8	22820.2	14950.2	16068.0
吉　林	15998.1	17520.4	12054.3	13026.0
黑龙江	15903.4	17404.4	12037.2	12768.8
上　海	42173.6	45965.8	30399.9	33064.8
江　苏	24775.5	27172.8	17925.8	19163.6
浙　江	29775.0	32657.6	20610.1	22552.0
安　徽	15154.3	16795.5	10544.1	11727.0
福　建	21217.9	23330.9	16176.6	17644.5
江　西	15099.7	16734.2	10052.8	11088.9
山　东	19008.3	20864.2	11896.8	13328.9
河　南	14203.7	15695.2	10002.5	11000.4
湖　北	16472.5	18283.2	11760.8	12928.3
湖　南	16004.9	17621.7	11945.9	13288.7
广　东	23420.7	25685.0	17421.0	19205.5
广　西	14082.3	15557.1	9596.5	10274.3
海　南	15733.3	17476.5	11192.9	12470.6
重　庆	16568.7	18351.9	12600.2	13810.6
四　川	14231.0	15749.0	11054.7	12368.4
贵　州	11083.1	12371.1	8288.0	9303.4
云　南	12577.9	13772.2	8823.8	9869.5
西　藏	9740.4	10730.2	6306.8	7317.0
陕　西	14371.5	15836.7	11217.3	12203.6
甘　肃	10954.4	12184.7	8943.4	9874.6
青　海	12947.8	14374.0	11576.5	12604.8
宁　夏	14565.8	15906.8	11292.0	12484.5
新　疆	13669.6	15096.6	11391.8	11903.7

注：从2013年起，国家统计局开展了城乡一体化住户收支与生活状况调查，本表数据来源于此调查，与2013年前的分城镇和农村住户调查的调查范围、调查方法、指标口径有所不同(以下相关表同)。

分地区城镇居民人均收入与支出

单位：元

地区	人均可支配收入		人均消费支出	
	2013年	2014年	2013年	2014年
全国总计	**26467.0**	**28843.9**	**18487.5**	**19968.1**
北　京	44563.9	48531.8	31632.2	33717.5
天　津	28979.8	31506.0	22306.2	24289.6
河　北	22226.7	24141.3	14970.0	16203.8
山　西	22258.2	24069.4	13762.7	14636.9
内蒙古	26003.6	28349.6	19244.0	20885.2
辽　宁	26697.0	29081.7	19318.4	20519.6
吉　林	21331.1	23217.8	15940.7	17156.1
黑龙江	20848.4	22609.0	15704.1	16466.6
上　海	44878.3	48841.4	32447.2	35182.4
江　苏	31585.5	34346.3	22262.3	23476.3
浙　江	37079.7	40392.7	25253.5	27241.7
安　徽	22789.3	24838.5	14593.6	16107.1
福　建	28173.9	30722.4	20564.7	22204.1
江　西	22119.7	24309.2	13843.0	15141.8
山　东	26882.4	29221.9	16646.5	18322.6
河　南	21740.7	23672.1	15248.8	16184.5
湖　北	22667.9	24852.3	15334.5	16681.4
湖　南	24352.0	26570.2	16867.3	18334.7
广　东	29537.3	32148.1	21621.5	23611.7
广　西	22689.4	24669.0	14470.1	15045.4
海　南	22411.4	24486.5	15833.5	17513.8
重　庆	23058.2	25147.2	17123.8	18279.5
四　川	22227.5	24234.4	16098.2	17759.9
贵　州	20564.9	22548.2	13768.2	15254.6
云　南	22460.0	24299.0	14862.3	16268.3
西　藏	20394.5	22015.8	13678.6	15669.4
陕　西	22345.9	24365.8	16398.6	17546.0
甘　肃	19873.4	21803.9	14411.3	15942.3
青　海	20352.4	22306.6	16223.4	17492.9
宁　夏	21475.7	23284.6	15806.9	17216.2
新　疆	21091.5	23214.0	16858.1	17684.5

分地区农村居民人均收入与支出

单位：元

地 区	人均可支配收入		人均消费支出	
	2013年	2014年	2013年	2014年
全国总计	**9429.6**	**10488.9**	**7485.1**	**8382.6**
北 京	17101.2	18867.3	13563.9	14535.1
天 津	15352.6	17014.2	12491.1	13738.6
河 北	9187.7	10186.1	7377.1	8248.0
山 西	7949.5	8809.4	6457.7	6991.7
内蒙古	8984.9	9976.3	9079.6	9972.2
辽 宁	10161.2	11191.5	7032.1	7800.7
吉 林	9780.7	10780.1	7523.4	8139.8
黑龙江	9369.0	10453.2	7191.7	7830.0
上 海	19208.3	21191.6	13016.2	14820.1
江 苏	13521.3	14958.4	10759.0	11820.3
浙 江	17493.9	19373.3	12803.3	14497.8
安 徽	8850.0	9916.4	7200.3	7980.8
福 建	11404.8	12650.2	9986.2	11055.9
江 西	9088.8	10116.6	6807.4	7548.3
山 东	10686.9	11882.3	6877.3	7962.2
河 南	8969.1	9966.1	6358.7	7277.2
湖 北	9691.8	10849.1	7849.5	8680.9
湖 南	9028.6	10060.2	7832.6	9024.8
广 东	11067.8	12245.6	8937.8	10043.2
广 西	7793.1	8683.2	6035.3	6675.1
海 南	8801.7	9912.6	6376.2	7029.0
重 庆	8492.5	9489.8	6970.7	7982.6
四 川	8380.7	9347.7	7364.8	8301.1
贵 州	5897.8	6671.2	5291.1	5970.3
云 南	6723.6	7456.1	5246.6	6030.3
西 藏	6553.4	7359.2	4101.6	4822.1
陕 西	7092.2	7932.2	6487.6	7252.4
甘 肃	5588.8	6276.6	5653.9	6147.8
青 海	6461.6	7282.7	7505.9	8235.1
宁 夏	7598.7	8410.0	6739.8	7676.5
新 疆	7846.6	8723.8	7103.1	7365.3

国家公共财政收支和国债余额

单位：亿元

指　　标	1990年	1995年	2000年	2010年	2013年	2014年
公共财政收入	**2937.1**	**6242.2**	**13395.2**	**83101.5**	**129209.6**	**140349.7**
中央	992.4	3256.6	6989.2	42488.5	60198.5	64490.0
地方	1944.7	2985.6	6406.1	40613.0	69011.2	75859.7
财政收入按项目分						
#各项税收	2821.9	6038.0	12581.5	73210.8	110530.7	119158.1
#国内增值税	400.0	2602.3	4553.2	21093.5	28810.1	30849.8
国内消费税		541.5	858.3	6071.6	8231.3	8906.8
营业税	515.8	865.6	1868.8	11157.9	17233.0	17781.6
企业所得税	716.0	878.4	999.6	12843.5	22427.2	24632.5
个人所得税	21.1	131.3	659.6	4837.3	6531.5	7376.6
关税	159.0	291.8	750.5	2027.8	2630.6	2843.2
公共财政支出	**3083.6**	**6823.7**	**15886.5**	**89874.2**	**140212.1**	**151661.5**
中央	1004.5	1995.4	5519.9	15989.7	20471.8	22569.9
地方	2079.1	4828.3	10366.7	73884.4	119740.3	129091.6
财政支出指数(上年=100)	109.2	117.8	120.5	117.8	111.3	108.2
财政支出按项目分						
#一般公共服务				9337.2	13755.1	13876.2
国防				5333.4	7410.6	8289.5
教育				12550.0	22001.8	22905.8
科学技术				3250.2	5084.3	5253.9
社会保障和就业				9130.6	14490.5	15913.4
医疗卫生				4804.2	8279.9	10086.2
节能环保				2442.0	3435.2	3752.2
城乡社区事务				5987.4	11165.6	12883.5
农林水事务				8129.6	13349.6	14001.7
交通运输				5488.5	9348.8	10371.0
年末国债余额				**67548.1**	**86746.9**	**95655.5**
内债余额				66988.0	85836.1	94676.3
外债余额				560.1	910.9	979.1

注：1.本表及其他各表有关财政数据由财政部提供。2014年全国数据为预算执行数，以前各年数据为财政决算数。

2.财政收支不包括国内外债务收支，2000年起财政支出包括国内外债务付息支出(下表同)。

3.中央、地方财政收支均为本级收支（下表同）。

4.1990年和1995年企业所得税数据仅包括国有和集体企业所得税。

5.本表财政支出项目按2012年《政府收支分类科目》设置。

中央和地方公共财政收支

单位：亿元

年　份	公共财政收入	中　央	地　方	公共财政支出	中　央	地　方
1978	1132.26	175.77	956.49	1122.09	532.12	589.97
1979	1146.38	231.34	915.04	1281.79	655.08	626.71
1980	1159.93	284.45	875.48	1228.83	666.81	562.02
"六五"时期	**7402.75**	**2583.02**	**4819.73**	**7483.18**	**3725.64**	**3757.54**
1981	1175.79	311.07	864.72	1138.41	625.65	512.76
1982	1212.33	346.84	865.49	1229.98	651.81	578.17
1983	1366.95	490.01	876.94	1409.52	759.60	649.92
1984	1642.86	665.47	977.39	1701.02	893.33	807.69
1985	2004.82	769.63	1235.19	2004.25	795.25	1209.00
"七五"时期	**12280.60**	**4104.41**	**8176.19**	**12865.67**	**4420.27**	**8445.40**
1986	2122.01	778.42	1343.59	2204.91	836.36	1368.55
1987	2199.35	736.29	1463.06	2262.18	845.63	1416.55
1988	2357.24	774.76	1582.48	2491.21	845.04	1646.17
1989	2664.90	822.52	1842.38	2823.78	888.77	1935.01
1990	2937.10	992.42	1944.68	3083.59	1004.47	2079.12
"八五"时期	**22442.10**	**9038.39**	**13403.71**	**24387.46**	**7323.13**	**17064.33**
1991	3149.48	938.25	2211.23	3386.62	1090.81	2295.81
1992	3483.37	979.51	2503.86	3742.20	1170.44	2571.76
1993	4348.95	957.51	3391.44	4642.30	1312.06	3330.24
1994	5218.10	2906.50	2311.60	5792.62	1754.43	4038.19
1995	6242.20	3256.62	2985.58	6823.72	1995.39	4828.33
"九五"时期	**50774.39**	**25618.37**	**25156.02**	**57043.46**	**17481.55**	**39561.91**
1996	7407.99	3661.07	3746.92	7937.55	2151.27	5786.28
1997	8651.14	4226.92	4424.22	9233.56	2532.50	6701.06
1998	9875.95	4892.00	4983.95	10798.18	3125.60	7672.58
1999	11444.08	5849.21	5594.87	13187.67	4152.33	9035.34
2000	13395.23	6989.17	6406.06	15886.50	5519.85	10366.65
"十五"时期	**115050.69**	**61888.28**	**53162.41**	**128022.85**	**36629.87**	**91392.98**
2001	16386.04	8582.74	7803.30	18902.58	5768.02	13134.56
2002	18903.64	10388.64	8515.00	22053.15	6771.70	15281.45
2003	21715.25	11865.27	9849.98	24649.95	7420.10	17229.85
2004	26396.47	14503.10	11893.37	28486.89	7894.08	20592.81
2005	31649.29	16548.53	15100.76	33930.28	8775.97	25154.31
"十一五"时期	**303032.14**	**159290.52**	**143741.62**	**318970.83**	**66023.15**	**252947.68**
2006	38760.20	20456.62	18303.58	40422.73	9991.40	30431.33
2007	51321.78	27749.16	23572.62	49781.35	11442.06	38339.29
2008	61330.35	32680.56	28649.79	62592.66	13344.17	49248.49
2009	68518.30	35915.71	32602.59	76299.93	15255.79	61044.14
2010	83101.51	42488.47	40613.04	89874.16	15989.73	73884.43
"十二五"时期						
2011	103874.43	51327.32	52547.11	109247.79	16514.11	92733.68
2012	117253.52	56175.23	61078.29	125952.97	18764.63	107188.34
2013	129209.64	60198.48	69011.16	140212.10	20471.76	119740.34
2014	140349.74	64490.01	75859.73	151661.54	22569.91	129091.63

注：中央、地方财政收支均为本级收支。

国家公共财政收支总额和指数

年　　份	公共财政收　入（亿元）	公共财政支　出（亿元）	指数（上年=100）		公共财政收入相当于国内生产总值的比重(%)	公共财政支出相当于国内生产总值的比重(%)
			财政收入	财政支出		
1978	1132.26	1122.09	129.5	133.0	31.0	30.7
1979	1146.38	1281.79	101.2	114.2	28.2	31.5
1980	1159.93	1228.83	101.2	95.9	25.5	27.0
“六五”时期	**7402.75**	**7483.18**	**111.6**	**110.3**		
1981	1175.79	1138.41	101.4	92.6	24.0	23.2
1982	1212.33	1229.98	103.1	108.0	22.7	23.1
1983	1366.95	1409.52	112.8	114.6	22.9	23.6
1984	1642.86	1701.02	120.2	120.7	22.7	23.5
1985	2004.82	2004.25	122.0	117.8	22.2	22.2
“七五”时期	**12280.60**	**12865.67**	**107.9**	**109.0**		
1986	2122.01	2204.91	105.8	110.0	20.6	21.4
1987	2199.35	2262.18	103.6	102.6	18.2	18.7
1988	2357.24	2491.21	107.2	110.1	15.6	16.5
1989	2664.90	2823.78	113.1	113.3	15.6	16.5
1990	2937.10	3083.59	110.2	109.2	15.6	16.4
“八五”时期	**22442.10**	**24387.46**	**116.3**	**117.2**		
1991	3149.48	3386.62	107.2	109.8	14.4	15.5
1992	3483.37	3742.20	110.6	110.5	12.9	13.8
1993	4348.95	4642.30	124.8	124.1	12.2	13.1
1994	5218.10	5792.62	120.0	124.8	10.8	12.0
1995	6242.20	6823.72	119.6	117.8	10.2	11.2
“九五”时期	**50774.39**	**57043.46**	**116.5**	**118.4**		
1996	7407.99	7937.55	118.7	116.3	10.4	11.1
1997	8651.14	9233.56	116.8	116.3	10.9	11.6
1998	9875.95	10798.18	114.2	116.9	11.6	12.7
1999	11444.08	13187.67	115.9	122.1	12.7	14.6
2000	13395.23	15886.50	117.0	120.5	13.4	15.9
“十五”时期	**115050.69**	**128022.85**	**118.8**	**116.4**		
2001	16386.04	18902.58	122.3	119.0	14.9	17.1
2002	18903.64	22053.15	115.4	116.7	15.6	18.2
2003	21715.25	24649.95	114.9	111.8	15.9	18.1
2004	26396.47	28486.89	121.6	115.6	16.4	17.7
2005	31649.29	33930.28	119.9	119.1	17.0	18.3
“十一五”时期	**303010.95**	**318672.05**	**121.3**	**121.4**		
2006	38760.20	40422.73	122.5	119.1	17.8	18.6
2007	51321.78	49781.35	132.4	123.2	19.1	18.6
2008	61330.35	62592.66	119.5	125.7	19.4	19.8
2009	68518.30	76299.93	111.7	121.9	19.8	22.1
2010	83101.51	89874.16	121.3	117.8	20.3	22.0
“十二五”时期						
2011	103874.43	109247.79	125.0	121.6	21.5	22.6
2012	117253.52	125952.97	112.9	115.3	22.0	23.6
2013	129209.64	140212.10	110.2	111.3	22.0	23.8
2014	140349.74	151661.54	108.6	108.2	22.1	23.8

注：各时期指数为该时期年平均发展速度。

环境保护基本概况

项　　目	单　位	2008年	2009年	2010年	2012年	2013年	2014年
水环境							
水资源总量	亿立方米	27434	24180	30906	29529	27958	28370
人均水资源量	立方米/人	2071	1816	2310	2186	2060	2080
用水总量	亿立方米	5910	5965	6022	6131	6183	6220
#农业	亿立方米	3664	3723	3689	3903	3922	3924
工业	亿立方米	1397	1391	1447	1381	1406	1420
生活	亿立方米	729	748	766	740	750	770
生态	亿立方米	120	103	120	108	105	106
化学需氧量排放量	万吨	1321	1278	1238	2424	2353	2295
大气环境							
二氧化硫排放量	万吨	2321	2214	2185	2118	2044	1974
固体废物							
工业固体废物综合利用量	万吨	123482	138186	161772	204467	207616	
工业固体废物综合利用率	%	64.3	67.0	66.7	60.9	62.2	
生态环境							
森林面积	万公顷	19545	20769	20769	20769	20769	20769
森林覆盖率	%	20.36	21.63	21.63	21.63	21.63	21.63
造林面积	万公顷	535	626	591	560	610	603
自然保护区数	个	2538	2541	2588	2669	2697	2729
#国家级	个	303	319	319	363	407	428
自然保护区面积	万公顷	14894	14775	14944	14979	14631	
保护区面积占辖区面积	%	14.9	14.7	14.9	14.9	14.8	
湿地面积	万公顷	3849	5360	5360	5360	5360	5360
湿地面积占国土面积	%	4.0	5.6	5.6	5.6	5.6	5.6
自然灾害							
发生地质灾害次数	次	26580	10580	30670	14675	15374	
发生地震灾害次数	次	17	8	12	12	14	10
发生赤潮次数	次	68	68	69	73	46	

注：1.森林面积和森林覆盖率为全国森林资源清查资料；全国湿地面积和占国土面积比重为全国湿地调查资料。

2.2011年环境保护部对统计制度中的指标体系、调查方法及相关技术规定等进行了修订，统计范围扩展为工业源、农业源、城镇生活源、机动车、集中式污染治理设施5个部分。2011年起化学需氧量、二氧化硫、固体废物等指标数据与以前年度不可直接比较。

能源生产总量和构成

年　份	能源生产总量(万吨标准煤)	构成(能源生产总量=100)			
		原　煤	原　油	天然气	一次电力及其他能源
1978	62770	70.3	23.7	2.9	3.1
1980	63735	69.4	23.8	3.0	3.8
1985	85546	72.8	20.9	2.0	4.3
1990	103922	74.2	19.0	2.0	4.8
1995	129034	75.3	16.6	1.9	6.2
1996	133032	75.0	16.9	2.0	6.1
1997	133460	74.2	17.2	2.1	6.5
1998	129834	73.3	17.7	2.2	6.8
1999	131935	73.9	17.3	2.5	6.3
2000	138570	72.9	16.8	2.6	7.7
2001	147425	72.6	15.9	2.7	8.8
2002	156277	73.1	15.3	2.8	8.8
2003	178299	75.7	13.6	2.6	8.1
2004	206108	76.7	12.2	2.7	8.4
2005	229037	77.4	11.3	2.9	8.4
2006	244763	77.5	10.8	3.2	8.5
2007	264173	77.8	10.1	3.5	8.6
2008	277419	76.8	9.8	3.9	9.5
2009	286092	76.8	9.4	4.0	9.8
2010	312125	76.2	9.3	4.1	10.4
2011	340178	77.8	8.5	4.1	9.6
2012	351041	76.2	8.5	4.1	11.2
2013	358784	75.4	8.4	4.4	11.8
2014	360000	73.2	8.4	4.8	13.7

能源消费总量和构成

年　份	能源消费总量(万吨标准煤)	构成(能源消费总量=100)			
		煤　炭	石　油	天然气	一次电力及其他能源
1978	57144	70.7	22.7	3.2	3.4
1980	60275	72.2	20.7	3.1	4.0
1985	76682	75.8	17.1	2.2	4.9
1990	98703	76.2	16.6	2.1	5.1
1995	131176	74.6	17.5	1.8	6.1
1996	135192	73.5	18.7	1.8	6.0
1997	135909	71.4	20.4	1.8	6.4
1998	136184	70.9	20.8	1.8	6.5
1999	140569	70.6	21.5	2.0	5.9
2000	146964	68.5	22.0	2.2	7.3
2001	155547	68.0	21.2	2.4	8.4
2002	169577	68.5	21.0	2.3	8.2
2003	197083	70.2	20.1	2.3	7.4
2004	230281	70.2	19.9	2.3	7.6
2005	261369	72.4	17.8	2.4	7.4
2006	286467	72.4	17.5	2.7	7.4
2007	311442	72.5	17.0	3.0	7.5
2008	320611	71.5	16.7	3.4	8.4
2009	336126	71.6	16.4	3.5	8.5
2010	360648	69.2	17.4	4.0	9.4
2011	387043	70.2	16.8	4.6	8.4
2012	402138	68.5	17.0	4.8	9.7
2013	416913	67.4	17.1	5.3	10.2
2014	426000	66.0	17.1	5.7	11.2

综合能源平衡表

单位：万吨标准煤

项　　目	1990年	2000年	2010年	2011年	2012年	2013年
可供消费的能源总量	**96138**	**144234**	**365588**	**390394**	**407594**	**417415**
一次能源生产量	103922	138570	312125	340178	351041	358784
回收能		3087	8958			
进口量	1310	14327	57671	65437	68701	73420
出口量(-)	5875	9327	8803	8449	7374	8005
年初年末库存差额	-3219	-2424	-4363	-6772	-4773	-6784
能源消费总量	**98703**	**146964**	**360648**	**387043**	**402138**	**416913**
在总量中:						
1.农、林、牧、渔、水利业	4852	4233	7266	7675	7804	8055
2.工　业	67578	103014	261377	278048	284712	291131
3.建筑业	1213	2207	5533	6052	6337	7017
4.交通运输、仓储和邮政业	4541	11447	27102	29694	32561	34819
5.批发、零售业和住宿、餐饮业	1247	3251	7847	9147	10012	10598
6.其　他	3473	6118	15052	16843	18407	19763
7.生活消费	15799	16695	36470	39584	42306	45531
在总量中:						
(一) 终端消费	94289	140476	337469	373296	386888	403814
#工　业	63239	96871	238652	264698	269900	278514
(二) 加工转换损失量	2264	2472	14294	15412	16682	15994
#炼　焦	905	526	1595	1833	2179	2433
炼　油	326	781	1960	1792	2153	1899
(三) 回收能(-)				10864	11239	13333
(四) 损失量	2150	4016	8885	9199	9726	10439
平衡差额	**-2565**	**-2730**	**4940**	**3350**	**5456**	**502**

注：1.电力按等价热值折算，因此加工转换损失量中不包括发电损失量。

2.进口量包括我国飞机、轮船在国外加油量；出口量包括外国飞机、轮船在我国加油量。

能源生产弹性系数

年　份	能源生产比上年增长（%）	电力生产比上年增长（%）	国内生产总值比上年增长（%）	能源生产弹性系数	电力生产弹性系数
1985	9.9	8.9	13.5	0.73	0.66
1990	2.2	6.2	3.9	0.56	1.59
1995	8.7	8.6	11.0	0.79	0.78
1996	3.1	7.2	9.9	0.31	0.73
1997	0.3	5.1	9.2	0.03	0.55
1998	-2.7	2.7	7.8		0.35
1999	1.6	6.3	7.6	0.21	0.83
2000	5.0	9.4	8.4	0.60	1.12
2001	6.4	9.2	8.3	0.77	1.11
2002	6.0	11.7	9.1	0.66	1.29
2003	14.1	15.5	10.0	1.41	1.55
2004	15.6	15.3	10.1	1.54	1.51
2005	11.1	13.5	11.3	0.98	1.19
2006	6.9	14.6	12.7	0.54	1.15
2007	7.9	14.5	14.2	0.56	1.02
2008	5.0	5.6	9.6	0.52	0.58
2009	3.1	7.1	9.2	0.34	0.77
2010	9.1	13.3	10.6	0.86	1.25
2011	9.0	12.0	9.5	0.95	1.26
2012	3.2	5.8	7.7	0.41	0.75
2013	2.2	8.9	7.7	0.29	1.16
2014	0.5	4.0	7.4	0.07	0.54

注：国内生产总值增长速度按可比价格计算(下表同)。

能源消费弹性系数

年　份	能源消费比上年增长（%）	电力消费比上年增长（%）	国内生产总值比上年增长（%）	能源消费弹性系数	电力消费弹性系数
1985	8.1	9.0	13.5	0.60	0.67
1990	1.8	6.2	3.9	0.46	1.59
1995	6.9	8.2	11.0	0.63	0.75
1996	3.1	7.4	9.9	0.31	0.75
1997	0.5	4.8	9.2	0.06	0.52
1998	0.2	2.8	7.8	0.03	0.36
1999	3.2	6.1	7.6	0.42	0.80
2000	4.5	9.5	8.4	0.54	1.13
2001	5.8	9.3	8.3	0.70	1.12
2002	9.0	11.8	9.1	0.99	1.30
2003	16.2	15.6	10.0	1.62	1.56
2004	16.8	15.4	10.1	1.67	1.52
2005	13.5	13.5	11.3	1.19	1.19
2006	9.6	14.6	12.7	0.76	1.15
2007	8.7	14.4	14.2	0.61	1.01
2008	2.9	5.6	9.6	0.31	0.58
2009	4.8	7.2	9.2	0.53	0.78
2010	7.3	13.2	10.6	0.69	1.25
2011	7.3	12.1	9.5	0.77	1.27
2012	3.9	5.9	7.7	0.51	0.77
2013	3.7	8.9	7.7	0.48	1.16
2014	2.2	3.8	7.4	0.30	0.51

分地区电力消费量

单位：亿千瓦小时

地区	2008年	2009年	2010年	2011年	2012年	2013年
北京	689.7	739.1	809.9	821.7	874.3	913.1
天津	515.9	550.2	645.7	695.2	722.5	774.5
河北	2095.0	2343.8	2691.5	2984.9	3077.7	3251.2
山西	1314.3	1267.5	1460.0	1650.4	1765.8	1832.3
内蒙古	1220.6	1287.9	1536.8	1864.1	2016.8	2181.9
辽宁	1412.0	1488.2	1715.3	1861.5	1899.9	2008.5
吉林	496.5	515.3	577.0	630.2	637.0	653.8
黑龙江	669.9	688.7	747.8	801.9	827.9	845.2
上海	1138.2	1153.4	1295.9	1339.6	1353.4	1410.6
江苏	3118.3	3314.0	3864.4	4281.6	4580.9	4956.6
浙江	2322.9	2471.4	2820.9	3116.9	3210.6	3453.1
安徽	858.9	952.3	1077.9	1221.2	1361.1	1528.1
福建	1073.5	1134.9	1315.1	1515.9	1579.5	1700.7
江西	545.9	609.2	700.5	835.1	867.7	947.1
山东	2727.0	2941.1	3298.5	3635.3	3794.6	4083.1
河南	1970.8	2081.4	2354.0	2659.1	2747.7	2899.2
湖北	1058.5	1135.1	1330.4	1450.8	1507.9	1629.8
湖南	905.0	1010.6	1171.9	1293.4	1346.5	1423.1
广东	3504.8	3609.6	4060.1	4399.0	4619.4	4830.1
广西	753.4	856.4	993.2	1112.2	1153.9	1237.7
海南	121.7	133.8	159.0	185.3	210.3	232.0
重庆	484.4	533.8	626.4	717.0	723.5	813.3
四川	1210.1	1324.6	1549.0	1751.4	1830.7	1949.0
贵州	679.2	750.3	835.4	944.1	1046.7	1126.3
云南	829.4	891.2	1004.1	1204.1	1315.9	1459.8
西藏	16.0	17.7	20.4	23.8	27.8	30.7
陕西	708.0	740.1	859.2	982.5	1066.7	1152.2
甘肃	677.8	705.5	804.4	923.4	994.6	1073.2
青海	313.2	337.2	465.2	560.7	602.2	676.3
宁夏	439.6	463.0	546.8	724.5	741.8	811.2
新疆	479.4	547.9	662.0	839.1	1151.5	1539.8

注：本表数据由中国电力企业联合会提供。

电力平衡表

单位：亿千瓦小时

项　　目	1990年	2000年	2010年	2011年	2012年	2013年
可供量	**6230.4**	**13472.7**	**41936.5**	**47002.7**	**49767.7**	**54204.1**
生产量	6212.0	13556.0	42071.6	47130.2	49875.5	54316.4
水　电	1267.2	2224.1	7221.7	6989.5	8721.1	9202.9
火　电	4944.8	11141.9	33319.3	38337.0	38928.1	42470.1
核　电		167.4	738.8	863.5	973.9	1116.1
风　电			446.2	703.3	959.8	1412.0
进口量	19.3	15.5	55.5	65.6	68.7	74.4
出口量(–)	0.9	98.8	190.6	193.1	176.5	186.7
消费量	**6230.4**	**13472.4**	**41934.5**	**47000.9**	**49762.6**	**54203.4**
在消费量中:						
1.农、林、牧、渔、水利业	426.8	533.0	976.5	1012.9	1012.6	1026.9
2.工业	4873.3	10004.6	30871.8	34691.6	36232.2	39236.9
3.建筑业	65.0	159.8	483.2	571.8	608.4	675.1
4.交通运输、仓储和邮政业	105.9	281.2	734.5	848.4	915.4	1000.9
5.批发、零售业和住宿、餐饮业	76.2	418.7	1292.0	1503.1	1691.5	1876.9
6.其他	202.4	623.2	2451.8	2753.1	3083.6	3397.6
7.生活消费	480.8	1452.0	5124.6	5620.1	6219.0	6989.2
在消费量中:						
(一) 终端消费	5795.8	12535.7	39366.3	44300.2	46866.5	51062.7
#工　业	4438.7	9067.9	28303.5	31990.9	33336.1	36096.2
(二) 输配电损失量	434.6	936.7	2568.2	2700.7	2896.2	3140.7

发电装机容量

单位：万千瓦

年份	发电装机容　　量	火电	水电	核电	风电	太阳能发电	其他
2000	31932	23754	7935	210	34		
2001	33849	25301	8301	210	38		
2002	35657	26555	8607	447	47		
2003	39141	28977	9490	619	55		
2004	44239	32948	10524	696	82		
2005	51718	39138	11739	696	106		
2006	62370	48382	13029	696	207		
2007	71822	55607	14823	908	420		
2008	79273	60286	17260	908	839		
2009	87410	65108	19629	908	1760	3	3
2010	96641	70967	21606	1082	2958	26	3
2011	106253	76834	23298	1257	4623	212	19
2012	114676	81968	24947	1257	6142	341	20
2013	125768	87009	28044	1466	7652	1589	8
2014	136019	91569	30183	1988	9581	2652	46

注：本表数据根据中国电力企业联合会统计数据整理，2014年为初步数。

全社会固定资产投资

年　份	全社会固定资产投资(亿元)	#房地产	比上年增长(%)
"六五"时期	**7997.6**		**19.4**
1981	961.0		5.5
1982	1230.4		28.0
1983	1430.1		16.2
1984	1832.9		28.2
1985	2543.2		38.8
"七五"时期	**20593.5**	**1034.1**	**16.5**
1986	3120.6	101.0	22.7
1987	3791.7	149.9	21.5
1988	4753.8	257.2	25.4
1989	4410.4	272.7	-7.2
1990	4517.0	253.3	2.4
"八五"时期	**63808.3**	**8708.0**	**36.9**
1991	5594.5	336.2	23.9
1992	8080.1	731.2	44.4
1993	13072.3	1937.5	61.8
1994	17042.1	2554.1	30.4
1995	20019.3	3149.0	17.5
"九五"时期	**139033.2**	**19096.3**	**11.2**
1996	(22974.0)	(3216.4)	14.8
	22913.5	3216.4	
1997	24941.1	3178.4	8.8
1998	28406.2	3614.2	13.9
1999	29854.7	4103.2	5.1
2000	32917.7	4984.1	10.3
"十五"时期	**295531.0**	**53356.4**	**20.2**
2001	37213.5	6344.1	13.0
2002	43499.9	7790.9	16.9
2003	55566.6	10153.8	27.7
2004	70477.4	13158.3	26.6
2005	88773.6	15909.2	26.0
"十一五"时期	**922871.2**	**160416.1**	**25.5**
2006	109998.2	19422.9	23.9
2007	137323.9	25288.8	24.8
2008	172828.4	31203.2	25.9
2009	224598.8	36241.8	30.0
2010	(278121.9)	(48259.4)	23.8
	251683.8	48259.4	
"十二五"时期			
2011	311485.1	61796.9	23.8
2012	374694.7	71803.8	20.3
2013	446294.1	86013.4	19.1
2014	512760.7	95035.6	15.3
平均每年增长(%)			
1982-2014年	21.2		
1991-2014年	22.3	29.6	
2001-2014年	22.4	24.7	

注：1.1997年起，除房地产投资、农村集体投资、农村个人投资外，其他固定资产投资的统计起点由5万元提高到50万元。2011年，除房地产投资、农村个人投资外，固定资产投资统计起点由50万元提高到500万元。为便于比较，1996、2010年数据作了相应调整，括号内为原口径数(以下相关表同)，口径变动年份的增速均按可比口径计算。受第三次经济普查的影响，对2013年数据进行了调整，2014年增速为可比口径。

2.本表增长速度均未扣除价格因素，平均每年增长速度按累计法计算(以下相关表同)。

全社会固定资产投资实际到位资金

单位：亿元

年　份	本年实际到位资金小计	国家预算资　　金	国内贷款	利用外资	自筹资金	其他资金
1995	20524.9	621.1	4198.7	2295.9	10647.9	2761.3
1996	(23419.0)	(629.7)	(4576.5)	(2747.4)	(11197.4)	(4388.4)
	23358.6	625.9	4573.7	2746.6	11151.0	4261.4
1997	25259.7	696.7	4782.6	2683.9	12556.1	4540.4
1998	28716.9	1197.4	5542.9	2617.0	14015.6	5344.2
1999	29754.6	1852.1	5725.9	2006.8	14638.1	5531.6
2000	33110.3	2109.5	6727.3	1696.3	16317.3	6260.1
2001	37987.0	2546.4	7239.8	1730.7	18914.0	7556.1
2002	45046.9	3161.0	8859.1	2085.0	22816.7	8125.2
2003	58616.3	2687.8	12044.4	2599.4	31449.8	9834.9
2004	74564.9	3254.9	13788.0	3285.7	41272.6	12963.7
2005	94590.8	4154.3	16319.0	3978.8	55105.8	15033.0
2006	118957.0	4672.0	19590.5	4334.3	71076.5	19283.7
2007	150803.6	5857.1	23044.2	5132.7	91373.2	25396.4
2008	182915.3	7954.8	26443.7	5311.9	118510.4	24694.4
2009	250229.7	12685.7	39302.8	4623.7	153514.8	40102.6
2010	(310964.2)	(14677.8)	(47258.0)	(4986.8)	(197099.2)	(46942.4)
	285779.2	13012.7	44020.8	4703.6	178744.3	45297.7
2011	345984.2	14843.3	46344.5	5062.0	229346.8	50387.5
2012	409675.6	18958.7	51593.5	4468.8	277792.4	56862.4
2013	491612.5	22305.3	59442.0	4319.4	334280.0	71265.8
2014	530833.1	25410.9	64092.2	4042.1	370016.0	67271.9

按构成和隶属关系分全社会固定资产投资

单位：亿元

年份	按构成分			按隶属关系分	
	建筑安装工程	设备工器具购置	其他费用	中央项目	地方项目
“六五”时期	**5427.3**	**2100.7**	**469.6**		
1981	689.8	223.6	47.5		
1982	871.1	291.4	67.9		
1983	993.3	358.3	78.4		
1984	1217.6	509.2	106.1		
1985	1655.5	718.1	169.7		
“七五”时期	**13638.3**	**5477.0**	**1477.8**		
1986	2059.7	852.0	209.0		
1987	2475.7	1038.8	277.3		
1988	3099.7	1305.4	348.8		
1989	2994.6	1115.8	300.0		
1990	3008.7	1165.5	342.7		
“八五”时期	**40972.1**	**15492.0**	**7345.0**		
1991	3647.7	1460.2	486.6		
1992	5163.4	2125.1	791.6		
1993	8201.2	3315.9	1555.2		
1994	10786.5	4328.3	1928.1		
1995	13173.3	4262.5	2583.5	4533.7	15485.6
“九五”时期	**87930.0**	**32338.0**	**18765.2**	**29487.5**	**109545.7**
1996	(15153.4)	(4940.8)	(2879.8)	(5185.3)	(17788.7)
	15109.3	4926.0	2878.3	5135.3	17778.2
1997	15614.0	6044.8	3282.3	5768.4	19172.7
1998	17874.5	6528.5	4003.1	6255.4	22150.8
1999	18795.9	7053.0	4005.7	5894.6	23960.1
2000	20536.3	7785.6	4595.9	6433.8	26483.9
“十五”时期	**179167.1**	**69350.1**	**47013.8**	**35945.8**	**259585.2**
2001	22954.9	8833.8	5424.8	6669.9	30543.6
2002	26578.9	9884.5	7036.6	6526.7	36973.2
2003	33447.2	12681.9	9437.5	6113.6	49453.1
2004	42803.6	16527.0	11146.8	7524.6	62952.8
2005	53382.6	21422.9	13968.1	9111.0	79662.6
“十一五”时期	**565363.1**	**210258.5**	**147249.5**	**84778.5**	**838092.6**
2006	66775.8	25563.9	17658.4	10647.8	99350.4
2007	83518.3	31574.8	22230.9	13165.3	124158.6
2008	104958.9	40594.1	27275.5	17172.5	155655.9
2009	138758.3	50844.2	34996.2	20697.4	203901.4
2010	(171351.8)	(61681.5)	(45088.5)	23095.5	255026.4
	155580.5	53842.8	42260.5		
“十二五”时期					
2011	200195.7	65152.3	46137.1	21797.2	289687.9
2012	243617.5	77724.2	53353.1	23763.8	350931.0
2013	298424.2	91074.4	56795.5	24658.1	421636.0
2014	341412.1	99679.8	60912.9	25370.8	476634.1
平均每年增长(%)					
1982-2014年	20.7	20.8	25.7		
1991-2014年	22.0	21.2	26.2		
2001-2014年	22.7	21.2	22.7	11.0	23.9

全社会房屋建筑面积

单位：万平方米

年份	施工面积	#住宅	竣工面积	#住宅
"六五"时期	**513964**		**516895**	**394235**
1981			86325	69444
1982	109510		90289	71459
1983	129188		111610	86540
1984	126407		106587	75820
1985	148859		122084	90972
"七五"时期	**800691**		**658745**	**513267**
1986	188184		154621	120516
1987	174597		145425	110641
1988	168951		140190	108418
1989	131788		110557	87267
1990	137171		107952	86425
"八五"时期	**924350**		**643345**	**464473**
1991	152813		120093	94685
1992	172173		116153	85880
1993	183449	98844	124949	78965
1994	200830	126486	136550	97510
1995	215085	140452	145600	107433
"九五"时期	**1240093**	**834639**	**868259**	**644421**
1996	(236308)	(155849)	(162849)	(122204)
	235259	155509	161966	121913
1997	230491	149658	166057	121101
1998	245756	167601	170905	127572
1999	263294	181236	187357	139306
2000	265294	180634	181974	134529
"十五"时期	**1731813**	**1039135**	**1016426**	**652300**
2001	276025	182767	182437	130420
2002	304428	193731	196738	134002
2003	343742	205287	202644	130161
2004	376495	217580	207019	124881
2005	431123	239770	227589	132836
"十一五"时期	**3282843**	**1869776**	**1317697**	**804477**
2006	462677	265565	212542	131408
2007	548542	315630	238425	146283
2008	632261	364354	260307	159405
2009	754189	431463	302117	184210
2010	(885173)	(492764)	(304306)	(183172)
	844057	480773	278565	174604
"十二五"时期				
2011	1035519	574910	329073	197452
2012	1167238	614991	335504	195103
2013	1336288	673163	349896	193328
2014	1249185	593642	257305	107501
平均每年增长(%)				
1991-2014年	9.3		5.1	3.5
2001-2014年	12.2	9.6	4.5	1.7

分地区全社会固定资产投资

单位：亿元

地　区	2008年	2009年	2010年	2011年	2012年	2013年	2014年
全国总计	**172828.4**	**224598.8**	**278121.9**	**311485.1**	**374694.7**	**446294.1**	**512760.7**
北　京	3814.7	4616.9	5403.0	5578.9	6112.4	6847.1	6924.2
天　津	3389.8	4738.2	6278.1	7067.7	7934.8	9130.2	10518.2
河　北	8866.6	12269.8	15083.4	16389.3	19661.3	23194.2	26671.9
山　西	3531.2	4943.2	6063.2	7073.1	8863.3	11031.9	12296.1
内蒙古	5475.4	7336.8	8926.5	10365.2	11875.7	14217.4	17585.0
辽　宁	10019.1	12292.5	16043.0	17726.3	21836.3	25107.7	24730.8
吉　林	5038.9	6411.6	7870.4	7441.7	9511.5	9979.3	11486.5
黑龙江	3656.0	5028.8	6812.6	7475.4	9694.7	11453.1	9878.2
上　海	4823.1	5043.8	5108.9	4962.1	5117.6	5647.8	6016.5
江　苏	15300.6	18949.9	23184.3	26692.6	30854.2	36373.3	41938.7
浙　江	9323.0	10742.3	12376.0	14185.3	17649.4	20782.1	24262.8
安　徽	6747.0	8990.7	11542.9	12455.7	15425.8	18621.9	21688.5
福　建	5207.7	6231.2	8199.1	9910.9	12439.9	15327.4	18219.8
江　西	4745.4	6643.1	8772.3	9087.6	10774.2	12850.3	15109.9
山　东	15435.9	19034.5	23280.5	26749.7	31256.0	36789.1	42495.5
河　南	10490.6	13704.5	16585.9	17769.0	21450.0	26087.5	30782.2
湖　北	5647.0	7866.9	10262.7	12557.3	15578.3	19307.3	22965.3
湖　南	5534.0	7703.4	9663.6	11880.9	14523.2	17841.4	21269.7
广　东	10868.7	12933.1	15623.7	17069.2	18751.5	22308.4	26294.0
广　西	3756.4	5237.2	7057.6	7990.7	9808.6	11907.7	13843.2
海　南	705.4	988.3	1317.0	1657.2	2145.4	2697.9	3112.3
重　庆	3979.6	5214.3	6688.9	7473.4	8736.2	10435.2	12281.1
四　川	7127.8	11371.9	13116.7	14222.2	17040.0	20326.1	23318.7
贵　州	1864.5	2412.0	3104.9	4235.9	5717.8	7373.6	9025.7
云　南	3435.9	4526.4	5528.7	6191.0	7831.1	9968.3	11498.6
西　藏	309.9	378.3	462.7	516.3	670.5	876.0	1069.2
陕　西	4614.4	6246.9	7963.7	9431.1	12044.5	14884.1	17192.1
甘　肃	1712.8	2363.0	3158.3	3965.8	5145.0	6527.9	7884.1
青　海	583.2	798.2	1016.9	1435.6	1883.4	2361.1	2861.2
宁　夏	828.9	1075.9	1444.2	1644.7	2096.9	2651.1	3173.8
新　疆	2260.0	2725.5	3423.2	4632.1	6158.8	7732.3	9438.3
不分地区	3734.9	5779.7	6759.1	5651.3	6106.4	5655.4	6928.7

注：2014年数据为快报数。

按登记注册类型分固定资产投资

单位：亿元

注册类型	固定资产投资		#房地产开发投资额	
	2013年	2014年	2013年	2014年
全国总计	**435747.4**	**502004.9**	**86013.4**	**95035.6**
内资	**413589.4**	**477022.5**	**78251.8**	**86523.5**
国有	109849.9	125644.7	1843.4	1794.9
集体	13312.4	15261.8	227.3	213.2
股份合作	1868.0	2061.3	118.7	108.6
联营企业	1358.5	1572.0	16.0	25.0
国有联营企业	593.4	755.1	4.9	10.0
集体联营企业	166.9	213.3	0.6	8.4
国有与集体联营企业	255.6	235.2	1.6	1.4
其他联营企业	342.6	368.4	8.9	5.3
有限责任公司	121606.5	135148.1	44705.4	50130.7
国有独资公司	10430.9	11362.6	3318.1	3147.6
其他有限责任公司	111175.6	123785.6	41387.3	46983.0
股份有限公司	23257.3	22307.3	3419.4	3298.6
私营和个体	123090.6	152332.7	27728.4	30624.9
其他企业	19246.3	24601.3	193.2	327.5
港、澳、台商投资企业	**11027.7**	**11986.1**	**5191.9**	**6028.0**
合资经营	3997.9	4137.5	2014.0	2210.2
合作经营	469.0	477.2	327.5	266.0
独资	5464.1	6349.7	2732.8	3415.5
股份有限公司	932.8	838.5	103.2	120.8
其他	163.8	183.1	14.3	15.5
外商投资企业	**11130.3**	**11089.6**	**2569.7**	**2484.1**
合资经营	4132.6	3969.6	822.9	763.0
合作经营	525.0	515.5	256.3	273.9
独资	5492.0	5516.7	1404.1	1312.9
股份有限公司	697.2	701.5	78.8	69.7
其他	283.6	386.4	7.6	64.8

注：本表为固定资产投资(不含农户)口径。

按行业分固定资产投资(一)

行业	投资额（亿元）		2014年比上年增长(%)	2014年比重(%)
	2013年	2014年		
全国总计	**435747.4**	**502004.9**	**15.7**	**100.0**
农、林、牧、渔业	**11401.2**	**14697.0**	**31.3**	**2.9**
农业	4027.9	5515.6	40.6	1.1
林业	1356.6	1605.3	18.5	0.3
畜牧业	3066.0	4095.2	35.7	0.8
渔业	658.6	767.1	17.2	0.2
农、林、牧、渔服务业	2292.2	2713.8	21.0	0.5
采矿业	**14648.8**	**14680.7**	**0.7**	**2.9**
#煤炭开采和洗选业	5212.6	4682.1	-9.5	0.9
石油和天然气开采业	3820.6	4023.0	6.1	0.8
黑色金属矿采选业	1648.4	1690.2	2.6	0.3
有色金属矿采选业	1593.5	1636.4	2.9	0.3
非金属矿采选业	1800.4	2046.5	13.9	0.4
制造业	**147584.4**	**166918.3**	**13.5**	**33.3**
农副食品加工业	8580.1	10026.6	18.7	2.0
食品制造业	3685.9	4463.1	22.0	0.9
酒、饮料和精制茶制造业	3386.6	3925.0	16.9	0.8
烟草制品业	303.0	284.2	-5.3	0.1
纺织业	4726.0	5306.4	12.4	1.1
纺织服装、服饰业	3114.4	3704.2	19.2	0.7
皮革、毛皮、羽毛及其制品和制鞋业	1715.4	1967.9	15.6	0.4
木材加工及木、竹、藤、棕、草制品业	2920.5	3442.7	18.5	0.7
家具制造业	1933.1	2444.1	27.1	0.5
造纸及纸制品业	2635.8	2796.8	6.4	0.6
印刷和记录媒介复制业	1283.2	1613.4	26.8	0.3
文教、工美、体育和娱乐用品制造业	1412.8	1791.4	26.9	0.4
石油加工、炼焦和核燃料加工业	3039.1	3239.8	7.1	0.6
化学原料和化学制品制造业	13210.4	14584.1	10.5	2.9
医药制造业	4529.3	5205.4	15.1	1.0
化学纤维制造业	1049.4	1081.2	3.1	0.2
橡胶和塑料制品业	5246.8	5914.4	13.2	1.2
非金属矿物制品业	13756.6	15867.1	15.6	3.2
黑色金属冶炼和压延加工业	5098.7	4789.4	-5.9	1.0
有色金属冶炼和压延加工业	5550.3	5769.9	4.1	1.1
金属制品业	7136.8	8619.7	21.4	1.7
通用设备制造业	10490.8	12131.6	16.4	2.4
专用设备制造业	10017.4	11387.8	14.1	2.3
汽车制造业	9338.5	10098.6	8.3	2.0
铁路、船舶、航空航天和其他运输设备制造业	2714.7	3146.8	16.1	0.6

注：本表为新行业口径，数据口径为固定资产投资(不含农户)。受第三次经济普查影响，2014年行业增速按可比口径计算。

按行业分固定资产投资(二)

行　　业	投资额（亿元）		2014年比上年增长(%)	2014年比重(%)
	2013年	2014年		
电气机械和器材制造业	9210.6	10363.9	12.9	2.1
通信设备、计算机及其他电子设备制造业	7187.2	7951.6	10.7	1.6
仪器仪表制造业	1411.3	1478.9	4.9	0.3
其他制造业	1607.2	1987.0	23.7	0.4
废弃资源综合利用业	963.9	1202.3	24.9	0.2
金属制品、机械和设备修理业	328.3	333.1	1.5	0.1
电力、热力、燃气及水生产和供应业	**19628.9**	**22916.4**	**17.1**	**4.6**
电力、热力生产和供应业	14726.4	17538.2	19.4	3.5
燃气生产和供应业	2210.2	2241.8	1.9	0.4
水的生产和供应业	2692.3	3136.4	16.8	0.6
建筑业	**3532.3**	**4449.9**	**27.2**	**0.9**
批发和零售业	**12601.1**	**15669.5**	**25.7**	**3.1**
交通运输、仓储和邮政业	**36329.4**	**42984.5**	**18.6**	**8.6**
#铁路运输业	6690.7	7801.3	16.6	1.6
道路运输业	20502.9	24565.8	20.3	4.9
水上运输业	2123.3	2390.1	12.6	0.5
航空运输业	1314.1	1434.6	9.2	0.3
管道运输业	374.0	321.1	-14.0	0.1
仓储业	4235.7	5158.7	22.4	1.0
住宿和餐饮业	**6012.4**	**6236.8**	**4.2**	**1.2**
信息传输、软件和信息技术服务业	**3084.9**	**4187.0**	**38.6**	**0.8**
#电信、广播电视和卫星传输服务	1696.1	2059.2	25.6	0.4
金融业	**1242.0**	**1360.4**	**10.5**	**0.3**
房地产业	**111379.6**	**123689.8**	**11.1**	**24.6**
租赁和商务服务业	**5874.6**	**7969.6**	**36.2**	**1.6**
科学研究和技术服务业	**3133.2**	**4205.3**	**34.7**	**0.8**
水利、环境和公共设施管理业	**37662.7**	**46273.6**	**23.6**	**9.2**
水利管理业	5118.8	6289.5	26.5	1.3
生态保护和环境治理业	1425.7	1800.7	26.0	0.4
公共设施管理业	31118.2	38183.4	23.1	7.6
居民服务、修理和其他服务业	**1994.4**	**2262.0**	**14.2**	**0.5**
教育	**5399.9**	**6677.9**	**24.0**	**1.3**
卫生和社会工作	**3138.3**	**3982.8**	**27.6**	**0.8**
#卫生	2591.5	3187.3	23.8	0.6
文化、体育和娱乐业	**5225.5**	**6191.7**	**18.9**	**1.2**
#文化艺术业	2381.7	2703.4	13.6	0.5
公共管理、社会保障和社会组织	**5873.7**	**6651.9**	**13.6**	**1.3**
国际组织				

分地区固定资产投资

单位：亿元

地 区	2008年	2009年	2010年	2011年	2012年	2013年	2014年
全国总计	**148738.30**	**193920.39**	**241430.89**	**302396.06**	**364854.15**	**435747.43**	**502004.90**
北 京	3520.95	4149.63	4916.53	5519.84	6064.86	6797.54	6873.44
天 津	3175.14	4446.57	5896.52	7040.68	7913.26	9103.01	10490.37
河 北	7463.77	10476.50	12922.66	15780.26	19104.63	22629.77	26147.20
山 西	3194.57	4509.56	5526.60	6837.69	8584.85	10745.35	11976.96
内蒙古	5327.04	7143.84	8687.99	10252.97	11749.77	14072.39	17431.05
辽 宁	8881.95	11605.12	15106.33	17431.46	21535.37	24791.40	24426.83
吉 林	4592.71	5958.95	7395.23	7226.65	9262.23	9725.76	11254.84
黑龙江	3354.82	4695.74	6292.67	7157.92	9375.44	11121.28	9587.09
上 海	4404.95	4618.91	4630.47	4959.93	5114.64	5644.13	6012.97
江 苏	11609.71	14266.80	17416.47	26313.46	30473.74	35982.52	41552.75
浙 江	6551.10	7454.33	8438.08	13651.65	17095.96	20194.07	23554.76
安 徽	5948.61	7945.50	10281.29	12007.87	14943.81	18091.21	21069.24
福 建	4601.50	5548.61	7385.78	9677.09	12182.52	15045.81	17911.71
江 西	4325.38	6008.12	7856.94	8753.93	10378.37	12434.95	14677.04
山 东	12528.96	15439.10	18844.41	25907.38	30319.76	35875.86	41599.13
河 南	8721.19	11454.89	13934.82	16934.32	20558.61	25188.06	30012.28
湖 北	5148.76	7183.67	9405.63	12195.39	15148.71	18796.85	22491.67
湖 南	4879.96	6880.00	8617.98	11407.74	13966.26	17225.19	20575.33
广 东	8640.87	10230.05	12599.26	16599.16	18250.13	21795.52	25843.06
广 西	3325.95	4689.88	6383.26	7580.90	9345.18	11383.93	13287.60
海 南	668.02	942.68	1257.50	1599.14	2064.44	2625.59	3039.46
重 庆	3715.90	4855.11	6170.61	7366.95	8610.37	10290.95	12136.52
四 川	6362.08	9090.09	11061.38	13687.75	16530.31	19755.29	22662.26
贵 州	1609.34	2049.83	2609.36	4026.47	5504.95	7102.78	8778.40
云 南	3106.33	4117.51	5052.61	5932.75	7553.51	9621.83	11073.86
西 藏	271.25	327.64	404.98	516.31	670.52	876.00	1069.23
陕 西	4286.42	5888.37	7569.90	9108.98	11705.83	14533.51	16840.44
甘 肃	1510.75	2076.36	2808.55	3870.08	5040.03	6407.20	7759.62
青 海	514.05	689.09	840.01	1365.91	1808.67	2285.30	2788.91
宁 夏	735.71	964.16	1292.80	1589.14	2033.03	2577.79	3093.92
新 疆	2025.64	2434.15	3065.13	4444.99	5857.98	7371.24	9058.31
不分地区	3734.93	5779.66	6759.14	5651.29	6106.38	5655.37	6928.66

注：2010年之前为城镇固定资产投资口径；2011年之后为固定资产投资(不含农户)口径。

房地产开发企业主要指标

指　　标	单位	2009年	2010年	2011年	2012年	2013年	2014年
房地产开发投资	**亿元**	**36241.8**	**48259.4**	**61796.9**	**71803.8**	**86013.4**	**95035.6**
按工程用途分							
住宅	亿元	25613.7	34026.2	44319.5	49374.2	58950.8	64352.2
办公楼	亿元	1377.2	1807.4	2558.8	3366.6	4652.4	5641.2
商业营业用房	亿元	4180.7	5648.4	7424.0	9312.0	11944.8	14346.3
其它	亿元	5070.2	6777.4	7494.5	9751.0	10465.3	10696.0
按构成分							
建筑安装工程	亿元	25839.3	33065.5	44405.3	52036.3	63919.2	70561.1
设备工器具购置	亿元	454.1	558.1	816.0	1019.4	1250.0	1306.9
其他费用	亿元	9948.4	14635.8	16575.5	18748.1	20844.1	23167.6
房屋建筑面积及价值							
施工面积	万平方米	320368	405356	506775	573418	665572	726482
#新开工面积	万平方米	116422	163647	191237	177334	201208	179592
竣工面积	万平方米	72677	78744	92620	99425	101435	107459
竣工价值	亿元	14689.4	17542.7	21975.9	24836.6	26805.4	30262.0
实际到位资金合计	**亿元**	**66545.5**	**88296.6**	**110990.2**	**120972.1**	**153504.0**	**156731.2**
上年末结余资金	亿元	8746.5	15352.6	25301.5	24435.3	31381.5	34739.7
实际到位资金小计	亿元	57799.0	72944.0	85688.7	96536.8	122122.5	121991.5
国内贷款	亿元	11364.5	12563.7	13056.8	14778.4	19672.7	21242.6
利用外资	亿元	479.4	790.7	785.1	402.1	534.2	639.3
自筹资金	亿元	17949.1	26637.2	35004.6	39082.0	47424.9	50419.8
#自有资金	亿元	9858.9	14212.8	17945.4	17851.2	20524.3	20977.9
其他资金	亿元	28006.0	32952.4	36842.2	42274.4	54490.7	49689.8
#定金及预收款	亿元	16217.5	19275.2	22470.3	26558.0	34499.0	30237.5
各项应付款	**亿元**	**6356.4**	**8307.0**	**12896.7**	**16178.0**	**21419.8**	**25584.1**
#工程款	亿元	3296.9	4052.8	6314.5	8395.1	11801.5	14264.6

分地区房地产开发企业投资和房屋施工、竣工面积

地　区	房地产开发投资（亿元）		房屋施工面积（万平方米）		房屋竣工面积（万平方米）	
	2013年	2014年	2013年	2014年	2013年	2014年
全国总计	**86013.4**	**95035.6**	**665572**	**726482**	**101435**	**107459**
北　京	3483.4	3715.3	13887	13588	2666	3054
天　津	1480.8	1699.6	10892	10652	2805	2925
河　北	3445.4	4059.7	29949	31628	4437	4038
山　西	1308.6	1403.6	14040	15477	2285	2182
内蒙古	1479.0	1370.9	18624	18474	2638	2012
辽　宁	6450.8	5301.3	41626	38617	6152	6147
吉　林	1252.4	1030.1	12181	12268	2254	1574
黑龙江	1604.8	1324.1	13567	14218	2933	3001
上　海	2819.6	3206.5	13517	14690	2254	2313
江　苏	7241.5	8240.2	52574	57638	9712	9620
浙　江	6216.2	7262.4	37647	42144	4692	6390
安　徽	3946.2	4339.0	30235	33479	5180	5196
福　建	3703.0	4567.4	26287	30052	3370	3584
江　西	1174.6	1322.5	11996	13333	1790	1872
山　东	5444.5	5818.0	50549	54508	7509	7787
河　南	3843.8	4375.7	35979	38858	5966	7324
湖　北	3286.0	3983.8	21866	26322	3041	3431
湖　南	2628.3	2883.6	25400	27748	4594	4023
广　东	6489.6	7638.5	46480	53977	6273	7328
广　西	1614.6	1838.5	16040	17472	1713	1866
海　南	1196.8	1431.7	6173	7557	609	1204
重　庆	3012.8	3630.2	26252	28624	3804	3718
四　川	3853.0	4380.1	32165	36499	5109	5334
贵　州	1942.5	2187.7	17357	20369	1765	2842
云　南	2488.3	2846.7	18261	20035	2019	1789
西　藏	9.7	52.9	58	273	18	52
陕　西	2240.2	2426.5	17241	19466	1512	2189
甘　肃	724.6	721.5	6848	7660	916	813
青　海	247.6	308.3	2377	2546	593	559
宁　夏	559.0	654.8	6043	7019	1104	1204
新　疆	825.7	1014.8	9460	11289	1722	2086

分地区房地产开发企业商品房销售面积和销售额

地 区	商品房销售面积(万平方米)		商品房销售额(亿元)		#住 宅	
	2013年	2014年	2013年	2014年	2013年	2014年
全国总计	**130551**	**120649**	**81428.3**	**76292.4**	**67694.9**	**62395.6**
北 京	1903	1454	3530.8	2738.7	2434.7	2102.5
天 津	1847	1613	1615.5	1486.9	1443.3	1294.3
河 北	5676	5706	2779.7	2928.0	2329.1	2501.6
山 西	1643	1576	728.3	746.1	625.1	639.8
内蒙古	2738	2457	1177.4	1064.8	874.4	765.0
辽 宁	9292	5755	4759.2	3092.1	3941.9	2518.9
吉 林	2215	1582	993.0	808.6	839.7	667.6
黑龙江	3340	2476	1582.3	1208.5	1305.9	962.7
上 海	2382	2085	3911.6	3499.5	3264.0	2923.4
江 苏	11455	9847	7913.7	6898.4	6777.7	5969.6
浙 江	4887	4677	5396.0	4923.0	4513.9	4172.6
安 徽	6265	6202	3182.9	3345.2	2662.0	2691.8
福 建	4676	4119	4232.1	3763.5	3410.6	2939.6
江 西	3167	3067	1647.9	1621.8	1396.1	1379.5
山 东	10330	9180	5215.1	4879.7	4461.1	4009.5
河 南	7310	7880	3074.1	3440.6	2516.3	2739.7
湖 北	5299	5602	2790.3	3088.3	2310.0	2543.8
湖 南	5952	5440	2525.6	2299.1	2115.0	1858.6
广 东	9836	9316	8941.1	8461.8	7476.1	6960.3
广 西	2996	3157	1375.8	1532.1	1166.7	1274.6
海 南	1191	1004	1032.7	935.2	997.0	873.2
重 庆	4818	5100	2682.8	2815.0	2283.6	2253.3
四 川	7313	7142	4020.3	3997.4	3308.6	3145.0
贵 州	2972	3178	1276.7	1370.3	988.8	1000.0
云 南	3309	3194	1487.2	1596.4	1192.6	1165.4
西 藏	25	59	10.6	34.3	8.8	28.6
陕 西	3046	3094	1608.1	1598.0	1413.2	1368.1
甘 肃	1220	1326	474.1	602.3	418.1	513.5
青 海	382	416	158.8	211.3	146.3	155.8
宁 夏	1048	1129	443.7	465.0	363.6	352.0
新 疆	2017	1816	861.0	840.5	710.7	625.3

分地区房地产开发企业
土地购置面积和成交价款

地　区	土地购置面积(万平方米)		2014年比上年增长(%)	土地成交价款(亿元)		2014年比上年增长(%)
	2013年	2014年		2013年	2014年	
全国总计	**38814**	**33383**	**-14.0**	**9918.3**	**10019.9**	**1.0**
北　京	906	581	-35.9	784.0	763.7	-2.6
天　津	211	123	-41.7	82.2	121.1	47.4
河　北	1127	1082	-4.0	251.9	232.9	-7.6
山　西	876	432	-50.7	144.4	65.5	-54.7
内蒙古	838	534	-36.2	129.2	87.2	-32.5
辽　宁	2502	1671	-33.2	566.8	411.2	-27.5
吉　林	1144	928	-18.8	205.7	188.8	-8.2
黑龙江	656	417	-36.5	88.2	68.9	-21.9
上　海	422	313	-25.7	279.1	395.6	41.7
江　苏	4208	3454	-17.9	1084.2	1094.6	1.0
浙　江	1761	1888	7.2	1006.7	964.5	-4.2
安　徽	2760	3030	9.8	641.6	711.0	10.8
福　建	1591	1294	-18.7	532.2	476.0	-10.5
江　西	842	918	9.1	227.4	208.9	-8.1
山　东	2615	2225	-14.9	552.8	524.7	-5.1
河　南	1502	1116	-25.7	262.4	233.9	-10.9
湖　北	1895	1245	-34.3	391.8	334.9	-14.5
湖　南	1328	1112	-16.2	245.9	211.4	-14.0
广　东	2251	1957	-13.1	681.5	856.6	25.7
广　西	432	610	41.2	113.8	160.9	41.4
海　南	307	288	-6.0	38.7	57.7	49.2
重　庆	1897	1865	-1.7	448.8	680.0	51.5
四　川	1143	1535	34.4	337.3	476.0	41.1
贵　州	1210	936	-22.6	160.6	111.0	-30.8
云　南	1974	1218	-38.3	356.2	214.6	-39.8
西　藏		58			7.0	
陕　西	503	488	-3.2	110.1	157.3	42.9
甘　肃	422	567	34.6	67.2	58.5	-13.0
青　海	80	100	24.6	10.2	13.4	30.7
宁　夏	438	333	-24.1	31.4	35.0	11.4
新　疆	976	1064	9.0	85.8	97.1	13.1

货物进出口总额

年份	人民币(亿元)			美元（亿美元）		
	进出口总额	出口额	进口额	进出口总额	出口额	进口额
1978	355.0	167.6	187.4	206.4	97.5	108.9
1979	454.6	211.7	242.9	293.3	136.6	156.7
1980	570.0	271.2	298.8	381.4	181.2	200.2
“六五”时期	**5634.4**	**2609.1**	**3025.3**	**2524.1**	**1200.5**	**1323.6**
1981	735.3	367.6	367.7	440.3	220.1	220.2
1982	771.3	413.8	357.5	416.1	223.2	192.9
1983	860.1	438.3	421.8	436.2	222.3	213.9
1984	1201.0	580.5	620.5	535.5	261.4	274.1
1985	2066.7	808.9	1257.8	696.0	273.5	422.5
“七五”时期	**19202.4**	**9260.6**	**9941.8**	**4864.1**	**2325.3**	**2538.8**
1986	2580.4	1082.1	1498.3	738.5	309.4	429.1
1987	3084.2	1470.0	1614.2	826.5	394.4	432.1
1988	3821.8	1766.7	2055.1	1027.9	475.2	552.7
1989	4155.9	1956.0	2199.9	1116.8	525.4	591.4
1990	5560.1	2985.8	2574.3	1154.4	620.9	533.5
“八五”时期	**71498.2**	**36661.8**	**34836.4**	**10144.1**	**5183.8**	**4960.3**
1991	7225.8	3827.1	3398.7	1357.0	719.1	637.9
1992	9119.6	4676.3	4443.3	1655.3	849.4	805.9
1993	11271.0	5284.8	5986.2	1957.0	917.4	1039.6
1994	20381.9	10421.8	9960.1	2366.2	1210.1	1156.1
1995	23499.9	12451.8	11048.1	2808.6	1487.8	1320.8
“九五”时期	**147120.2**	**79754.9**	**67365.3**	**17739.1**	**9616.8**	**8122.3**
1996	24133.8	12576.4	11557.4	2898.8	1510.5	1388.3
1997	26967.2	15160.7	11806.5	3251.6	1827.9	1423.7
1998	26849.7	15223.6	11626.1	3239.5	1837.1	1402.4
1999	29896.3	16159.8	13736.5	3606.3	1949.3	1657.0
2000	39273.2	20634.4	18638.8	4742.9	2492.0	2250.9
“十五”时期	**376506.2**	**197011.6**	**179494.6**	**45578.7**	**23852.0**	**21726.6**
2001	42183.6	22024.4	20159.2	5096.5	2661.0	2435.5
2002	51378.2	26947.9	24430.3	6207.7	3256.0	2951.7
2003	70483.5	36287.9	34195.6	8509.9	4382.3	4127.6
2004	95539.1	49103.3	46435.8	11545.5	5933.2	5612.3
2005	116921.8	62648.1	54273.7	14219.1	7619.5	6599.5
“十一五”时期	**840003.3**	**460497.7**	**379505.6**	**116818.0**	**63995.0**	**52823.0**
2006	140974.0	77597.2	63376.9	17604.4	9689.8	7914.6
2007	166863.7	93563.6	73300.1	21765.7	12204.6	9561.2
2008	179921.5	100394.9	79526.5	25632.6	14306.9	11325.7
2009	150648.1	82029.7	68618.4	22075.4	12016.1	10059.2
2010	201722.1	107022.8	94699.3	29740.0	15777.5	13962.4
“十二五”时期						
2011	236402.0	123240.6	113161.4	36418.6	18983.8	17434.8
2012	244160.2	129359.3	114801.0	38671.2	20487.1	18184.1
2013	258168.9	137131.4	121037.5	41589.9	22090.0	19499.9
2014	264334.5	143911.7	120422.8	43030.4	23427.5	19602.9

注：本表1979年前为外贸部门数据，1980年起为海关数据。

进出口货物分类金额

单位：亿美元

年 份	出口总额	初级产品	工 业 制成品	进口总额	初级产品	工 业 制成品
1980	181.19	91.14	90.05	200.17	69.59	130.58
1985	273.50	138.28	135.22	422.52	52.89	369.63
1990	620.91	158.86	462.05	533.45	98.53	434.92
1991	719.10	161.45	556.98	637.91	108.34	529.57
1992	849.40	170.04	679.36	805.85	132.55	673.30
1993	917.44	166.66	750.78	1039.59	142.10	897.49
1994	1210.06	197.08	1012.98	1156.14	164.86	991.28
1995	1487.80	214.85	1272.95	1320.84	244.17	1076.67
1996	1510.48	219.25	1291.23	1388.33	254.41	1133.92
1997	1827.92	239.53	1588.39	1423.70	286.20	1137.50
1998	1837.09	204.89	1632.20	1402.37	229.49	1172.88
1999	1949.31	199.41	1749.90	1656.99	268.46	1388.53
2000	2492.03	254.60	2237.43	2250.94	467.39	1783.55
2001	2660.98	263.38	2397.60	2435.53	457.43	1978.10
2002	3255.96	285.40	2970.56	2951.70	492.71	2458.99
2003	4382.28	348.12	4034.16	4127.60	727.63	3399.96
2004	5933.26	405.49	5527.77	5612.29	1172.67	4439.62
2005	7619.53	490.37	7129.16	6599.53	1477.14	5122.39
2006	9689.78	529.19	9160.17	7914.61	1871.29	6043.32
2007	12204.56	615.09	11562.67	9561.16	2430.85	7128.65
2008	14306.93	779.57	13527.36	11325.67	3623.95	7701.67
2009	12016.12	631.12	11384.83	10059.23	2898.04	7161.19
2010	15777.54	816.86	14960.69	13962.44	4338.50	9623.94
2011	18983.81	1005.45	17978.36	17434.84	6042.69	11392.15
2012	20487.14	1005.58	19481.56	18184.05	6349.34	11834.71
2013	22090.04	1072.68	21017.36	19499.89	6580.81	12919.09
2014	23427.47	1127.05	22300.41	19602.90	6474.40	13128.50

分地区货物进出口总额

(按经营单位所在地分)　　单位：亿美元

地　区	2008年	2009年	2010年	2011年	2012年	2013年	2014年
全国总计	**25632.6**	**22075.4**	**29740.0**	**36418.6**	**38671.2**	**41589.9**	**43030.4**
北　京	2716.9	2147.3	3017.2	3895.6	4081.1	4290.0	4156.5
天　津	804.0	638.3	821.0	1033.8	1156.3	1285.0	1339.1
河　北	384.2	296.3	420.6	536.0	505.6	549.1	598.8
山　西	144.0	85.7	125.8	147.4	150.4	157.9	162.5
内蒙古	89.2	67.7	87.3	119.3	112.6	119.9	145.5
辽　宁	724.3	629.3	807.1	960.4	1040.9	1144.8	1139.6
吉　林	133.3	117.4	168.5	220.6	245.6	258.3	263.8
黑龙江	231.3	162.3	255.2	385.2	375.9	388.8	389.0
上　海	3220.6	2777.1	3689.5	4375.5	4365.9	4412.7	4664.1
江　苏	3922.7	3387.4	4658.0	5395.8	5479.6	5508.0	5637.6
浙　江	2111.3	1877.3	2535.3	3093.8	3124.0	3357.9	3551.5
安　徽	201.8	156.8	242.7	313.1	392.8	455.2	492.7
福　建	848.2	796.5	1087.8	1435.2	1559.4	1693.2	1775.0
江　西	136.2	127.8	216.2	314.7	334.1	367.5	427.8
山　东	1584.1	1390.5	1891.6	2358.9	2455.4	2665.3	2771.2
河　南	174.8	134.8	178.3	326.2	517.4	599.6	650.3
湖　北	207.1	172.5	259.3	335.9	319.6	363.8	430.6
湖　南	125.5	101.5	146.6	189.4	219.5	251.8	310.3
广　东	6849.7	6110.9	7849.0	9134.7	9840.2	10915.8	10767.3
广　西	132.4	142.5	177.4	233.6	294.8	328.3	405.5
海　南	45.3	48.8	86.5	127.6	143.2	149.9	158.7
重　庆	95.2	77.1	124.3	292.1	532.0	686.9	954.5
四　川	221.1	241.7	326.9	477.2	591.4	645.7	702.5
贵　州	33.7	23.0	31.5	48.9	66.3	82.9	108.1
云　南	96.0	80.5	134.3	160.3	210.1	253.0	296.2
西　藏	7.7	4.0	8.4	13.6	34.2	33.2	22.5
陕　西	83.3	84.1	121.0	146.5	148.0	201.3	274.1
甘　肃	61.0	38.7	74.0	87.3	89.0	102.4	86.5
青　海	6.9	5.9	7.9	9.2	11.6	14.0	17.2
宁　夏	18.8	12.0	19.6	22.9	22.2	32.2	54.4
新　疆	222.2	139.5	171.3	228.2	251.7	275.6	276.7

分地区货物进出口总额

(按境内目的地、货源地分)　　单位：亿美元

地　区	2008年	2009年	2010年	2011年	2012年	2013年	2014年
全国总计	**25632.6**	**22075.4**	**29740.0**	**36418.6**	**38671.2**	**41589.9**	**43030.4**
北　京	950.4	870.9	1106.9	1293.0	1286.7	1315.6	1431.6
天　津	869.0	720.3	916.1	1116.8	1228.5	1346.0	1444.9
河　北	508.8	402.7	620.5	841.5	822.9	902.2	942.6
山　西	201.9	93.2	138.6	162.2	165.9	171.6	185.2
内蒙古	104.3	94.6	116.8	148.2	139.7	143.9	152.9
辽　宁	821.6	698.5	952.9	1129.5	1183.4	1213.6	1253.3
吉　林	136.2	118.8	170.2	230.5	244.8	251.9	270.4
黑龙江	204.2	133.6	183.4	261.6	282.1	274.0	294.2
上　海	3138.8	2733.3	3654.4	4331.5	4341.6	4342.8	4526.1
江　苏	4304.7	3659.3	4987.8	5812.4	5886.7	5933.0	6093.2
浙　江	2444.1	2107.1	2872.5	3514.1	3481.9	3655.1	3783.9
安　徽	195.5	156.6	233.8	303.3	329.6	389.3	432.8
福　建	867.2	812.4	1105.5	1345.7	1461.9	1544.8	1645.9
江　西	150.1	138.3	209.5	279.9	302.4	336.5	391.6
山　东	1876.4	1635.2	2251.6	2845.6	2966.5	3149.4	3287.0
河　南	198.9	150.7	200.2	355.9	543.3	627.7	685.3
湖　北	213.6	176.7	260.3	337.5	324.4	356.4	408.7
湖　南	136.0	116.1	156.1	201.0	214.5	243.2	285.0
广　东	7177.8	6319.9	8340.1	10067.9	11153.3	12811.9	12421.3
广　西	148.6	135.6	195.5	323.2	408.7	387.0	449.1
海　南	95.9	84.8	103.7	134.5	145.6	147.6	169.4
重　庆	90.5	77.2	118.3	244.8	452.4	587.9	825.7
四　川	199.3	215.2	263.0	401.1	517.0	550.9	612.7
贵　州	48.1	27.3	34.6	49.2	50.5	47.6	51.8
云　南	93.3	74.6	103.3	122.6	121.2	158.2	199.2
西　藏	3.5	2.9	5.9	11.0	21.2	21.0	21.4
陕　西	104.6	86.7	117.0	140.8	151.9	202.2	277.3
甘　肃	65.6	44.8	73.9	78.3	71.6	68.4	52.7
青　海	8.0	7.2	8.2	7.6	8.1	8.6	6.2
宁　夏	25.8	19.6	25.7	28.1	26.7	26.1	40.1
新　疆	249.8	161.3	213.6	299.2	336.3	375.7	388.8

分地区货物出口额和进口额

(2014年)　　单位：亿美元

地　区	按经营单位所在地分		按境内目的地、货源地分	
	出口额	进口额	出口额	进口额
全国总计	**23427.5**	**19602.9**	**23427.5**	**19602.9**
北　京	623.5	3533.1	316.7	1114.9
天　津	526.0	813.2	520.3	924.7
河　北	357.1	241.7	491.3	451.2
山　西	89.4	73.1	116.1	69.1
内蒙古	63.9	81.6	63.9	88.9
辽　宁	587.6	552.0	556.8	696.5
吉　林	57.8	206.0	62.5	207.9
黑龙江	173.4	215.6	121.7	172.5
上　海	2101.6	2562.5	1919.7	2606.4
江　苏	3418.7	2218.9	3505.8	2587.4
浙　江	2733.5	817.9	2811.5	972.4
安　徽	314.9	177.8	265.1	167.6
福　建	1134.6	640.4	975.9	670.0
江　西	320.4	107.4	270.8	120.8
山　东	1447.5	1323.7	1550.7	1736.3
河　南	393.8	256.5	425.4	260.0
湖　北	266.5	164.2	239.8	168.9
湖　南	200.2	110.0	171.7	113.3
广　东	6462.2	4305.1	7454.7	4966.6
广　西	243.3	162.2	130.4	318.7
海　南	44.2	114.6	41.9	127.5
重　庆	634.1	320.4	519.0	306.7
四　川	448.5	254.0	366.9	245.9
贵　州	94.0	14.2	35.8	16.0
云　南	188.0	108.2	105.2	94.0
西　藏	21.0	1.5	20.5	0.9
陕　西	139.3	134.8	141.4	135.9
甘　肃	53.3	33.2	20.8	31.9
青　海	11.3	5.9	3.2	3.1
宁　夏	43.0	11.3	26.7	13.5
新　疆	234.8	41.9	175.5	213.3

分地区外商投资企业货物进出口总额

单位：万美元

地区	2013年			2014年		
	进出口总额	出口额	进口额	进出口总额	出口额	进口额
全国总计	**191831458**	**104372410**	**87459048**	**198404550**	**107473492**	**90931058**
北京	7454000	2266758	5187242	7936060	2074325	5861735
天津	8014515	3282008	4732507	7740141	3368337	4371804
河北	1598426	846339	752087	1643511	893724	749786
山西	542065	360433	181631	691587	419523	272064
内蒙古	162700	77636	85064	163137	85410	77727
辽宁	4499058	2192168	2306891	4857718	2173190	2684528
吉林	1073022	130031	942991	1234847	154479	1080368
黑龙江	141492	58265	83228	133530	59571	73959
上海	28856053	13673977	15182076	31015034	14147122	16867912
江苏	33933016	19419536	14513480	34990838	19879858	15110980
浙江	9976925	6206415	3770510	9679095	6258664	3420431
安徽	1194711	526434	668277	1397699	835565	562134
福建	7544701	4165028	3379673	7462957	4259440	3203517
江西	1276714	634406	642309	1319758	685084	634673
山东	10102871	5823864	4279007	10707722	6229554	4478167
河南	3992550	2298177	1694373	4381609	2453041	1928567
湖北	1402395	732409	669986	1454297	772107	682190
湖南	635614	329749	305865	674884	344120	330764
广东	59207053	35729251	23477802	58889571	35610993	23278578
广西	946936	366629	580306	1060230	437073	623157
海南	1094975	186262	908713	1269937	285048	984888
重庆	3764038	2581123	1182915	4311228	3143566	1167662
四川	3135195	1907785	1227410	3436393	2040791	1395602
贵州	21963	10418	11545	18775	8973	9801
云南	84373	37119	47254	64735	33931	30804
西藏	14	14		16	16	
陕西	1099970	492346	607624	1806689	787889	1018799
甘肃	7275	4989	2286	4089	2414	1675
青海	8789	1363	7426	1701	72	1629
宁夏	34908	19271	15638	35548	20749	14799
新疆	25145	12210	12935	21219	8863	12355

货物进出口总额(按主要国家和地区分)

单位：亿美元

国家和地区	2008年	2009年	2010年	2011年	2012年	2013年	2014年
总　　额	**25633**	**22075**	**29740**	**36419**	**38671**	**41590**	**43030**
#中国香港	2036	1749	2306	2835	3413	4007	3761
印度	518	434	618	739	665	654	706
日本	2667	2288	2978	3428	3295	3124	3124
韩国	1861	1562	2071	2456	2564	2742	2905
中国台湾	1292	1062	1454	1600	1690	1970	1983
南非	179	161	257	455	600	652	603
俄罗斯联邦	569	388	555	793	882	893	953
巴西	487	424	626	842	857	902	866
加拿大	345	297	371	474	513	545	552
美国	3337	2983	3854	4466	4847	5207	5551
澳大利亚	597	601	883	1166	1223	1365	1369
东盟	2313	2130	2929	3631	4001	4436	4804
欧盟	4258	3639	4796	5671	5460	5589	6151

外商直接投资实际使用金额(按主要国家和地区分)

单位：亿美元

国家和地区	2008年	2009年	2010年	2011年	2012年	2013年	2014年
总　　额	**924**	**900**	**1057**	**1160**	**1117**	**1176**	**1196**
#中国香港	410	461	606	705	656	734	813
日本	37	41	41	63	74	71	43
新加坡	44	36	54	61	63	72	58
韩国	31	27	27	26	30	31	40
中国台湾	19	19	25	22	28	21	20
英国	9	7	7	6	4	4	7
德国	9	12	9	11	15	21	21
法国	6	7	12	8	7	8	7
开曼群岛	31	26	25	22	20	17	13
英属维尔京群岛	160	113	104	97	78	62	62
加拿大	5	9	6	5	4	5	4
美国	29	26	30	24	26	28	24
澳大利亚	4	4	3	3	3	3	2

实际使用外资额

年　份	总　计 (亿美元)	对外借款	外　商 直接投资	外　商 其他投资	外商直接投资相当于国内生产总值的比重(%)
1979-1982	130.6	106.9	17.7	6.0	
1983	22.6	10.7	9.2	2.8	0.3
1984	28.7	12.9	14.2	1.6	0.5
1985	47.6	25.1	19.6	3.0	0.6
"七五"时期	**466.5**	**301.3**	**146.3**	**19.0**	
1986	76.3	50.1	22.4	3.7	0.8
1987	84.5	58.1	23.1	3.3	0.7
1988	102.3	64.9	31.9	5.5	0.8
1989	100.6	62.9	33.9	3.8	0.8
1990	102.9	65.3	34.9	2.7	0.9
"八五"时期	**1610.5**	**455.8**	**1141.7**	**13.0**	
1991	115.5	68.9	43.7	3.0	1.1
1992	192.0	79.1	110.1	2.8	2.3
1993	389.6	111.9	275.1	2.6	4.5
1994	432.1	92.6	337.7	1.8	6.0
1995	481.3	103.3	375.2	2.9	5.2
"九五"时期	**2897.9**	**559.0**	**2134.9**	**204.0**	
1996	548.0	126.7	417.3	4.1	4.9
1997	644.1	120.2	452.6	71.3	4.8
1998	585.6	110.0	454.6	20.9	4.5
1999	526.6	102.1	403.2	21.3	3.7
2000	593.6	100.0	407.2	86.4	3.4
"十五"时期	**2887.0**		**2740.8**	**146.2**	
2001	496.7		468.8	27.9	3.5
2002	550.1		527.4	22.7	3.6
2003	561.4		535.1	26.4	3.3
2004	640.7		606.3	34.4	3.1
2005	638.1		603.3	34.8	2.7
"十一五"时期	**4413.0**		**4259.5**	**153.4**	
2006	670.8		630.2	40.6	2.4
2007	783.4		747.7	35.7	2.3
2008	952.5		924.0	28.6	2.1
2009	918.0		900.3	17.7	1.8
2010	1088.2		1057.3	30.9	1.8
"十二五"时期					
2011	1177.0		1160.1	16.9	1.6
2012	1132.9		1117.2	15.8	1.4
2013	1187.2		1175.9	11.3	1.3
2014	1197.1		1195.6	1.4	1.2

对外经济合作

年　　份	对外承包工程			对外劳务合作	
	合同数（份）	合同金额（亿美元）	完成营业额（亿美元）	派出劳务人数（万人）	年末在外人数（万人）
1979	27	0.3	1.2		
1980	138	1.4			
1981	250	2.8			
1982	195	3.5	1.0		
1983	280	8.0	1.9		
1984	344	15.4	4.9		2.8
1985	465	11.2	6.6		2.5
“七五”时期	**3440**	**85.6**	**63.1**		**17.0**
1986	486	11.9	8.2		1.9
1987	616	16.5	11.1		3.2
1988	642	18.1	12.5		4.0
1989	776	17.8	14.8		4.3
1990	920	21.3	16.4		3.6
“八五”时期	**6988**	**264.8**	**180.3**		**71.5**
1991	1171	25.2	19.7		6.8
1992	1164	52.5	24.0		10.6
1993	1393	51.9	36.7		13.1
1994	1702	60.3	48.8		18.4
1995	1558	74.8	51.1		22.6
“九五”时期	**11165**	**474.1**	**365.3**		**151.9**
1996	1634	77.3	58.2		24.7
1997	2085	85.2	60.4		28.6
1998	2322	92.4	77.7		29.1
1999	2527	102.0	85.2		32.7
2000	2597	117.2	83.8		36.9
“十五”时期	**29776**	**992.2**	**731.6**		**209.3**
2001	5836	130.4	89.0		41.5
2002	4036	150.6	111.9		41.0
2003	3708	176.7	138.4		43.0
2004	6694	238.4	174.7	17.3	41.9
2005	9502	296.1	217.6	18.3	41.9
“十一五”时期	**41513**	**5087.6**	**2971.2**	**102.2**	**236.8**
2006	12996	660.0	299.9	21.5	47.5
2007	6282	776.2	406.4	21.5	50.5
2008	5411	1045.6	566.1	22.5	46.7
2009	7280	1262.1	777.1	18.0	45.0
2010	9544	1343.7	921.7	18.7	47.0
“十二五”时期					
2011	6381	1423.3	1034.2	20.9	48.8
2012	6710	1565.3	1166.0	27.8	50.6
2013	11578	1716.3	1371.4	25.6	48.3
2014	7740	1917.6	1424.1	56.2	100.6

注：2009年起，“对外承包工程”数据包含了“对外设计咨询”。

农林牧渔业总产值

单位：亿元

年 份	农林牧渔业总产值	#农 业	#林 业	#牧 业	#渔 业
1978	1397.0	1117.5	48.1	209.3	22.1
1980	1922.6	1454.1	81.4	354.2	32.9
1985	3619.5	2506.4	188.7	798.3	126.1
1990	7662.1	4954.3	330.3	1967.0	410.6
1995	20340.9	11884.6	709.9	6045.0	1701.3
1996	22353.7	13539.8	778.0	6015.5	2020.4
1997	23788.4	13852.5	817.8	6835.4	2282.7
1998	24541.9	14241.9	851.3	7025.8	2422.9
1999	24519.1	14106.2	886.3	6997.6	2529.0
2000	24915.8	13873.6	936.5	7393.1	2712.6
2001	26179.6	14462.8	938.8	7963.1	2815.0
2002	27390.8	14931.5	1033.5	8454.6	2971.1
2003	29691.8	14870.1	1239.9	9538.8	3137.6
2004	36239.0	18138.4	1327.1	12173.8	3605.6
2005	39450.9	19613.4	1425.5	13310.8	4016.1
2006	40810.8	21522.3	1610.8	12083.9	3970.5
2007	48893.0	24658.2	1861.6	16124.9	4457.5
2008	58002.2	28044.2	2152.9	20583.6	5203.4
2009	60361.0	30777.5	2193.0	19468.4	5626.4
2010	69319.8	36941.1	2595.5	20825.7	6422.4
2011	81303.9	41988.6	3120.7	25770.7	7568.0
2012	89453.0	46940.5	3447.1	27189.4	8706.0
2013	96995.3	51497.4	3902.4	28435.5	9634.6
2014	102226.1	54771.5	4256.0	28956.3	10334.3

注：本表按当年价格计算，从2003年起执行新国民经济行业分类标准，总产值包括农林牧渔服务业产值(下表同)。

农林牧渔业总产值指数

(1978年=100)

年 份	农林牧渔业总产值	#农 业	#林 业	#牧 业	#渔 业
1978	100.0	100.0	100.0	100.0	100.0
1980	109.1	106.4	113.7	122.6	103.9
1985	161.6	152.2	176.2	203.4	185.1
1990	203.9	186.5	179.5	282.0	346.7
1995	291.9	230.1	257.7	495.4	730.3
1996	319.3	248.0	272.2	551.6	832.4
1997	340.8	259.1	281.2	607.3	928.2
1998	361.1	271.9	289.4	651.9	1009.9
1999	377.9	283.6	298.6	681.6	1082.5
2000	391.5	287.6	314.7	724.5	1152.9
2001	408.1	297.7	315.2	770.1	1197.8
2002	428.1	309.3	337.6	816.3	1270.9
2003	444.8	310.8	360.9	875.9	1338.3
2004	478.2	337.2	368.2	939.0	1418.6
2005	505.5	351.0	380.0	1012.2	1510.8
2006	532.8	370.0	401.3	1062.8	1601.4
2007	553.6	384.8	429.0	1087.3	1678.3
2008	585.3	403.1	463.6	1160.7	1778.4
2009	612.2	418.2	496.7	1228.2	1879.6
2010	639.3	435.2	529.1	1278.4	1983.9
2011	667.8	459.5	569.5	1300.5	2072.7
2012	700.6	479.7	607.5	1368.5	2179.4
2013	728.4	500.7	652.1	1396.0	2292.7
2014	759.0	522.7	691.7	1438.0	2393.0

注：本表按可比价格计算。

分地区农林牧渔业总产值及增长速度

(2014年)

地　区	农林牧渔业总产值(亿元)	#农　业	#林　业	#牧　业	#渔　业	农林牧渔业总产值比上年增长(%)
全国总计	**102226.1**	**54771.5**	**4256.0**	**28956.3**	**10334.3**	**4.2**
北　京	420.1	155.1	90.7	152.7	13.2	0.0
天　津	441.7	230.7	3.2	117.6	79.5	3.0
河　北	5994.8	3453.4	108.1	1952.0	191.0	4.0
山　西	1530.5	984.0	98.5	354.6	9.8	4.0
内蒙古	2779.8	1408.4	96.4	1205.7	29.1	3.1
辽　宁	4498.4	1734.1	152.4	1717.5	699.8	2.4
吉　林	2763.0	1342.5	104.4	1195.0	40.1	4.1
黑龙江	4894.8	3015.6	195.7	1486.1	102.7	5.5
上　海	322.2	169.5	8.8	69.9	62.5	1.0
江　苏	6443.4	3362.8	118.2	1182.7	1426.7	3.1
浙　江	2844.6	1386.0	147.0	472.2	779.4	1.0
安　徽	4223.7	2119.2	283.1	1182.1	459.7	4.6
福　建	3522.3	1529.6	323.3	522.9	1025.2	4.5
江　西	2726.5	1144.1	274.2	814.9	400.7	4.8
山　东	9198.3	4765.8	131.5	2418.3	1481.7	4.0
河　南	7549.1	4492.0	152.4	2505.2	105.1	4.2
湖　北	5452.8	2761.7	157.0	1427.7	844.2	5.6
湖　南	5304.8	2884.7	304.8	1503.2	338.9	4.7
广　东	5234.2	2613.2	279.8	1077.4	1080.3	3.0
广　西	3947.7	1994.0	303.2	1087.2	413.1	3.7
海　南	1252.2	568.2	103.2	228.0	310.2	4.9
重　庆	1595.0	967.9	53.6	486.4	64.9	4.3
四　川	5888.1	3078.6	196.0	2318.8	192.4	4.0
贵　州	2118.5	1321.9	99.6	569.3	47.0	6.6
云　南	3263.3	1806.3	303.1	975.8	78.1	6.2
西　藏	138.7	63.3	2.6	69.3	0.2	4.2
陕　西	2741.8	1870.8	73.6	648.3	19.9	5.1
甘　肃	1618.8	1174.9	25.5	268.4	2.1	5.4
青　海	327.5	144.2	6.6	169.1	2.2	5.4
宁　夏	445.5	274.0	10.0	126.8	14.9	6.1
新　疆	2744.0	1955.1	49.4	651.2	19.6	6.8

注：本表绝对数按当年价格计算，增长速度按可比价格计算。

农业机械总动力、灌溉面积和化肥施用量

年份	农机总动力(万千瓦)	乡村办水电站 个数(个)	乡村办水电站 装机容量(万千瓦)	农村用电量(亿千瓦小时)	耕地灌溉面积(万公顷)	化肥施用量(万吨)
1978	11750	82387	228.4	253.1	4496.5	884
1980	14746	80319	304.1	320.8	4488.8	1269
1985	20913	55754	380.2	508.9	4403.6	1776
1990	28708	52387	428.8	844.5	4740.3	2590
1995	36118	40699	519.5	1655.7	4928.1	3594
1996	38547	37743	533.7	1812.7	5038.1	3828
1997	42016	36117	562.5	1980.1	5123.9	3981
1998	45208	33185	634.8	2042.1	5229.6	4084
1999	48996	31678	664.1	2173.4	5315.8	4124
2000	52574	29962	698.5	2421.3	5382.0	4146
2001	55172	29183	896.6	2610.8	5424.9	4254
2002	57930	27633	812.2	2993.4	5435.5	4339
2003	60387	26696	862.3	3432.9	5401.4	4412
2004	64028	27115	993.8	3933.0	5447.8	4637
2005	68398	26726	1099.2	4375.7	5502.9	4766
2006	72522	27493	1243.0	4895.8	5575.1	4928
2007	76590	27664	1366.6	5509.9	5651.8	5108
2008	82190	44433	5127.4	5713.2	5847.2	5239
2009	87496	44430	5116.7	6104.4	5926.1	5404
2010	92780	44815	5924.0	6632.3	6034.8	5562
2011	97735	45151	6212.3	7139.6	6168.2	5704
2012	102559	45799	6568.6	8104.9	6303.6	5839
2013	103907	46849	7119.0	8549.5	6335.1	5912
2014	107600	47073	7322.0	8884.4	6572.3	5996

注：1.化肥施用量按有效成分100%计算。

2.农村用电量包括国家电网的供电量和农村自办电站供电量，不包括在农村的国有单位的用电量。

主要农作物播种面积及比例

年份	农作物总播种面积(万公顷)	#粮食	#油料	#棉花	占总播种面积比例(%) 粮食	油料	棉花
1978	15010.4	12058.7	622.2	486.6	80.3	4.1	3.2
1980	14638.0	11723.4	792.8	492.0	80.1	5.4	3.4
1985	14362.6	10884.5	1180.0	514.0	75.8	8.2	3.6
1990	14836.2	11346.6	1090.0	558.8	76.5	7.3	3.8
1995	14987.9	11006.0	1310.2	542.2	73.4	8.7	3.6
1996	15238.1	11254.8	1255.5	472.2	73.9	8.2	3.1
1997	15396.9	11291.2	1238.1	449.1	73.3	8.0	2.9
1998	15570.6	11378.7	1291.9	445.9	73.1	8.3	2.9
1999	15637.3	11316.1	1390.6	372.6	72.4	8.9	2.4
2000	15630.0	10846.3	1540.0	404.1	69.4	9.9	2.6
2001	15570.8	10608.0	1463.1	481.0	68.1	9.4	3.1
2002	15463.6	10389.1	1476.6	418.4	67.2	9.5	2.7
2003	15241.5	9941.0	1499.0	511.1	65.2	9.8	3.4
2004	15355.3	10160.6	1443.1	569.3	66.2	9.4	3.7
2005	15548.8	10427.8	1431.8	506.2	67.1	9.2	3.3
2006	15214.9	10495.8	1173.8	581.6	68.7	7.7	3.8
2007	15346.4	10563.8	1131.6	592.6	68.8	7.4	3.9
2008	15626.6	10679.3	1282.5	575.4	68.3	8.2	3.7
2009	15861.4	10898.6	1365.4	494.9	68.7	8.6	3.1
2010	16067.5	10987.6	1389.0	484.9	68.4	8.6	3.0
2011	16228.3	11057.3	1385.5	503.8	68.1	8.5	3.1
2012	16341.6	11120.5	1393.0	468.8	68.1	8.5	2.9
2013	16462.7	11195.6	1402.3	434.6	68.0	8.5	2.6
2014	16544.6	11272.3	1404.3	422.2	68.1	8.5	2.6

主要农产品产量（一）

单位：万吨

年 份	粮 食	谷 物	#稻 谷	#小 麦	#玉 米	豆 类	薯 类
1978	30477		13693	5384	5595		3174
1980	32056		13991	5521	6260		2873
1985	37911		16857	8581	6383		2604
1990	44624		18933	9823	9682		2743
1995	46662	41612	18523	10221	11199	1788	3263
1996	50454	45127	19510	11057	12747	1790	3536
1997	49417	44349	20073	12329	10431	1876	3192
1998	51230	45625	19871	10973	13295	2001	3604
1999	50839	45304	19849	11388	12809	1894	3641
2000	46218	40522	18791	9964	10600	2010	3685
2001	45264	39648	17758	9387	11409	2053	3563
2002	45706	39799	17454	9029	12131	2241	3666
2003	43070	37429	16066	8649	11583	2128	3513
2004	46947	41157	17909	9195	13029	2232	3558
2005	48402	42776	18059	9745	13937	2158	3469
2006	49804	45099	18172	10847	15160	2004	2701
2007	50160	45632	18603	10930	15230	1720	2808
2008	52871	47847	19190	11246	16591	2043	2980
2009	53082	48156	19510	11512	16397	1930	2995
2010	54648	49637	19576	11518	17725	1897	3114
2011	57121	51939	20100	11740	19278	1908	3273
2012	58958	53947	20424	12102	20561	1732	3279
2013	60194	55269	20361	12193	21849	1595	3329
2014	60703	55741	20651	12621	21565	1625	3336

主要农产品产量（二）

单位：万吨

年 份	油 料	#花 生	#油菜籽	#芝 麻	棉 花	麻 类	#黄红麻
1978	521.8	237.7	186.8	32.2	216.7	135.1	108.8
1980	769.1	360.0	238.4	25.9	270.7	143.6	109.8
1985	1578.4	666.4	560.7	69.1	414.7	444.8	411.9
1990	1613.2	636.8	695.8	46.9	450.8	109.7	72.6
1995	2250.3	1023.5	977.7	58.3	476.8	89.7	37.1
1996	2210.6	1013.8	920.1	57.5	420.3	79.5	36.5
1997	2157.4	964.8	957.8	56.6	460.3	74.9	43.0
1998	2313.9	1188.6	830.1	65.6	450.1	49.5	24.8
1999	2601.2	1263.9	1013.2	74.3	382.9	47.2	16.4
2000	2954.8	1443.7	1138.1	81.1	441.7	52.9	12.6
2001	2864.9	1441.6	1133.1	80.4	532.4	68.1	10.6
2002	2897.2	1481.8	1055.2	89.5	491.6	96.4	15.9
2003	2811.0	1342.0	1142.0	59.3	486.0	85.3	10.0
2004	3065.9	1434.2	1318.2	70.4	632.4	107.4	8.7
2005	3077.1	1434.2	1305.2	62.5	571.4	110.5	8.3
2006	2640.3	1288.7	1096.6	66.2	753.3	89.1	8.7
2007	2568.7	1302.7	1057.3	55.7	762.4	72.8	9.9
2008	2952.8	1428.6	1210.2	58.6	749.2	62.5	8.4
2009	3154.3	1470.8	1365.7	62.2	637.7	38.8	7.5
2010	3230.1	1564.4	1308.2	58.7	596.1	31.7	6.9
2011	3306.8	1604.6	1342.6	60.5	659.8	29.6	7.5
2012	3436.8	1669.2	1400.7	63.9	683.6	26.1	6.8
2013	3517.0	1697.2	1445.8	62.3	629.9	22.9	6.1
2014	3507.4	1648.2	1477.2	63.0	617.8	23.1	5.6

主要农产品产量(三)

单位：万吨

年份	糖料	甘蔗	甜菜	茶叶	烟叶	#烤烟
1978	2381.9	2111.6	270.2	26.8	124.2	105.2
1980	2911.3	2280.7	630.5	30.4	84.5	71.7
1985	6046.8	5154.9	891.9	43.2	242.5	207.5
1990	7214.5	5762.0	1452.5	54.0	262.7	225.9
1995	7940.1	6541.7	1398.4	58.9	231.4	207.2
1996	8360.2	6818.7	1541.5	59.3	323.4	294.6
1997	9386.5	7889.7	1496.8	61.3	425.1	390.8
1998	9790.4	8343.8	1446.6	66.5	236.4	208.8
1999	8334.1	7470.3	863.9	67.6	246.9	218.5
2000	7635.3	6828.0	807.3	68.3	255.2	223.8
2001	8655.1	7566.3	1088.9	70.2	235.0	204.5
2002	10292.7	9010.7	1282.0	74.5	244.7	213.5
2003	9641.6	9023.5	618.2	76.8	225.7	201.5
2004	9570.7	8984.9	585.7	83.5	240.6	216.3
2005	9451.9	8663.8	788.1	93.5	268.3	243.5
2006	10460.0	9709.2	750.8	102.8	245.6	225.5
2007	12188.2	11295.1	893.1	116.5	239.5	217.8
2008	13419.6	12415.2	1004.4	125.8	283.8	262.3
2009	12276.6	11558.7	717.9	135.9	306.6	281.4
2010	12008.5	11078.9	929.6	147.5	300.4	273.1
2011	12516.5	11443.4	1073.1	162.3	313.2	287.0
2012	13485.4	12311.4	1174.0	179.0	340.7	312.6
2013	13746.1	12820.1	926.0	192.4	337.4	314.9
2014	13361.2	12561.1	800.0	209.6	299.4	280.3

主要农产品产量(四)

单位：万吨

年份	水果	#苹果	#柑橘	#梨	#香蕉	蔬菜
1978	657.0	227.5	38.3	151.7	8.5	
1980	679.3	236.3	71.3	146.6	6.1	
1985	1163.9	361.4	180.8	213.7	63.1	
1990	1874.4	431.9	485.5	235.3	145.6	
1995	4214.6	1400.8	822.5	494.2	312.5	25726.7
1996	4652.8	1704.7	845.7	580.7	253.6	30123.1
1997	5089.3	1721.9	1010.2	641.5	289.2	35962.4
1998	5452.9	1948.1	859.0	727.5	351.8	38491.9
1999	6237.6	2080.2	1078.7	774.2	419.4	40513.5
2000	6225.1	2043.1	878.3	841.2	494.1	44467.9
2001	6658.0	2001.5	1160.7	879.6	527.2	48422.4
2002	6952.0	1924.1	1199.0	930.9	555.7	52860.6
2003	14517.4	2110.2	1345.4	979.8	590.3	54032.3
2004	15340.9	2367.5	1495.8	1064.2	605.6	55064.7
2005	16120.1	2401.1	1591.9	1132.4	651.8	56451.5
2006	17102.0	2605.9	1789.8	1198.6	690.1	53953.1
2007	18136.3	2786.0	2058.3	1289.5	779.7	56452.0
2008	19220.2	2984.7	2331.3	1353.8	783.5	59240.3
2009	20395.5	3168.1	2521.1	1426.3	883.4	61823.8
2010	21401.4	3326.3	2645.2	1505.7	956.1	65099.4
2011	22768.2	3598.5	2944.0	1579.5	1040.0	67929.7
2012	24056.8	3849.1	3167.8	1707.3	1155.8	70883.1
2013	25093.0	3968.3	3320.9	1730.1	1207.5	73512.0
2014	26142.2	4092.3	3492.7	1796.4	1179.2	76005.5

注：2003年起水果产量含果用瓜。

主要林产品产量

年　份	木　材 (万立方米)	橡　胶 (万吨)	松　脂 (万吨)	生　漆 (万吨)	油桐籽 (万吨)	油茶籽 (万吨)
1978	5162	10.2	33.8	0.2	39.1	47.9
1980	5359	11.3	42.1	0.2	30.3	49.0
1985	6323	18.8	34.4	0.2	37.9	61.9
1990	5571	26.4	43.5	0.3	35.1	52.3
1995	6767	42.4	54.8	0.3	40.5	62.3
1996	6710	40.2	58.1	0.4	40.8	69.7
1997	6395	45.2	70.1	0.4	45.4	85.7
1998	5966	46.2	54.3	0.5	43.9	72.3
1999	5237	49.0	57.1	0.5	44.8	79.3
2000	4724	48.0	55.1	0.5	45.3	82.3
2001	4552	47.7	56.4	0.5	40.7	82.5
2002	4436	52.7	56.4	0.6	38.9	85.5
2003	4759	56.5	62.6	0.9	37.3	77.9
2004	5197	57.5	67.3	1.0	38.1	87.5
2005	5560	51.4	76.7	1.4	36.9	87.5
2006	6612	53.8	90.9	2.1	38.3	92.0
2007	6977	58.8	96.6	1.3	36.1	93.9
2008	8108	54.8	84.9	1.6	37.1	99.0
2009	7068	61.9	104.7	2.0	36.7	116.9
2010	8090	69.1	111.6	2.0	43.4	109.2
2011	8146	75.1	115.7	1.9	43.8	148.0
2012	8175	80.2	121.5	2.6	42.7	172.8
2013	8438	86.5	130.8	2.5	41.9	177.7
2014	8233	84.0	131.0	2.2	41.6	202.3

水产品产量

单位：万吨

年　份	水产品总产量	海水产品			淡水产品		
			捕捞	养殖		捕捞	养殖
1978	465.4	359.5	314.5	45.0	105.9	29.6	76.2
1980	449.7	325.7	281.3	44.4	124.0	33.9	90.2
1985	705.2	419.7	348.5	71.2	285.4	47.6	237.8
1990	1237.0	713.3	550.9	162.4	523.7	78.3	445.4
1995	2517.2	1439.1	1026.8	412.3	1078.1	137.3	940.8
1996	3288.1	2012.9	1249.0	763.9	1275.2	176.3	1099.0
1997	3118.6	1888.1	1196.4	691.7	1230.5	163.5	1067.0
1998	3382.7	2044.5	1292.6	752.0	1338.1	197.5	1140.6
1999	3570.1	2145.3	1293.4	851.9	1424.9	198.0	1226.9
2000	3706.2	2203.9	1275.9	928.0	1502.3	193.4	1308.9
2001	3795.9	2233.5	1244.1	989.4	1562.4	186.2	1376.2
2002	3954.9	2298.5	1238.0	1060.5	1656.4	194.7	1461.7
2003	4077.0	2332.8	1237.0	1095.9	1744.2	213.3	1530.9
2004	4246.6	2404.5	1253.2	1151.3	1842.1	209.6	1632.5
2005	4419.9	2465.9	1255.1	1210.8	1954.0	221.0	1733.0
2006	4583.6	2509.6	1245.4	1264.2	2074.0	220.4	1853.6
2007	4747.5	2550.9	1243.6	1307.3	2196.6	225.6	1971.0
2008	4895.6	2598.3	1258.0	1340.3	2297.3	224.8	2072.5
2009	5116.4	2681.6	1276.3	1405.2	2434.8	218.4	2216.5
2010	5373.0	2797.5	1315.2	1482.3	2575.5	228.9	2346.5
2011	5603.2	2908.0	1356.7	1551.3	2695.2	223.2	2471.9
2012	5907.7	3033.3	1389.5	1643.8	2874.3	229.8	2644.5
2013	6172.0	3138.8	1399.6	1739.2	3033.2	230.7	2802.4
2014	6461.5	3296.2	1483.6	1812.6	3156.3	229.5	2935.8

牲畜饲养情况

单位：万头(只)

年份	大牲畜年底头数	牛	马	驴	骡	骆驼
1996	13360.2	11031.8	871.5	944.4	478.0	34.5
1997	14541.8	12182.2	891.2	952.8	480.6	35.0
1998	14803.2	12441.9	898.1	955.8	473.9	33.5
1999	15024.8	12698.3	891.4	934.8	467.3	33.0
2000	14638.1	12353.2	876.6	922.7	453.0	32.6
2001	13980.9	11809.2	826.0	881.5	436.2	27.9
2002	13672.3	11567.8	808.8	849.9	419.4	26.4
2003	13467.3	11434.4	790.0	820.7	395.7	26.5
2004	13191.4	11235.4	763.9	791.9	374.0	26.2
2005	12894.8	10990.8	740.0	777.2	360.4	26.6
2006	12287.1	10465.1	719.5	730.6	345.1	26.9
2007	12309.3	10594.8	702.8	689.1	298.5	24.2
2008	12250.7	10576.0	682.1	673.1	295.5	24.0
2009	12357.6	10726.5	678.5	648.4	279.3	24.8
2010	12238.5	10626.4	677.1	639.7	269.7	25.6
2011	11966.2	10360.5	670.9	647.8	259.8	27.3
2012	11891.8	10343.4	633.5	636.1	249.2	29.5
2013	11853.2	10385.1	602.7	603.4	230.4	31.6
2014	12022.9	10578.0	604.3	582.6	224.6	33.4

年份	肉猪出栏头数	猪年底头数	牛出栏头数	羊年底只数	山羊	绵羊
1996	41225.2	36283.6	2685.9	23728.3	12315.8	11412.5
1997	46483.7	40034.8	3283.9	25575.7	13480.1	12095.6
1998	50215.1	42256.3	3587.1	26903.5	14168.3	12735.2
1999	51977.2	43144.2	3766.2	27925.8	14816.3	13109.5
2000	51862.3	41633.6	3806.9	27948.2	14945.6	13002.6
2001	53281.1	41950.5	3794.8	27625.0	14562.3	13062.8
2002	54143.9	41776.2	3896.2	28240.9	14841.2	13399.7
2003	55701.8	41381.8	4000.1	29307.4	14967.9	14339.5
2004	57278.5	42123.4	4101.0	30426.0	15195.5	15230.5
2005	60367.4	43319.1	4148.7	29792.7	14659.0	15133.7
2006	61207.3	41850.4	4222.0	28369.8	13768.0	14601.8
2007	56508.3	43989.5	4359.5	28564.7	14336.5	14228.2
2008	61016.6	46291.3	4446.1	28084.9	15229.2	12855.7
2009	64538.6	46996.0	4602.2	28452.2	15050.1	13402.1
2010	66686.4	46460.0	4716.8	28087.9	14203.9	13884.0
2011	66326.1	46862.7	4670.7	28235.8	14274.2	13961.5
2012	69789.5	47592.2	4760.9	28504.1	14136.1	14368.0
2013	71557.3	47411.3	4828.2	29036.3	14034.5	15001.7
2014	73510.4	46582.7	4929.2	30314.9	14465.9	15849.0

畜产品产量

年 份	肉类产量(万吨)	#猪牛羊肉	猪 肉	牛 肉	羊 肉	奶 类(万吨)	#牛 奶
1996	4584.0	3694.7	3158.0	355.7	181.0	735.8	629.4
1997	5268.8	4249.9	3596.3	440.9	212.8	681.1	601.1
1998	5723.8	4598.2	3883.7	479.9	234.6	745.4	662.9
1999	5949.0	4762.3	4005.6	505.4	251.3	806.9	717.6
2000	6013.9	4743.2	3966.0	513.1	264.1	919.1	827.4
2001	6105.8	4832.1	4051.7	508.6	271.8	1122.9	1025.5
2002	6234.3	4928.4	4123.1	521.9	283.5	1400.4	1299.8
2003	6443.3	5089.8	4238.6	542.5	308.7	1848.6	1746.3
2004	6608.7	5234.3	4341.0	560.4	332.9	2368.4	2260.6
2005	6938.9	5473.5	4555.3	568.1	350.1	2864.8	2753.4
2006	7089.0	5591.0	4650.5	576.7	363.8	3302.5	3193.4
2007	6865.7	5283.8	4287.8	613.4	382.6	3633.4	3525.2
2008	7278.7	5614.0	4620.5	613.2	380.3	3731.5	3555.8
2009	7649.7	5915.7	4890.8	635.5	389.4	3677.7	3518.8
2010	7925.8	6123.1	5071.2	653.1	398.9	3748.0	3575.6
2011	7965.1	6101.0	5060.4	647.5	393.1	3810.7	3657.8
2012	8387.2	6405.9	5342.7	662.3	401.0	3875.4	3743.6
2013	8535.0	6574.4	5493.0	673.2	408.1	3649.5	3531.4
2014	8706.7	6788.8	5671.4	689.2	428.2	3841.2	3724.6

年 份	绵羊毛(吨)	#细羊毛	#半细羊毛	山羊毛(吨)	羊 绒(吨)	禽 蛋(万吨)	蜂 蜜(万吨)
1996	298102	121020	74099	35284	9585	1965.2	18.3
1997	255059	116054	55683	25865	8626	1897.1	21.1
1998	277545	115752	68775	31417	9799	2021.3	20.7
1999	283152	114103	73700	31849	10180	2134.7	23.0
2000	292502	117386	84921	33266	11057	2182.0	24.6
2001	298254	114651	88075	34241	10968	2210.1	25.2
2002	307588	112193	102419	35459	11765	2265.7	26.5
2003	338058	120263	110249	36692	13528	2333.1	28.9
2004	373902	130413	119514	37727	14515	2370.6	29.3
2005	393172	127862	123068	36904	15435	2438.1	29.3
2006	388777	131808	116098	40512	16395	2424.0	33.3
2007	363470	123920	106760	38382	18483	2529.0	35.4
2008	367687	123838	104838	44406	17184	2702.2	40.0
2009	364002	127352	113018	49453	16964	2742.5	40.2
2010	386768	123173	114944	42714	18518	2762.7	40.1
2011	393072	132836	120119	44047	17989	2811.4	43.1
2012	400057	125709	131983	43924	18021	2861.2	44.8
2013	411122	133247	135330	41875	18114	2876.1	45.0
2014	419518	124915	142253	40046	19278	2893.9	46.8

分地区主要农产品产量（一）

(2014年) 单位：万吨

地区	粮食	油料	棉花	糖料	蔬菜	水果
全国总计	**60702.6**	**3507.4**	**617.8**	**13361.2**	**76005.5**	**26142.2**
北京	63.9	0.7	0.01		236.2	96.5
天津	176.0	0.5	3.8		460.2	62.7
河北	3360.2	150.2	43.1	75.6	8125.7	2019.0
山西	1330.8	17.3	2.4	8.0	1271.4	770.8
内蒙古	2753.0	170.3	0.2	160.2	1472.7	322.3
辽宁	1753.9	63.7	0.01	10.1	3090.1	870.6
吉林	3532.8	85.7	0.1	6.4	876.0	229.7
黑龙江	6242.2	17.1		41.1	985.6	258.7
上海	112.5	1.3	0.1	0.6	393.2	86.2
江苏	3490.6	146.6	16.0	10.1	5417.0	861.6
浙江	757.4	30.7	2.5	62.7	1762.8	714.8
安徽	3415.8	228.8	26.3	19.7	2551.0	965.3
福建	667.0	29.8	0.01	53.1	1801.4	790.8
江西	2143.5	121.7	13.4	64.5	1312.4	627.1
山东	4596.6	335.9	66.5	0.01	9973.7	3134.0
河南	5772.3	584.3	14.7	27.3	7272.5	2560.2
湖北	2584.2	341.7	36.0	30.4	3671.5	972.3
湖南	3001.3	233.8	12.9	65.9	3763.5	920.0
广东	1357.3	105.5		1504.7	3274.7	1560.7
广西	1534.4	61.3	0.3	7952.6	2610.1	1560.6
海南	186.6	11.6		424.9	551.5	413.0
重庆	1144.5	56.9		10.3	1689.1	347.6
四川	3374.9	300.8	1.2	55.8	4069.3	884.5
贵州	1138.5	98.0	0.1	168.3	1625.6	196.4
云南	1860.7	64.7	0.03	2110.4	1735.5	669.0
西藏	98.0	6.4			68.2	1.4
陕西	1197.8	62.3	4.2	0.1	1724.7	1849.9
甘肃	1158.7	72.4	6.4	26.4	1705.2	636.6
青海	104.8	31.5		0.1	158.6	2.6
宁夏	377.9	16.5			540.8	290.2
新疆	1414.5	59.3	367.7	471.9	1815.4	1466.9

注：水果产量含果用瓜。

分地区主要农产品产量（二）

(2014年)　　单位：万吨

地　区	肉　类	#猪　肉	#牛　肉	#羊　肉	奶　类
全国总计	**8706.7**	**5671.4**	**689.2**	**428.2**	**3841.2**
北　京	39.3	24.0	1.7	1.2	59.5
天　津	46.4	29.9	3.4	1.6	68.9
河　北	468.1	281.2	52.4	30.4	496.1
山　西	87.5	64.2	5.8	6.7	97.2
内蒙古	252.3	73.3	54.5	93.3	797.1
辽　宁	429.2	240.3	42.8	8.9	134.5
吉　林	262.0	140.4	46.0	4.5	49.8
黑龙江	230.2	142.6	40.6	11.9	560.1
上　海	23.4	18.8	0.1	0.5	27.1
江　苏	379.5	232.4	3.3	8.0	60.7
浙　江	157.1	127.0	1.2	1.7	15.9
安　徽	414.0	264.8	17.9	15.5	27.9
福　建	213.7	151.1	2.9	2.2	15.4
江　西	339.8	259.8	13.1	1.1	12.9
山　东	770.2	406.8	66.6	36.0	289.6
河　南	719.0	478.0	82.1	25.4	342.4
湖　北	440.4	339.6	21.9	8.6	16.4
湖　南	546.5	458.1	18.9	11.1	9.3
广　东	429.4	282.6	7.0	0.9	13.8
广　西	420.0	266.3	14.4	3.2	9.7
海　南	79.5	48.6	2.6	1.1	0.2
重　庆	214.2	158.5	8.4	3.4	5.7
四　川	714.7	527.2	33.4	25.3	71.3
贵　州	201.8	165.6	14.7	3.8	5.7
云　南	378.5	292.4	33.6	14.6	64.6
西　藏	26.4	1.5	16.0	7.9	34.3
陕　西	116.7	91.8	7.7	7.5	192.3
甘　肃	95.5	52.7	18.1	17.9	40.3
青　海	33.4	10.5	10.6	10.9	31.3
宁　夏	28.5	7.7	8.8	9.5	135.7
新　疆	149.3	33.9	39.2	53.6	155.6

农作物受灾和成灾面积

年　份	受　灾 面　积 (万公顷)	#水 灾	#旱 灾	成　灾 面　积 (万公顷)	#水 灾	#旱 灾	成灾面积 占受灾 面积 (%)
1978	5081	311	3264	2446	201	356	48.1
1980	5003	969	2190	2978	607	388	59.5
1985	4437	1420	2299	2271	895	335	51.2
1990	3847	1180	1817	1782	560	342	46.3
1991	5547	2460	2491	2781	1461	202	50.1
1992	5133	942	3298	2590	446	232	50.4
1993	4883	1639	2110	2313	861	364	47.4
1994	5504	1733	3043	3138	1074	214	57.0
1995	4582	1273	2346	2227	760	208	48.6
1996	4699	1815	2015	2123	1086	212	45.2
1997	5343	1142	3352	3031	584	295	56.7
1998	5015	2229	1424	2518	1379	313	50.2
1999	4998	902	3016	2673	507	204	53.5
2000	5469	732	4054	3437	432	116	62.9
2001	5221	604	3847	3179	361	206	60.9
2002	4695	1229	2212	2716	739	383	57.9
2003	5451	1921	2485	3252	1229	293	59.7
2004	3711	731	1725	1630	375	219	43.9
2005	3882	1093	1603	1997	605	848	51.4
2006	4109	800	2074	2463	457	1341	59.9
2007	4899	1046	2939	2506	510	1617	51.2
2008	3999	648	1214	2228	366	680	55.7
2009	4721	761	2926	2123	316	1320	45.0
2010	3743	1752	1326	1854	702	899	49.5
2011	3247	686	1630	1244	284	660	38.3
2012	2496	773	934	1147	414	351	46.0
2013	3135	876	1410	1430	486	585	45.6
2014	2489	472	1227	1268	270	568	50.9

规模以上工业企业工业增加值增长速度

单位：%

分　　类	2008年	2009年	2010年	2011年	2012年	2013年	2014年
工业增加值	**12.9**	**11.0**	**15.7**	**13.9**	**10.0**	**9.7**	**8.3**
在总计中:							
#国有控股企业	9.1	6.9	13.7	9.9	6.4	6.9	4.9
在总计中:							
#集体企业	8.1	10.2	9.4	9.3	7.1	4.3	1.7
股份合作企业	11.4	10.3	14.0	14.7	6.5	6.9	7.2
股份制企业	15.0	13.3	16.8	15.8	11.8	11.0	9.7
外商及港澳台投资企业	9.9	6.2	14.5	10.4	6.3	8.3	6.3
在总计中:							
#私营企业	20.4	18.7	20.0	19.5	14.6	12.4	10.2
在总计中:							
采矿业						6.4	4.5
制造业						10.5	9.4
电力、热力、燃气及水生产和供应业						6.8	3.2

注：1.本表按可比价格计算。

2.2011年起，规模以上工业的统计范围为年主营业务收入2000万元以上的工业企业，之前为年主营业务收入500万元以上的工业企业。

3.根据《国民经济行业分类》(GB/T 4754-2011)，从2013年开始工业行业不再使用"轻工业"、"重工业"分类，而以采矿业、制造业、电力热力燃气及水生产和供应业的标准行业分类代替。

规模以上工业企业主要经济指标

年　份	企　业单位数(万个)	资产总计(亿元)	主营业务收　入(亿元)	利润总额(亿元)	税金总额(亿元)
1978	34.8	4525			
1980	37.7	4233	4459	692	367
1985	46.3	6972	7899	929	727
1990	50.4	15953	16793	560	1386
1995	59.2	79234	52936	1635	3415
1996	57.9	90016	57970	1490	3657
1997	53.4	103400	63451	1703	4037
1998	16.5	108822	64149	1458	4064
1999	16.2	116969	69852	2288	4414
2000	16.3	126211	84152	4393	5119
2001	17.1	135403	93733	4733	5572
2002	18.2	146218	109486	5784	6238
2003	19.6	168808	143172	8337	7537
2004	27.6	215358	198909	11929	9529
2005	27.2	244784	248544	14803	11518
2006	30.2	291215	313592	19504	14454
2007	33.7	353037	399717	27155	18422
2008	42.6	431306	500020	30562	23968
2009	43.4	493693	542522	34542	26486
2010	45.3	592882	697744	53050	33656
2011	32.6	675797	841830	61396	38972
2012	34.4	768421	929292	61910	44029
2013	37.0	870751	1038659	68379	49296
2014	36.1	925245	1094647	64715	48402

注：1.1997年及以前为乡及乡以上独立核算工业企业数据；1998-2006年为全部国有及年主营业务收入在500万元以上非国有工业企业数据；2007-2010为年主营业务收入在500万元以上工业企业；2011年及以后年份为主营业务收入在2000万元及以上工业企业数据。

2.2014年为快报数据，之前年份为年报数据。

按经济类型分规模以上工业企业主要经济指标(一)

(2014年)

指标	单位	合计	#大型企业	#中型企业	#国有控股企业
企业单位数	个	361286	9614	55453	17830
#亏损企业数	个	42970	1373	8175	4884
流动资产合计	亿元	435017.6	194078.2	108532.0	124322.4
应收账款	亿元	105168.1	41111.0	26931.3	23215.2
存货	亿元	99565.7	44928.7	24661.0	30791.7
#产成品	亿元	37109.6	14310.1	9803.7	8861.5
资产总计	亿元	925244.9	435336.4	220302.0	353521.8
负债合计	亿元	525865.5	256591.7	124599.5	217261.1
主营业务收入	亿元	1094646.5	425904.9	261293.4	255888.5
主营业务成本	亿元	937493.4	360748.8	223771.5	212470.8
主营业务税金及附加	亿元	16894.0	11635.9	2220.2	11578.1
销售费用	亿元	27476.8	11584.0	6724.0	5351.4
管理费用	亿元	38823.0	15193.3	10003.0	10374.5
财务费用	亿元	13129.7	5490.2	3320.9	5114.6
#利息支出	亿元	12313.3	5867.5	2942.4	5380.5
利润总额	亿元	64715.3	24614.9	16173.4	14006.7
亏损企业亏损总额	亿元	6917.8	3093.1	2009.5	3558.5
税金总额	亿元	48401.7	24734.2	10006.9	21585.0
应交增值税	亿元	31507.6	13098.3	7786.7	10006.8

注：本表为快报数(下表同)。

按经济类型分规模以上工业企业主要经济指标(二)

(2014年)

指标	单位	#集体企业	#股份制企业	#外商及港澳台投资企业	#私营企业
企业单位数	个	3480	9986	55715	203807
#亏损企业数	个	425	1418	11142	17058
流动资产合计	亿元	3052.1	53412.2	115225.7	106585.9
应收账款	亿元	492.8	10762.8	35024.9	26897.1
存货	亿元	493.9	12194.1	24992.4	24458.2
#产成品	亿元	241.5	4323.2	8902.6	10981.6
资产总计	亿元	4936.1	121913.0	198465.9	206438.8
负债合计	亿元	2887.3	64046.7	109983.8	107351.2
主营业务收入	亿元	7706.1	103571.2	254401.0	369554.1
主营业务成本	亿元	6545.5	84053.7	217613.0	321823.0
主营业务税金及附加	亿元	58.3	3659.3	2215.9	2480.9
销售费用	亿元	250.8	3628.2	8198.3	7770.8
管理费用	亿元	290.4	4704.2	10146.5	10764.0
财务费用	亿元	52.7	1460.0	1606.4	3649.5
#利息支出	亿元	41.3	1545.6	1795.9	2857.7
利润总额	亿元	538.0	7303.6	15971.8	22322.6
亏损企业亏损总额	亿元	24.1	1112.0	1583.0	875.9
税金总额	亿元	253.7	7378.9	8340.2	12308.5
应交增值税	亿元	195.4	3719.6	6124.3	9827.7

分地区规模以上工业企业主要经济指标(一)

(2014年)　　　　单位：亿元

地　区	主营业务收　入	主营业务成　本	主营业务税金及附加	销售费用	利润总额	税金总额
全国总计	**1094646.5**	**937493.4**	**16894.0**	**27476.8**	**64715.3**	**48401.7**
北　京	19439.6	16422.3	303.7	862.3	1493.2	847.7
天　津	28275.9	24405.0	322.2	630.1	2042.8	1125.8
河　北	46532.2	40846.9	463.8	784.9	2421.7	1540.8
山　西	17119.9	14820.7	151.2	560.2	210.6	762.8
内蒙古	19064.0	15615.7	265.2	440.7	1294.4	967.8
辽　宁	49686.1	43541.6	898.0	1052.3	2011.7	2058.7
吉　林	23220.0	19352.5	537.1	884.7	1397.7	1165.4
黑龙江	13086.0	10485.5	601.6	306.7	985.0	1144.2
上　海	34725.0	28507.8	965.1	1277.4	2646.5	1856.3
江　苏	142387.9	123159.7	1242.9	3280.5	8839.7	5789.5
浙　江	63237.0	54099.3	721.1	1601.8	3543.7	2425.2
安　徽	36653.6	31968.3	474.9	870.0	1775.2	1394.4
福　建	36300.1	31424.0	417.1	914.1	2081.7	1395.0
江　西	30597.1	26866.2	318.6	505.7	2043.9	1314.8
山　东	143488.1	125581.8	1573.1	2647.5	8763.4	5499.7
河　南	66787.5	58022.7	677.5	1217.9	4771.4	2180.4
湖　北	40708.0	34531.1	801.9	1251.2	2174.6	1811.8
湖　南	33303.2	27987.8	903.5	904.8	1523.2	2066.1
广　东	113827.8	96949.1	1199.3	3899.3	6611.9	3991.2
广　西	18455.1	15886.6	346.3	437.2	963.8	911.1
海　南	1742.3	1436.1	76.2	61.0	88.5	135.0
重　庆	18057.1	15361.3	262.8	509.0	1160.5	937.6
四　川	37559.7	31674.6	614.2	1073.6	2046.3	1851.0
贵　州	8108.0	6432.6	313.6	265.8	530.5	658.3
云　南	10041.6	7823.9	830.6	259.5	478.9	1283.4
西　藏	113.5	86.2	1.7	8.4	12.4	11.7
陕　西	18313.6	14313.1	721.0	471.0	1706.5	1600.9
甘　肃	9092.6	7983.7	310.2	138.5	233.2	543.8
青　海	2249.8	1848.1	61.0	77.0	98.9	144.6
宁　夏	3468.9	2985.1	72.3	67.6	102.5	163.5
新　疆	9005.0	7074.1	446.4	216.0	661.2	823.2

注：本表为快报数(下表同)。

分地区规模以上工业企业主要经济指标(二)

(2014年)　　单位：亿元

地　区	亏损企业 亏损总额	应收账款	存货	产成品	资产总计	负债合计
全国总计	**6917.8**	**105168.0**	**99565.7**	**37109.6**	**925244.9**	**525865.5**
北　京	138.4	3574.6	2199.3	750.8	33018.7	16737.8
天　津	193.7	3213.8	2912.8	958.9	23246.3	14411.5
河　北	390.8	3073.8	3907.0	1426.8	39177.3	22683.5
山　西	471.7	2234.4	1991.6	792.5	29184.9	21192.5
内蒙古	346.7	1741.2	1585.9	635.7	25751.5	15839.7
辽　宁	409.4	3577.5	4096.1	1429.7	38035.9	21674.1
吉　林	179.0	1249.0	1824.6	605.2	16453.7	8876.3
黑龙江	238.4	1227.1	1561.4	508.6	14449.7	8181.1
上　海	284.1	5901.3	4423.3	1436.9	34349.7	16951.5
江　苏	584.2	16325.1	11734.0	4412.1	100150.4	54997.3
浙　江	282.8	9577.3	8030.7	3294.1	63198.6	37188.7
安　徽	212.2	3492.4	3005.0	1191.8	28283.3	16590.5
福　建	150.6	3543.1	3439.2	1370.0	27435.1	14953.8
江　西	44.1	1485.4	1630.1	671.1	15535.7	8042.0
山　东	344.6	7615.8	9897.4	3987.0	91367.5	49660.9
河　南	257.2	4262.4	3798.1	1339.1	48528.8	22716.7
湖　北	161.8	3280.2	3696.6	1521.4	31490.4	17109.7
湖　南	112.8	2525.4	2474.3	847.0	20843.5	11049.9
广　东	449.8	15118.8	11765.8	4348.8	86745.5	50131.7
广　西	152.6	1277.4	1726.1	721.4	13915.5	8696.6
海　南	23.5	154.3	236.5	103.8	2423.0	1257.8
重　庆	96.6	1765.2	1394.4	550.7	14563.1	9033.0
四　川	404.6	3514.1	3480.8	1240.0	36172.9	21797.5
贵　州	139.0	713.5	996.6	290.7	11041.6	7013.3
云　南	218.3	806.4	2145.7	544.9	16595.5	10697.6
西　藏	12.2	17.0	22.4	7.8	656.9	258.4
陕　西	136.7	1690.4	1826.5	762.4	23897.3	13334.7
甘　肃	119.5	670.3	1522.7	467.2	10730.6	6759.7
青　海	68.7	230.9	315.6	117.4	5300.9	3585.1
宁　夏	62.1	409.4	711.4	281.2	6769.1	4493.1
新　疆	231.8	900.4	1213.7	494.7	15932.0	9949.5

分地区规模以上工业企业主要经济效益指标

(2014年)

地 区	总资产贡献率(%)	资本保值增值率(%)	资 产负债率(%)	流动资产周转次数(次)	成本费用利润率(%)	产 品销售率(%)
全国总计	**14.3**	**111.9**	**56.8**	**2.6**	**6.4**	**97.8**
北 京	8.2	112.2	50.7	1.5	8.1	98.9
天 津	15.3	114.1	62.0	2.4	7.8	97.8
河 北	12.1	109.9	57.9	3.0	5.6	97.8
山 西	5.4	101.3	72.6	1.5	1.3	94.9
内蒙古	10.9	108.4	61.5	2.2	7.5	96.9
辽 宁	12.5	108.0	57.0	3.2	4.3	97.6
吉 林	17.8	110.0	54.0	3.4	6.5	98.0
黑龙江	16.4	105.1	56.6	2.3	8.5	98.3
上 海	14.1	107.1	49.4	1.8	8.3	99.5
江 苏	16.7	112.1	54.9	2.8	6.7	98.4
浙 江	11.6	109.4	58.8	1.8	6.0	96.8
安 徽	13.4	113.4	58.7	3.1	5.2	97.6
福 建	15.1	108.6	54.5	2.8	6.1	97.2
江 西	25.0	118.7	51.8	4.8	7.2	98.9
山 东	18.5	119.2	54.4	3.6	6.6	99.1
河 南	17.2	118.7	46.8	3.4	7.8	98.3
湖 北	14.7	112.0	54.3	3.0	5.8	97.1
湖 南	19.9	112.3	53.0	3.9	5.0	98.4
广 东	13.9	109.9	57.8	2.4	6.2	97.1
广 西	15.8	106.9	62.5	3.0	5.6	95.3
海 南	10.7	109.0	51.9	1.8	5.6	97.2
重 庆	17.1	116.4	62.0	2.9	6.9	98.0
四 川	13.2	115.0	60.3	2.6	5.9	97.8
贵 州	13.4	113.8	63.5	2.0	7.3	95.2
云 南	13.1	107.4	64.5	1.7	5.4	95.5
西 藏	4.4	107.3	39.3	0.7	11.7	94.4
陕 西	16.2	114.7	55.8	2.3	10.7	95.4
甘 肃	9.4	109.8	63.0	2.3	2.7	94.3
青 海	6.6	108.9	67.6	1.5	4.7	94.9
宁 夏	6.0	115.6	66.4	1.5	3.1	95.5
新 疆	11.6	106.4	62.5	2.0	8.4	96.9

主要工业产品产量(一)

年 份	原 煤 (亿吨)	原 油 (万吨)	天然气 (亿立方米)	原 盐 (万吨)	成品糖 (万吨)	卷 烟 (亿支)
1978	6.18	10405.0	137.3	1953.0	227.0	1182.0
1980	6.20	10595.0	142.7	1728.0	257.0	1520.0
1985	8.72	12490.0	129.3	1479.0	451.0	2370.0
1990	10.80	13831.0	153.0	2023.0	582.0	3298.0
1995	13.61	15005.0	179.5	2977.7	558.6	3485.0
1996	13.97	15733.4	201.1	2903.6	640.2	3401.9
1997	13.88	16074.1	227.0	3082.7	702.6	3377.4
1998	13.32	16100.0	232.8	2242.5	826.0	3374.0
1999	13.64	16000.0	252.0	2812.4	861.0	3340.0
2000	13.84	16300.0	272.0	3128.0	700.0	3397.0
2001	14.72	16395.9	303.3	3410.5	653.1	3402.1
2002	15.50	16700.0	326.6	3602.4	926.0	3467.1
2003	18.35	16960.0	350.2	3437.7	1083.9	3580.9
2004	21.23	17587.3	414.6	4043.4	1033.7	18736.4
2005	23.65	18135.3	493.2	4661.1	912.4	19389.1
2006	25.70	18476.6	585.5	5663.1	949.1	20218.1
2007	27.60	18631.8	692.4	6167.0	1271.4	21438.8
2008	29.03	19043.1	803.0	6664.4	1432.6	22199.2
2009	31.15	18949.0	852.7	6662.8	1338.4	22901.5
2010	34.28	20241.4	957.9	7037.8	1117.6	23752.6
2011	37.64	20287.6	1053.4	6742.2	1187.4	24474.0
2012	39.45	20748.0	1106.1	6911.8	1409.5	25160.9
2013	39.74	20991.9	1208.6	7367.6	1592.8	25603.9
2014	38.74	21142.9	1301.6	6433.8	1642.7	26098.5

注：1.成品糖指标名称1997年及以前为糖，1998-2004年为机制糖，产量包括土糖。
2.卷烟2003年及以前计量单位为万箱。

主要工业产品产量(二)

年 份	纱 (万吨)	布 (亿米)	焦 炭 (万吨)	硫 酸 (万吨)	烧 碱 (万吨)	纯 碱 (万吨)
1978	238.2	110.3	4690.0	661.0	164.0	132.9
1980	292.6	134.7	4343.0	764.3	192.3	161.3
1985	353.5	146.7	4802.0	676.4	235.3	201.1
1990	462.6	188.8	7328.0	1196.9	335.4	379.5
1995	542.2	260.2	13510.0	1811.0	531.8	597.7
1996	512.2	209.1	13643.0	1883.6	573.8	669.3
1997	559.8	248.8	13731.0	2036.9	574.4	725.8
1998	542.0	241.0	12806.0	2171.0	539.4	744.0
1999	567.0	250.0	12073.7	2356.0	580.1	766.0
2000	657.0	277.0	12184.0	2427.0	667.9	834.0
2001	760.7	290.0	13130.7	2696.3	788.0	914.4
2002	850.0	322.4	14279.8	3050.4	878.0	1033.2
2003	983.6	353.5	17775.7	3371.2	945.3	1133.6
2004	1291.3	482.1	20619.0	3928.9	1041.1	1334.7
2005	1450.5	484.4	25411.7	4544.7	1240.0	1421.1
2006	1743.0	598.6	29768.3	5033.2	1511.8	1560.0
2007	1958.4	675.3	33553.4	5412.6	1759.3	1765.0
2008	2055.7	723.1	32031.5	5098.0	1926.0	1854.6
2009	2266.4	753.4	35510.1	5960.9	1832.4	1944.8
2010	2572.8	800.0	38864.0	7090.5	2228.4	2034.8
2011	2717.9	814.1	43270.8	7482.7	2473.5	2294.0
2012	2984.0	848.9	44778.9	7876.6	2696.8	2395.9
2013	3200.0	897.6	48179.4	8154.5	2927.4	2431.6
2014	3379.2	893.7	47980.9	8846.3	3059.0	2514.2

主要工业产品产量(三)

年份	乙烯(万吨)	农用化肥(万吨)	化学纤维(万吨)	水泥(万吨)	平板玻璃(万重量箱)	生铁(万吨)
1978	38.0	869.3	28.5	6524.0	1784.0	3479.0
1980	49.0	1232.1	45.0	7986.0	2466.0	3802.0
1985	65.2	1322.2	94.8	14595.0	4942.0	4384.0
1990	157.2	1879.7	165.4	20971.0	8067.0	6238.0
1995	240.1	2548.1	341.2	47560.6	15731.7	10529.3
1996	304.0	2809.0	375.5	49118.9	16069.4	10722.5
1997	358.6	2821.0	471.6	51173.8	16630.7	11511.4
1998	377.3	3010.0	510.0	53600.0	17194.0	11863.7
1999	435.0	3251.0	600.0	57300.0	17419.8	12539.2
2000	470.0	3186.0	694.0	59700.0	18352.2	13101.5
2001	480.6	3383.0	841.4	66104.0	20964.1	15554.3
2002	543.0	3791.0	991.2	72500.0	23445.6	17084.6
2003	611.8	3881.3	1181.2	86208.1	27702.6	21366.7
2004	629.9	4804.8	1699.8	96682.0	37026.2	26831.0
2005	755.5	5177.9	1664.8	106884.8	40210.2	34375.2
2006	940.5	5345.1	2073.2	123676.5	46574.7	41245.2
2007	1027.8	5825.0	2413.8	136117.3	53918.1	47651.6
2008	987.6	6028.1	2453.3	142355.7	59890.4	47824.4
2009	1072.6	6385.0	2747.3	164397.8	58574.1	55283.5
2010	1421.3	6337.9	3090.0	188191.2	66330.8	59733.3
2011	1527.5	6419.4	3390.1	209925.9	79107.6	64050.9
2012	1486.8	6832.1	3837.4	220984.1	75050.5	66354.4
2013	1599.3	7026.2	4160.3	241923.9	79285.8	71149.9
2014	1696.7	6887.2	4389.8	247613.5	79261.7	71159.9

注：农用化肥按有效成分100%计算。

主要工业产品产量(四)

年份	粗钢(万吨)	钢材(万吨)	原铝(万吨)	大中型拖拉机(万台)	汽车(万辆)	#轿车
1978	3178.0	2208.0	29.6	11.4	14.9	
1980	3712.0	2716.0	39.6	9.8	22.2	0.5
1985	4679.0	3693.0	52.3	4.5	43.7	0.9
1990	6635.0	5153.0	84.7	3.9	51.4	3.5
1995	9536.0	8979.8	167.6	6.3	145.3	33.7
1996	10124.1	9338.0	177.1	8.4	147.5	38.3
1997	10894.2	9978.9	203.5	8.2	158.3	48.6
1998	11559.0	10737.8	233.6	6.8	163.0	50.7
1999	12426.0	12109.8	259.9	6.5	183.2	57.1
2000	12850.0	13146.0	279.4	4.1	207.0	60.7
2001	15163.4	16067.6	337.1	3.8	234.2	70.4
2002	18236.6	19251.6	432.1	4.5	325.1	109.2
2003	22233.6	24108.0	554.7	4.9	444.4	207.1
2004	28291.1	31975.7	669.0	11.4	509.1	227.6
2005	35324.0	37771.1	778.7	16.3	570.5	277.0
2006	41914.9	46893.4	926.6	19.9	727.9	386.9
2007	48928.8	56560.9	1234.0	20.3	888.9	479.8
2008	50305.8	60460.3	1316.5	28.4	930.6	503.8
2009	57218.2	69405.4	1288.6	37.1	1379.5	748.5
2010	63723.0	80276.6	1577.1	33.7	1826.5	957.6
2011	68528.3	88619.6	1961.4	40.2	1841.6	1012.7
2012	72388.2	95577.8	2314.1	52.7	1927.6	1077.0
2013	81313.9	108200.5	2543.8	66.6	2212.1	1210.4
2014	82269.8	112557.2	2751.7	64.4	2372.5	1248.3

注：2009年起电解铝指标名称改为原铝。

主要工业产品产量(五)

年 份	家 用 电冰箱 (万台)	房间空气 调节器 (万台)	程 控 交换机 (万线)	传真机 (万台)	移动通信 手持机 (万台)	微型计算机 设 备 (万台)
1978	2.8	0.02				
1980	4.9	1.3				
1985	144.8	12.4				
1990	463.1	24.1				8.2
1995	918.5	682.6	2091.6	136.1		83.6
1996	979.7	786.2	2274.8	137.9		138.8
1997	1044.4	974.0	2787.3	162.5		206.6
1998	1060.0	1156.9	4219.9	128.7		291.4
1999	1210.0	1337.6	4726.0	160.0		405.0
2000	1279.0	1826.7	7136.0	196.3	5247.9	672.0
2001	1351.3	2333.6	7223.5	318.2	8031.7	877.7
2002	1598.9	3135.1	5860.7	297.3	12146.4	1463.5
2003	2242.6	4820.9	7379.9	746.6	18231.4	3216.7
2004	3007.6	6390.3	7625.2	851.2	23751.6	5974.9
2005	2987.1	6764.6	7720.9	1068.2	30354.2	8084.9
2006	3530.9	6849.4	7404.6	1188.6	48013.8	9336.4
2007	4397.1	8014.3	5387.1	888.5	54857.9	12073.4
2008	4800.0	8147.4	4584.0	749.4	55945.1	15853.7
2009	5930.5	8078.3	4152.5	683.5	68193.4	18215.1
2010	7295.7	10887.5	3138.0	181.1	99827.4	24584.5
2011	8699.2	13912.5	3034.0	268.1	113257.7	32036.9
2012	8427.0	12398.7	2829.1	263.6	118154.6	31806.7
2013	9255.7	13069.3	2698.5	172.1	152343.9	35348.4
2014	8796.1	14463.3	3123.1	174.0	162719.8	35079.6

注：2009年起微型电子计算机指标名称改为微型计算机设备。

主要工业产品产量(六)

年 份	集成电路 (亿块)	彩 色 电视机 (万台)	复印和胶版 印制设备 (万台)	发 电 量 (亿千瓦小时)	#火 电	#水 电
1978	0.3	0.4		2566.0	2120.0	446.0
1980	0.2	3.2		3006.0	2424.0	582.0
1985	0.6	435.3		4107.0	3183.0	924.0
1990	1.1	1033.0	2.4	6212.0	4945.0	1267.0
1995	55.2	2057.7	21.8	10070.3	8024.0	1905.8
1996	38.9	2537.6	63.9	10813.1	8777.0	1879.7
1997	25.5	2711.3	107.8	11355.5	9241.0	1959.8
1998	26.3	3497.0	117.9	11670.0	9267.0	1988.9
1999	41.5	4262.0	210.3	12393.0	9868.0	1965.8
2000	58.8	3936.0	156.6	13556.0	10885.0	2224.1
2001	63.6	4093.7	144.1	14808.0	11768.0	2774.3
2002	96.3	5155.0	207.4	16540.0	13274.0	2879.7
2003	148.3	6541.4	264.2	19105.8	15804.0	2836.8
2004	235.5	7431.8	324.6	22033.1	17956.0	3535.4
2005	270.0	8283.2	403.6	25002.6	20473.4	3970.2
2006	335.7	8375.4	467.8	28657.3	23696.0	4357.9
2007	411.6	8478.0	452.4	32815.5	27229.3	4852.6
2008	438.8	9187.1	517.7	34957.6	27072.3	6369.6
2009	414.4	9898.8	421.0	37146.5	29827.8	6156.4
2010	652.5	11830.0	534.8	42071.6	33319.3	7221.7
2011	719.5	12231.3	655.1	47130.2	38337.0	6989.5
2012	779.6	12823.5	609.7	49876.0	38928.0	8721.0
2013	903.5	12745.2	698.2	54316.4	42470.1	9202.9
2014	1015.5	14128.9	712.9	56495.8	42337.3	10643.4

注：2009年起复印机械指标名称改为复印和胶版印制设备。

分地区主要工业产品产量（一）

(2014年)

地区	原油 (万吨)	天然气 (亿立方米)	布 (亿米)	农用化肥 (万吨)	水泥 (万吨)	生铁 (万吨)	粗钢 (万吨)
全国总计	**21142.9**	**1301.6**	**893.7**	**6887.2**	**247613.5**	**71159.9**	**82269.8**
北京		12.8	0.0		703.6		2.1
天津	3074.8	21.2	2.3	16.0	957.9	2182.5	2287.1
河北	592.3	17.5	66.1	203.1	10677.4	16932.6	18530.3
山西		31.6	0.8	424.4	4700.0	4052.0	4325.4
内蒙古	21.5	15.5		126.1	6294.0	1330.7	1661.5
辽宁	1021.9	8.1	6.7	71.9	5807.6	6167.7	6511.4
吉林	663.9	22.3	0.4	17.9	3702.7	1132.8	1264.8
黑龙江	4000.0	35.4	0.1	48.4	3702.6	456.7	476.3
上海	5.7	2.1	1.4	1.5	686.0	1643.3	1774.5
江苏	206.0	0.5	141.6	234.8	19395.8	7080.1	10195.5
浙江			250.7	35.7	12390.0	1140.3	1748.3
安徽			12.7	299.7	12921.0	1998.6	2451.4
福建			74.3	48.9	7760.9	907.7	1820.8
江西		0.4	9.9	135.8	9831.2	2075.3	2235.3
山东	2713.2	4.9	128.1	555.0	16496.3	6719.1	6411.0
河南	470.5	4.9	32.3	491.7	17080.7	2779.6	2882.2
湖北	79.0	1.5	84.0	1206.0	11418.1	2437.6	3056.4
湖南			3.9	113.6	12060.1	1780.7	1917.6
广东	1245.4	83.7	43.6	58.4	14783.4	1082.4	1710.4
广西	58.7	0.2	0.5	111.5	10706.5	1231.7	2084.3
海南	28.5	1.6		66.3	2151.6		22.4
重庆		7.8	6.9	215.2	6688.8	444.6	785.6
四川	19.2	253.5	20.3	453.6	14612.7	1931.4	2243.0
贵州		0.4		529.2	9456.4	498.6	551.6
云南		0.0		318.4	9596.9	1704.9	1689.1
西藏					342.2		
陕西	3767.8	410.1	6.7	179.2	9129.7	884.0	1038.3
甘肃	71.2	0.2		50.2	4931.5	898.8	1074.0
青海	220.0	68.9		504.9	1859.6	127.0	144.3
宁夏	7.9			46.5	1793.9	201.7	161.5
新疆	2875.3	296.7	0.6	323.6	4974.6	1337.5	1213.4

分地区主要工业产品产量（二）

（2014年）

地　区	钢　材 （万吨）	汽　车 （万辆）	家　用 电冰箱 （万台）	程　控 交换机 （万线）	移动通信 手持机 （万台）	微型计算机 设　备 （万台）	发电量 （亿千瓦 小时）
全国总计	**112557.2**	**2372.5**	**8796.1**	**3123.1**	**162719.8**	**35079.6**	**56495.8**
北　京	195.0	206.3		973.0	17983.6	1015.6	364.0
天　津	7303.9	51.2	45.4		9754.2	1100.5	625.5
河　北	23995.2	97.8		13.6			2499.9
山　西	4701.0				2255.4		2647.0
内蒙古	1763.2	2.4					3857.8
辽　宁	6946.0	112.1	157.0	62.7	2895.0	0.2	1647.8
吉　林	1412.2	237.4					771.7
黑龙江	483.5	10.8				3.5	881.3
上　海	2309.1	247.4	154.0	215.8	5484.8	6295.4	792.3
江　苏	13255.2	121.6	969.7	1.9	2884.1	6708.0	4347.6
浙　江	4171.0	30.9	757.8	179.4	3611.3	191.0	2885.3
安　徽	3265.7	93.4	2765.8			1715.9	2033.9
福　建	3019.6	18.1			1278.0	985.4	1873.4
江　西	2611.1	46.2	109.5		5540.5		873.3
山　东	8939.4	103.0	610.1	10.9	6590.8	23.3	3691.1
河　南	4704.1	40.9	320.9		12065.2		2729.9
湖　北	3429.0	174.5	243.5	51.9	2888.4	120.7	2382.3
湖　南	1989.3	29.5	12.2	2.8	60.9	34.2	1313.7
广　东	3447.1	216.8	2139.9	1605.8	79562.8	2819.5	3948.4
广　西	3262.6	209.2				0.6	1310.0
海　南	29.7	9.0					244.6
重　庆	1322.0	231.4	262.0		9418.2	6446.8	675.8
四　川	2935.2	32.4	80.2		411.0	7619.0	3079.4
贵　州	552.4		168.2		6.5		1747.7
云　南	1935.1	11.0		5.3			2550.0
西　藏	1.1						32.3
陕　西	1683.9	37.5			29.1		1620.8
甘　肃	1108.1	0.7					1241.1
青　海	131.4						580.3
宁　夏	165.6						1156.6
新　疆	1489.5	1.1					2090.9

建筑业企业概况

年 份	企 业 单位数 (个)	年 末 从业人员 (万人)	总 产 值		增 加 值	
			绝对数 (亿元)	指 数 (上年=100)	绝对数 (亿元)	指 数 (上年=100)
1980	6604	648.0	286.9			
1985	11150	911.5	675.1	130.5		
1990	13327	1010.7	1345.0	104.8		
1995	24133	1497.9	5793.8	124.5	1668.6	126.2
1996	41364	2121.9	8282.2	142.9	2405.6	144.2
1997	44017	2101.5	9126.5	110.2	2540.5	105.6
1998	45634	2030.0	10062.0	110.3	2783.8	109.6
1999	47234	2020.1	11152.9	110.8	3022.3	108.6
2000	47518	1994.3	12497.6	112.1	3341.1	110.5
2001	45893	2110.7	15361.6	122.9	4023.6	120.4
2002	47820	2245.2	18527.2	120.6	3822.4	116.8
2003	48688	2414.3	23083.9	124.6	4654.7	121.8
2004	59018	2500.3	29021.5	125.7	5615.8	120.6
2005	58750	2699.9	34552.1	119.1	6899.7	122.9
2006	60166	2878.2	41557.2	120.3	8116.4	117.6
2007	62074	3133.7	51043.7	122.8	9944.4	122.5
2008	71095	3315.0	62036.8	121.5	12488.9	121.5
2009	70817	3672.6	76807.7	123.8	15619.8	125.1
2010	71863	4160.4	96031.1	125.0	18983.5	121.5
2011	72280	3852.5	116463.3	121.3	22071.0	116.3
2012	75280	4267.2	137217.9	117.8	26583.3	120.4
2013	78919	4528.4	160366.1	116.9	33071.5	124.4
2014	81141	4960.6	176713.4	110.2	36442.7	110.2

注：1.本表1980-1992年为全民和集体所有制建筑业企业数据；1993-1995年为各种经济成分的建制镇以上企业数据；1996-2001年为资质等级(旧资质)四级及四级以上建筑业企业数据；2002年起为具有资质等级的施工总承包、专业承包建筑业企业(不含劳务分包建筑业企业)数据(下表同)。

2.2002、2008年建筑业增加值统计口径调整，绝对数与上年度不可比，指数按可比口径计算。

建筑业企业生产完成情况

项 目	单 位	2009年	2010年	2011年	2012年	2013年	2014年
签订合同额	亿元	133529	172604	210117	247340	289423	323614
上年结转合同额	亿元	48281	62245	81323	100555	114466	138930
本年新签合同额	亿元	85248	110359	128794	146785	174957	184683
竣工产值	亿元	47266	57108	66349	79588	93676	100720
房屋建筑施工面积	万平方米	588594	708024	851828	986427	1132003	1250249
#本年新开工面积	万平方米	300824	381552	430753	447824	516799	528863
#投标承包面积	万平方米	492144	589076	694077	789192	902120	1005684
房屋建筑竣工面积	万平方米	245402	277450	316429	358736	401521	423123
#住宅	万平方米	151881	172493	200749	234222	267736	286292
房屋建筑竣工价值	亿元	26054	31573	38591	48423	58468	63585
#住宅	亿元	15547	19015	23596	30899	38313	42534

分地区建筑业总产值和房屋建筑面积

地　区	总产值（亿元）		施工面积（万平方米）		竣工面积（万平方米）	
	2013年	2014年	2013年	2014年	2013年	2014年
全国总计	**160366.1**	**176713.4**	**1132002.9**	**1250248.5**	**401520.9**	**423122.7**
北　京	7464.4	8209.8	49259.1	56477.1	8949.9	9275.0
天　津	3694.4	4123.5	13000.8	14158.8	3635.5	3232.0
河　北	5244.9	5625.8	36460.0	37112.7	12808.2	12582.7
山　西	3034.4	3103.5	13107.2	13928.5	3722.1	3940.0
内蒙古	1571.2	1402.9	8839.6	8053.4	3630.6	3648.9
辽　宁	8629.2	7851.1	42289.0	48283.2	19786.4	16273.0
吉　林	2211.4	2521.0	12518.8	13990.3	6344.1	7372.3
黑龙江	2471.9	2150.8	8174.8	7034.6	4390.1	3884.6
上　海	5205.9	5499.9	30057.8	34994.7	7073.8	7580.8
江　苏	21993.6	24592.9	196773.9	213038.8	68993.1	76795.0
浙　江	20200.0	22668.2	185017.5	201851.3	61549.4	66483.1
安　徽	4965.5	5482.9	36274.1	39488.4	14851.1	15307.9
福　建	5461.8	6689.2	48254.0	57385.7	13861.0	15392.7
江　西	3470.0	4122.6	23144.4	27732.0	11881.2	12725.7
山　东	8467.7	9313.5	64589.9	71083.3	23737.3	24220.8
河　南	7003.2	7911.9	43408.6	48825.4	18179.1	19818.3
湖　北	8465.3	10059.6	48938.0	62227.9	22773.7	24867.3
湖　南	5283.8	6021.0	43528.2	47433.2	15891.0	16583.0
广　东	7863.9	8356.5	52397.2	53443.2	14439.1	13885.5
广　西	2289.9	2608.9	18316.1	21168.1	5787.6	6733.0
海　南	286.3	276.3	2195.4	2016.0	914.7	778.8
重　庆	4731.2	5552.2	29884.6	32889.5	12240.3	12815.6
四　川	7209.9	8066.7	47377.7	53362.6	18211.9	19544.3
贵　州	1379.2	1640.2	12267.5	13889.7	2472.5	2800.8
云　南	2906.6	3054.7	15702.8	15824.4	6718.0	7246.6
西　藏	77.0	71.3	201.6	225.2	123.4	157.5
陕　西	4000.4	4557.7	20780.3	23031.3	6404.1	6917.8
甘　肃	1720.9	1814.5	10319.4	11531.1	3976.7	4172.0
青　海	413.7	432.9	1158.3	1072.8	466.5	479.4
宁　夏	568.9	625.2	4676.5	4355.2	1939.5	1493.2
新　疆	2079.7	2306.3	13090.0	14340.2	5769.1	6115.4

分地区建筑业主要效益指标

(2014年)

地区	企业个数(个)	从事建筑业活动的从业人员平均人数(万人)	按建筑业总产值计算的劳动生产率(元/人)	人均竣工产值(元/人)	人均施工面积(平方米/人)	人均竣工面积(平方米/人)
全国总计	**81141**	**5516.0**	**320366**	**182596**	**226.7**	**76.7**
北京	3043	160.9	510338	252255	351.1	57.7
天津	1629	91.2	452385	230384	155.3	35.5
河北	2395	146.3	384614	191559	253.7	86.0
山西	2357	106.5	291325	127382	130.7	37.0
内蒙古	863	51.0	275030	175268	157.9	71.5
辽宁	6028	242.1	324359	175707	199.5	67.2
吉林	2195	63.4	397509	274639	220.6	116.2
黑龙江	1825	85.7	251080	121103	82.1	45.3
上海	2888	132.2	416000	215546	264.7	57.3
江苏	9025	828.3	296919	228394	257.2	92.7
浙江	6057	742.2	305411	187200	272.0	89.6
安徽	2747	174.9	313579	160924	225.8	87.5
福建	3109	279.6	239234	136397	205.2	55.1
江西	1712	135.4	304455	172207	204.8	94.0
山东	5758	332.5	280112	149146	213.8	72.8
河南	4762	257.4	307389	171537	189.7	77.0
湖北	3217	206.4	487454	236234	301.5	120.5
湖南	2030	211.6	284585	174596	224.2	78.4
广东	4387	222.3	375996	179762	240.5	62.5
广西	1079	81.5	320072	163503	259.7	82.6
海南	149	7.3	380620	237865	277.7	107.3
重庆	2426	183.0	303366	150581	179.7	70.0
四川	3415	298.4	270376	139351	178.9	65.5
贵州	708	45.9	357662	134154	302.9	61.1
云南	2304	107.6	283891	159769	147.1	67.3
西藏	172	2.9	250000	169368	79.0	55.3
陕西	1656	136.2	334732	150473	169.1	50.8
甘肃	1281	64.4	281933	145131	179.2	64.8
青海	391	14.1	307464	136683	76.2	34.0
宁夏	524	23.8	262562	183562	182.9	62.7
新疆	1009	81.5	282910	184425	175.9	75.0

社会消费品零售总额

年　份	社会消费品零售总额(亿元)	比上年增长(%)
1978	1558.6	8.8
1979	1800.0	15.5
1980	2140.0	18.9
“六五”时期	**15450.8**	**15.0**
1981	2350.0	9.8
1982	2570.0	9.4
1983	2849.4	10.9
1984	3376.4	18.5
1985	4305.0	27.5
“七五”时期	**34611.5**	**14.0**
1986	4950.0	15.0
1987	5820.0	17.6
1988	7440.0	27.8
1989	8101.4	8.9
1990	8300.1	2.5
“八五”时期	**76916.4**	**23.3**
1991	9415.6	13.4
1992	10993.7	16.8
1993	14270.4	29.8
1994	18622.9	30.5
1995	23613.8	26.8
“九五”时期	**167744.8**	**10.6**
1996	28360.2	20.1
1997	31252.9	10.2
1998	33378.1	6.8
1999	35647.9	6.8
2000	39105.7	9.7
“十五”时期	**271561.2**	**11.8**
2001	43055.4	10.1
2002	48135.9	11.8
2003	52516.3	9.1
2004	59501.0	13.3
2005	68352.6	14.9
“十一五”时期	**577223.7**	**18.1**
2006	79145.2	15.8
2007	93571.6	18.2
2008	114830.1	22.7
2009	132678.4	15.5
2010	156998.4	18.3
“十二五”时期		
2011	183918.6	17.1
2012	210307.0	14.3
2013	242842.8	13.1
2014	271896.1	12.0
平均每年增长(%)		
1979-2014年		15.4
1991-2014年		15.6
2001-2014年		14.9

注：1.本表按当年价格计算(下表同)。

2.1992年及以前为社会商品零售总额，1997年起社会消费品零售总额不含居民购买住房。

3.2013年按第三次经济普查结果修订，2009-2012年为年报数，尚未按第三次经济普查结果进行修订(下表同)。

分地区社会消费品零售总额

单位：亿元

地　区	2009年	2010年	2011年	2012年	2013年	2014年
全国总计	**132678.4**	**156998.4**	**183918.6**	**210307.0**	**242842.8**	**271896.1**
北　京	5309.9	6229.3	6900.3	7702.8	8872.1	9638.0
天　津	2430.8	2860.2	3395.1	3921.4	4470.4	4738.7
河　北	5764.9	6821.8	8035.5	9254.0	10516.7	11820.5
山　西	2809.0	3318.2	3903.4	4506.8	5139.3	5717.9
内蒙古	2855.3	3384.0	3991.7	4572.5	5114.2	5657.6
辽　宁	5812.6	6887.6	8095.3	9304.2	10581.4	11857.0
吉　林	2957.3	3504.9	4119.8	4772.9	5426.4	6080.9
黑龙江	3401.8	4039.2	4750.1	5491.0	6251.2	7015.3
上　海	5173.2	6070.5	6814.8	7412.3	8557.0	9303.5
江　苏	11484.1	13606.8	15988.4	18331.3	20878.2	23458.1
浙　江	8622.3	10245.4	12028.0	13588.3	15970.8	17835.3
安　徽	3527.8	4197.7	4955.1	5736.6	7044.7	7957.0
福　建	4481.0	5310.0	6276.2	7256.5	8275.3	9346.7
江　西	2484.4	2956.2	3485.1	4027.2	4696.1	5292.6
山　东	12363.0	14620.3	17155.5	19651.9	22294.8	25111.5
河　南	6746.4	8004.2	9453.6	10915.6	12426.6	14005.0
湖　北	5928.4	7013.9	8275.2	9562.5	11035.9	12449.3
湖　南	4913.7	5839.5	6884.7	7921.9	9509.5	10723.5
广　东	14891.8	17458.4	20297.5	22677.1	25453.9	28471.1
广　西	2790.7	3312.0	3908.2	4516.6	5133.1	5772.8
海　南	537.5	639.3	759.5	870.8	1090.9	1224.5
重　庆	2479.0	2938.6	3487.8	4033.7	5055.8	5710.7
四　川	5758.7	6810.1	8006.6	9268.6	11001.0	12393.0
贵　州	1247.3	1482.7	1751.6	2075.9	2601.2	2936.9
云　南	2051.1	2542.4	3038.1	3511.6	4112.6	4632.9
西　藏	156.6	185.3	219.0	254.6	322.2	364.5
陕　西	2699.7	3195.7	3790.0	4383.8	5245.0	5918.7
甘　肃	1183.0	1394.5	1648.0	1906.5	2368.8	2668.3
青　海	300.5	350.8	410.5	476.0	549.6	620.8
宁　夏	339.3	403.6	477.6	542.9	668.5	737.2
新　疆	1177.5	1375.1	1616.3	1858.6	2179.5	2436.5

国内旅游情况

年份	旅游人数(亿人次)	城镇居民	农村居民	旅游总花费(亿元)	城镇居民	农村居民	人均花费(元)	城镇居民	农村居民
1994	5.24	2.05	3.19	1023.5	848.2	175.3	195.3	414.7	54.9
1995	6.29	2.46	3.83	1375.7	1140.1	235.6	218.7	464.0	61.5
1996	6.40	2.56	3.83	1638.4	1368.4	270.0	256.2	534.1	70.5
1997	6.44	2.59	3.85	2112.7	1551.8	560.9	328.1	599.8	145.7
1998	6.95	2.50	4.45	2391.2	1515.1	876.1	345.0	607.0	197.0
1999	7.19	2.84	4.35	2831.9	1748.2	1083.7	394.0	614.8	249.5
2000	7.44	3.29	4.15	3175.5	2235.3	940.3	426.6	678.6	226.6
2001	7.84	3.75	4.09	3522.4	2651.7	870.7	449.5	708.3	212.7
2002	8.78	3.85	4.93	3878.4	2848.1	1030.3	441.8	739.7	209.1
2003	8.70	3.51	5.19	3442.3	2404.1	1038.2	395.7	684.9	200.0
2004	11.02	4.59	6.43	4710.7	3359.0	1351.7	427.5	731.8	210.2
2005	12.12	4.96	7.16	5285.9	3656.1	1629.7	436.1	737.1	227.6
2006	13.94	5.76	8.18	6229.7	4414.7	1815.0	446.9	766.4	221.9
2007	16.10	6.12	9.98	7770.6	5550.4	2220.2	482.6	906.9	222.5
2008	17.12	7.03	10.09	8749.3	5971.8	2777.6	511.0	849.4	275.3
2009	19.02	9.03	9.99	10183.7	7233.8	2949.9	535.4	801.1	295.3
2010	21.03	10.65	10.38	12579.8	9403.8	3176.0	598.2	883.0	306.0
2011	26.41	16.87	9.54	19305.4	14808.6	4496.8	731.0	877.8	471.4
2012	29.57	19.33	10.24	22706.2	17678.0	5028.2	767.9	914.5	491.0
2013	32.62	21.86	10.76	26276.1	20692.6	5583.5	805.5	946.6	518.9
2014	36.11	24.83	11.28	30311.9	24219.8	6092.1	839.7	975.4	540.2

入境过夜游客和国际旅游外汇收入

年份	入境过夜游客(万人次)	入境过夜游客居世界位次	国际旅游外汇收入(亿美元)	国际旅游外汇收入居世界位次	年份	入境过夜游客(万人次)	入境过夜游客居世界位次	国际旅游外汇收入(亿美元)	国际旅游外汇收入居世界位次
1978	71.6		2.6		1997	2377.0	6	120.7	8
1979	152.9		4.5		1998	2507.3	6	126.0	7
1980	350.0	18	6.2	34	1999	2704.7	5	141.0	7
1981	376.7	17	7.9	34	2000	3122.9	5	162.2	7
1982	392.4	16	8.4	29	2001	3316.7	5	177.9	5
1983	379.1	16	9.4	26	2002	3680.3	5	203.9	5
1984	514.1	14	11.3	21	2003	3297.1	5	174.1	7
1985	713.3	13	12.5	21	2004	4176.1	4	257.4	7
1986	900.1	12	15.3	22	2005	4680.9	4	293.0	6
1987	1076.0	12	18.6	26	2006	4991.3	4	339.5	5
1988	1236.1	10	22.5	26	2007	5472.0	4	419.2	5
1989	936.1	12	18.6	27	2008	5304.9	4	408.4	5
1990	1048.4	11	22.2	25	2009	5087.5	4	396.8	5
1991	1246.4	12	28.5	21	2010	5566.5	3	458.1	4
1992	1651.2	9	39.5	17	2011	5758.1	3	484.6	4
1993	1898.2	7	46.8	15	2012	5772.5	3	500.3	4
1994	2107.0	6	73.2	10	2013	5568.6	4	516.6	4
1995	2003.4	8	87.3	10	2014	5562.2	*	569.1	*
1996	2276.5	6	102.0	9					

注：*世界旅游组织尚未公布。

按国别分外国入境游客

单位：万人次

地　　区	2000年	2005年	2010年	2011年	2012年	2013年	2014年
总计	**1016.0**	**2025.5**	**2612.7**	**2711.2**	**2719.2**	**2629.0**	**2636.1**
亚洲	**610.2**	**1250.0**	**1617.9**	**1662.3**	**1662.2**	**1606.0**	**1633.1**
#朝鲜	7.6	12.6	11.6	15.2	18.1	20.7	18.4
印度	12.1	35.7	54.9	60.7	61.0	67.7	71.0
印度尼西亚	22.1	37.8	57.3	60.9	62.2	60.5	56.7
日本	220.2	339.0	373.1	365.8	351.8	287.8	271.8
马来西亚	44.1	90.0	124.5	124.5	123.6	120.7	113.0
蒙古	39.9	64.2	79.4	99.4	101.1	105.0	108.3
菲律宾	36.4	65.4	82.8	89.4	96.2	99.7	96.8
新加坡	39.9	75.6	100.4	106.3	102.8	96.7	97.1
韩国	134.5	354.5	407.6	418.5	407.0	396.9	418.2
泰国	24.1	58.6	63.6	60.8	64.8	65.2	61.3
非洲	**6.6**	**23.8**	**46.4**	**48.9**	**52.5**	**55.3**	**59.7**
欧洲	**248.9**	**479.1**	**569.8**	**593.8**	**594.8**	**568.8**	**551.4**
#英国	28.4	50.0	57.5	59.6	61.8	62.5	60.5
德国	23.9	45.5	60.9	63.7	66.0	64.9	66.3
法国	18.5	37.2	51.3	49.3	52.5	53.4	51.7
意大利	7.8	19.7	22.9	23.5	25.2	25.1	25.3
荷兰	7.6	14.6	18.9	19.8	19.6	18.9	18.0
葡萄牙	2.3	4.4	4.8	4.7	4.9	4.9	5.2
瑞典	5.4	11.0	15.5	17.0	17.2	15.9	14.2
瑞士	3.1	5.1	7.4	7.5	8.3	8.1	8.0
俄罗斯	108.0	222.4	237.0	253.6	242.6	218.6	204.6
拉丁美洲	**8.3**	**16.1**	**30.0**	**33.7**	**35.3**	**35.4**	**34.6**
北美洲	**113.3**	**198.5**	**269.5**	**286.4**	**282.6**	**277.0**	**276.0**
#加拿大	23.7	43.0	68.5	74.8	70.8	68.4	66.7
美国	89.6	155.6	201.0	211.6	211.8	208.5	209.3
大洋洲及太平洋岛屿	**28.2**	**57.4**	**78.9**	**85.9**	**91.5**	**86.3**	**81.0**
#澳大利亚	23.4	48.3	66.1	72.6	77.4	72.3	67.2
新西兰	3.8	7.8	11.6	12.1	12.8	12.9	12.7
其他	**0.7**	**0.7**	**0.2**	**0.2**	**0.2**	**0.2**	**0.2**

各种运输线路长度

(年底数)　　单位：万公里

年　份	铁路营业里程	公路里程	#高速公路	内河航道里程	定期航班航线里程	管道输油(气)里程
1978	5.17	89.02		13.60	14.89	0.83
1980	5.33	88.83		10.85	19.53	0.87
1985	5.52	94.24		10.91	27.72	1.17
1990	5.79	102.83	0.05	10.92	50.68	1.59
1995	6.24	115.70	0.21	11.06	112.90	1.72
1996	6.49	118.58	0.34	11.08	116.65	1.93
1997	6.60	122.64	0.48	10.98	142.50	2.04
1998	6.64	127.85	0.87	11.03	150.58	2.31
1999	6.74	135.17	1.16	11.65	152.22	2.49
2000	6.87	167.98	1.63	11.93	150.29	2.47
2001	7.01	169.80	1.94	12.15	155.36	2.76
2002	7.19	176.52	2.51	12.16	163.77	2.98
2003	7.30	180.98	2.97	12.40	174.95	3.26
2004	7.44	187.07	3.43	12.33	204.94	3.82
2005	7.54	334.52	4.10	12.33	199.85	4.40
2006	7.71	345.70	4.53	12.34	211.35	4.81
2007	7.80	358.37	5.39	12.35	234.30	5.45
2008	7.97	373.02	6.03	12.28	246.18	5.83
2009	8.55	386.08	6.51	12.37	234.51	6.91
2010	9.12	400.82	7.41	12.42	276.51	7.85
2011	9.32	410.64	8.49	12.46	349.06	8.33
2012	9.76	423.75	9.62	12.50	328.01	9.16
2013	10.31	435.62	10.44	12.59	410.60	9.85
2014	11.18	446.39	11.19	12.63	463.70	10.63

注：2005年起公路里程含村道(以下相关表同)。

铁路机车、客货车拥有量

年　份	铁路机车总计(台)	国家铁路	地方铁路	合资铁路	铁路客车(辆)	铁路货车(辆)
1978	10179	9854	325		15029	253636
1980	10665	10278	387		16367	270253
1985	12156	11770	386		21130	304899
1990	13981	13592	389		27538	368636
1995	15554	15146	408		32663	436414
1996	16082	15403	389	290	34516	448280
1997	16084	15335	412	337	35171	442501
1998	15982	15176	386	420	35204	443546
1999	15196	14480	355	361	35317	440211
2000	15253	14472	327	454	37249	443902
2001	15756	14955	348	453	38780	453620
2002	16026	15159	357	510	39438	459017
2003	16320	15456	359	505	40487	510327
2004	17022	16066	352	604	41353	526894
2005	17473	16547	348	578	41974	548368
2006	17799	16904	314	581	42659	564899
2007	18306	17311	335	660	44243	577521
2008	18437	17336	346	755	45076	591793
2009	18922	17825	271	826	49354	601412
2010	19431	18349	279	803	52275	628887
2011	20721	19590	295	836	54731	651175
2012	20797	19625	297	875	57721	670801
2013	20835	19686	284	865	58965	721850
2014	21096	19990	293	813	60613	710127

民用汽车拥有量

单位：万辆

年 份	民用汽车总计	#载客汽车	#载货汽车	#私人汽车总计	#载客汽车	#载货汽车
1978	135.8	25.9	100.2			
1980	178.3	35.1	129.9			
1985	321.1	79.5	223.2	28.5	1.9	26.5
1990	551.4	162.2	368.5	81.6	24.1	57.5
1995	1040.0	417.9	585.4	250.0	114.2	131.8
1996	1100.1	488.0	575.0	289.7	143.0	142.8
1997	1219.1	580.6	601.2	358.4	191.3	163.2
1998	1319.3	654.8	627.9	423.7	230.7	192.0
1999	1452.9	740.2	677.0	533.9	304.1	228.7
2000	1608.9	853.7	716.3	625.3	365.1	259.1
2001	1802.0	994.0	765.2	770.8	469.9	299.0
2002	2053.2	1202.4	812.2	969.0	623.8	341.3
2003	2382.9	1478.8	853.5	1219.2	845.9	367.4
2004	2693.7	1735.9	893.0	1481.7	1069.7	402.8
2005	3159.7	2132.5	955.6	1848.1	1383.9	452.1
2006	3697.4	2619.6	986.3	2333.3	1823.6	494.9
2007	4358.4	3196.0	1054.1	2876.2	2316.9	539.5
2008	5099.6	3838.9	1126.1	3501.4	2880.5	596.4
2009	6280.6	4845.1	1368.6	4574.9	3808.3	753.4
2010	7801.8	6124.1	1597.6	5938.7	4989.5	931.5
2011	9356.3	7478.4	1788.0	7326.8	6237.5	1067.4
2012	10933.1	8943.0	1894.7	8838.6	7637.9	1175.6
2013	12670.1	10561.8	2010.6	10501.7	9198.2	1275.5
2014	14598.1	12326.7	2125.5	12339.4	10945.4	1352.8

民用运输船舶拥有量

单位：艘

年 份	民用运输船舶	#机动船	驳 船	私人运输船舶
1978	157960	28340	74484	
1980	144252	29588	71604	
1985	475000	260296	132682	
1990	425934	325888	82482	231168
1995	364968	299717	57998	196736
1996	330953	269879	56128	168459
1997	271856	215814	49983	160576
1998	263576	212093	48115	137354
1999	242043	194590	47453	120621
2000	229676	185018	44658	142117
2001	210786	169329	41457	121721
2002	202977	165936	37041	115108
2003	204270	163813	40457	114297
2004	210700	166854	43846	115503
2005	207294	165900	41394	95838
2006	194360	157805	36555	70292
2007	191771	157544	34227	70017
2008	184190	152247	31943	64552
2009	176932	149367	27565	52645
2010	178407	155624	22783	45786
2011	179242	157950	21292	45889
2012	178591	158309	20282	45518
2013	172554	155340	17214	
2014	171977	154974	17003	

客 运 量

单位：万人

年 份	客运量	铁 路	公 路	水 运	民 航
1978	253993	81491	149229	23042	231
1980	341785	92204	222799	26439	343
1985	620206	112110	476486	30863	747
1990	772682	95712	648085	27225	1660
1995	1172596	102745	1040810	23924	5117
1996	1245357	94797	1122110	22895	5555
1997	1326094	93308	1204583	22573	5630
1998	1378717	95085	1257332	20545	5755
1999	1394413	100164	1269004	19151	6094
2000	1478573	105073	1347392	19386	6722
2001	1534122	105155	1402798	18645	7524
2002	1608150	105606	1475257	18693	8594
2003	1587497	97260	1464335	17142	8759
2004	1767453	111764	1624526	19040	12123
2005	1847018	115583	1697381	20227	13827
2006	2024158	125656	1860487	22047	15968
2007	2227761	135670	2050680	22835	18576
2008	2867892	146193	2682114	20334	19251
2009	2976898	152451	2779081	22314	23052
2010	3269508	167609	3052738	22392	26769
2011	3526319	186226	3286220	24556	29317
2012	3804035	189337	3557010	25752	31936
2013	2122992	210597	1853463	23535	35397
2014	2209361	235704	1908198	26293	39166

注：1.2008年全国公路水路运输统计口径调整(以下相关表同)。

2.2013年公路水路运输量统计口径有所调整，数据源自2013年交通运输业经济统计专项调查(以下相关表同)。

旅客周转量

单位：亿人公里

年 份	旅客周转量	铁 路	公 路	水 运	民 航
1978	1743	1093	521	101	28
1980	2281	1383	730	129	40
1985	4435	2416	1725	179	116
1990	5628	2613	2620	165	230
1995	9002	3546	4603	172	681
1996	9165	3348	4909	161	748
1997	10055	3585	5541	156	774
1998	10637	3773	5943	120	800
1999	11300	4136	6199	107	857
2000	12261	4533	6657	101	971
2001	13155	4767	7207	90	1091
2002	14126	4969	7806	82	1269
2003	13811	4789	7696	63	1263
2004	16309	5712	8748	66	1782
2005	17467	6062	9292	68	2045
2006	19197	6622	10131	74	2371
2007	21593	7216	11507	78	2792
2008	23197	7779	12476	59	2883
2009	24835	7879	13511	69	3375
2010	27894	8762	15021	72	4039
2011	30984	9612	16760	75	4537
2012	33383	9812	18468	77	5026
2013	27572	10596	11251	68	5657
2014	30096	11605	12084	74	6333

分地区客运量和旅客周转量

(2014年)

地　区	客运量(万人)	#铁路	#公路	#水运	旅客周转量(亿人公里)	#铁路	#公路	#水运
全国总计	**2209361**	**235704**	**1908198**	**26293**	**30096**	**11604.8**	**12084.1**	**74.3**
北　京	65063	12709	52354		274	135.6	138.3	
天　津	18300	3687	14530	83	247	158.1	88.5	0.1
河　北	60726	9571	51151	4	1277	985.9	290.5	0.3
山　西	34168	6949	27091	128	385	202.4	182.0	0.1
内蒙古	18283	4789	13494		363	201.7	161.4	
辽　宁	94172	12841	80789	542	991	609.1	375.6	6.5
吉　林	35004	6935	27866	203	424	251.0	173.3	0.2
黑龙江	46841	10096	36379	366	493	261.4	231.2	0.4
上　海	13317	9194	3754	369	210	84.5	124.3	1.1
江　苏	155207	15374	137270	2563	1455	600.2	852.0	3.0
浙　江	130144	13648	112915	3581	1077	513.1	558.1	5.6
安　徽	139553	7972	131403	178	1417	617.6	799.4	0.3
福　建	58719	8345	48580	1794	623	284.9	334.9	2.9
江　西	67795	7840	59674	281	971	654.5	316.5	0.4
山　东	74378	10304	62052	2022	1144	620.4	511.4	11.8
河　南	140180	11647	128279	254	1746	900.6	844.9	0.5
湖　北	100730	12379	87803	548	1209	722.2	483.9	2.9
湖　南	161838	9806	150583	1449	1661	881.4	776.5	2.8
广　东	180789	20942	157234	2613	2315	674.9	1629.8	10.7
广　西	51905	4770	46623	512	653	237.0	413.2	2.5
海　南	14209	1543	11042	1624	120	28.1	89.1	3.3
重　庆	68399	4057	63630	712	507	147.0	352.6	7.6
四　川	138274	8905	126691	2678	955	322.0	630.0	2.7
贵　州	86571	4409	80231	1931	635	217.4	412.9	5.2
云　南	49080	3479	44502	1099	437	113.9	321.1	2.4
西　藏	1571	163	1408		45	12.3	32.8	
陕　西	74188	7077	66720	391	804	464.7	339.0	0.7
甘　肃	38985	2672	36224	89	607	377.9	229.0	0.2
青　海	5444	615	4769	60	103	56.3	46.5	0.1
宁　夏	9187	657	8311	219	114	48.5	65.7	0.1
新　疆	37176	2329	34847		500	220.2	279.8	
不分地区	39166				6333			

注：不分地区合计为民航完成数。

货　运　量

单位：万吨

年　份	货运量	铁　路	公　路	水　运	#远　洋	民　航	管　道
1978	319431	110119	151602	47357	3659	6.4	10347
1980	310841	111279	142195	46833	4292	8.9	10525
1985	745763	130709	538062	63322	6627	19.5	13650
1990	970602	150681	724040	80094	9408	37.0	15750
1995	1234938	165982	940387	113194	15251	101.1	15274
1996	1298421	171024	983860	127430	14213	115.0	15992
1997	1278218	172149	976536	113406	20287	124.7	16002
1998	1267427	164309	976004	109555	18892	140.1	17419
1999	1293008	167554	990444	114608	22621	170.4	20232
2000	1358682	178581	1038813	122391	22949	196.7	18700
2001	1401786	193189	1056312	132675	27573	171.0	19439
2002	1483447	204956	1116324	141832	29896	202.1	20133
2003	1564492	224248	1159957	158070	34002	219.0	21998
2004	1706412	249017	1244990	187394	39469	276.7	24734
2005	1862066	269296	1341778	219648	48549	306.7	31037
2006	2037060	288224	1466347	248703	54413	349.4	33436
2007	2275822	314237	1639432	281199	58903	401.8	40552
2008	2585937	330354	1916759	294510	42352	407.6	43906
2009	2825222	333348	2127834	318996	51733	445.5	44598
2010	3241807	364271	2448052	378949	58054	563.0	49972
2011	3696961	393263	2820100	425968	63542	557.5	57073
2012	4100436	390438	3188475	458705	65815	545.0	62274
2013	4098900	396697	3076648	559785	71156	561.3	65209
2014	4381089	381334	3332838	598283	74733	593.3	68040

注：1.1993年起铁路货物运输增加行包运量(以下相关表同)。

2.2013年，管道运输统计口径在原中国石油天然气集团公司、中国石油化工集团公司基础上增加中国海洋石油总公司(以下相关表同)。

货物周转量

单位：亿吨公里

年　份	货　物周转量	铁　路	公　路	水　运	#远　洋	民　航	管　道
1978	9928	5345	350	3802	2487	1.0	430
1980	11629	5718	343	5077	3532	1.4	491
1985	18365	8126	1903	7729	5329	4.2	603
1990	26208	10622	3358	11592	8141	8.2	627
1995	35909	13049	4695	17552	11938	22.3	590
1996	36590	13106	5011	17863	11254	24.9	585
1997	38385	13270	5272	19235	14875	29.1	579
1998	38089	12560	5483	19406	14920	33.5	606
1999	40568	12910	5724	21263	17014	42.3	628
2000	44321	13770	6129	23734	17073	50.3	636
2001	47710	14694	6330	25989	20873	43.7	653
2002	50686	15658	6783	27511	21733	51.6	683
2003	53859	17247	7099	28716	22305	57.9	739
2004	69445	19289	7841	41429	32255	71.8	815
2005	80258	20726	8693	49672	38552	78.9	1088
2006	88840	21954	9754	55486	42577	94.3	1551
2007	101419	23797	11355	64285	48686	116.4	1866
2008	110300	25106	32868	50263	32851	119.6	1944
2009	122133	25239	37189	57557	39524	126.2	2022
2010	141837	27644	43390	68428	45999	178.9	2197
2011	159324	29466	51375	75424	49355	173.9	2885
2012	173804	29187	59535	81708	53412	163.9	3211
2013	168014	29174	55738	79436	48705	170.3	3496
2014	185398	27530	61017	92775	55935	186.1	3889

分地区货运量和货物周转量

(2014年)

地 区	货运量（万吨）	#铁 路	#公 路	#水 运	货物周转量（亿吨公里）	#铁 路	#公 路	#水 运
全国总计	**4381089**	**381334**	**3332838**	**598283**	**185398**	**27530.2**	**61016.6**	**92774.6**
北 京	26551	1135	25416		1037	871.5	165.2	
天 津	49753	8874	31130	9749	3602	519.3	349.0	2734.0
河 北	209946	20619	185286	4041	12684	4183.1	7019.6	1481.8
山 西	164919	76411	88491	17	3711	2347.6	1363.2	
内蒙古	191869	65165	126704		4471	2367.6	2103.5	
辽 宁	222138	19154	189174	13810	12236	1181.3	3074.9	7979.5
吉 林	48311	6074	41830	407	1704	511.7	1190.8	1.4
黑龙江	60212	11777	47173	1262	1811	794.7	1008.5	7.9
上 海	89980	549	42848	46583	18633	12.4	300.8	18320.1
江 苏	196153	6376	114449	75328	10418	352.3	1978.5	8087.1
浙 江	194250	4343	117070	72837	9540	223.1	1419.4	7897.2
安 徽	434298	10488	315223	108587	13501	810.0	7392.4	5298.2
福 建	111757	3402	82573	25782	4780	149.7	974.8	3655.7
江 西	151878	4934	137782	9162	3828	539.3	3073.3	215.4
山 东	264458	20268	230018	14172	8253	1314.2	5711.4	1227.4
河 南	200801	11770	179680	9351	7401	1963.2	4822.4	615.6
湖 北	150762	4689	116279	29794	5504	846.8	2340.6	2316.2
湖 南	203053	4753	172613	25687	4138	849.5	2578.9	709.9
广 东	343491	9136	257136	77219	14801	279.4	3113.8	11407.8
广 西	163023	6684	134330	22009	4090	770.4	2068.5	1250.7
海 南	23632	854	11015	11763	1488	12.4	81.5	1394.2
重 庆	97377	2054	81206	14117	2595	165.8	797.8	1631.3
四 川	159034	8541	142132	8361	2465	800.4	1510.5	154.2
贵 州	85672	6317	78017	1338	1442	633.9	776.9	30.9
云 南	108544	4823	103161	560	1446	430.1	1002.3	13.1
西 藏	1914	43	1871		110	24.4	86.0	
陕 西	157012	37483	119343	186	3521	1603.4	1917.5	0.6
甘 肃	57239	6448	50781	10	2515	1522.9	992.6	
青 海	14638	3608	11030		507	272.6	234.4	
宁 夏	41308	6990	34318		837	306.4	530.5	
新 疆	72168	7410	64758		1881	843.6	1037.3	
不分地区	84946	162		16150	20447	27.2		16344.1

注：不分地区合计中包括铁路行包运输、管道运输企业、民航运输企业、中远集团海外公司及中海集团香港有限公司完成数。

沿海规模以上主要港口货物吞吐量

单位：万吨

港口	1990年	2000年	2010年	2013年	2014年
总计	**48321**	**125603**	**548358**	**728098**	**769557**
大连	4952	9084	31399	40746	42337
营口	237	2268	22579	32013	33073
秦皇岛	6945	9743	26297	27260	27403
天津	2063	9566	41325	50063	54002
烟台	668	1774	15033	22157	23767
青岛	3034	8636	35012	45003	46802
日照	925	2674	22597	30937	33502
上海	13959	20440	56320	68273	66954
连云港	1137	2708	12739	18898	19638
宁波-舟山	2554	11547	63300	80978	87346
福州	561	2426	7125	12759	14391
厦门	529	1965	12728	19088	20504
深圳	1258	5697	22098	23398	22324
广州	4163	11128	41095	45517	48217
湛江	1557	2038	13638	18006	20238
海口	288	808	5700	8293	8915
八所	431	378	893	1293	1400
其他港口	3060	22723	118480	183416	198745

注：1.2006年起，宁波-舟山港统计范围包括原宁波港和舟山港，以往年度数据为原宁波港数据。
2.2007年起，烟台港统计范围包括原烟台港和龙口港，以往年度数据为原烟台港数据。
3.2009年起，湛江港和海口港港区范围有调整。
4.2011年起，厦门港统计范围包括原厦门港和漳州港，以往年度数据为原厦门港数据。

民用航空航线及飞机架数

指标	单位	1990年	2000年	2010年	2013年	2014年
定期航班航线条数	**条**	**437**	**1165**	**1880**	**2876**	**3142**
国际航线	条	44	133	302	427	490
国内航线	条	385	1032	1578	2449	2652
#港澳地区航线	条	8	42	85	107	114
定期航班航线里程	**万公里**	**50.7**	**150.3**	**276.5**	**410.6**	**463.7**
国际航线	万公里	16.6	50.8	107.0	150.3	176.7
国内航线	万公里	32.9	99.4	169.5	260.3	287.0
#港澳地区航线	万公里	1.1	5.6	12.1	16.8	17.9
定期航班通航机场	**个**	**94**	**139**	**175**	**190**	**202**
民用飞机架数	**架**	**503**	**982**	**2405**	**4004**	**4168**
运输飞机	架	204	527	1597	2145	2370
大中型飞机	架		462	1453	1985	2218
小型飞机	架		65	144	160	152
通用航空飞机	架	217	301	606	1519	1439
教学校验飞机	架	82	154	202	340	359

注：1.1992年以前，民航机场和飞机架数为民航总局直属企业数，1992年起为民航全行业数据。
2.1997年以前，港澳地区航线与国内航线、国际航线并列统计。1997年起，民航所属至香港航线统计在国内航线中，航线里程及运输量统计口径也做同样调整。1999年起，港澳地区航线为国内航线的其中项，包含民航至香港、澳门航线及运输量。
3.民航国内通航机场不包含香港、澳门特别行政区。
4.2011年起民用航空航线条数改为定期航班航线条数，民用航空航线里程改为定期航班航线里程，民航国内通航机场改为定期航班通航机场，统计口径不变。

邮电业务量(一)

年 份	邮电业务总量(亿元)	邮政业务总量	电信业务总量	邮电业务总量指数(上年=100)	函 件(亿件)	快递(万件)	报刊期发数(万份)
1978	34.1	14.9	19.2	104.6	28.4		11250
1980	39.0	17.0	22.0	106.3	33.1		16431
1985	62.2	25.7	36.5	118.3	46.8		30172
1990	155.5	46.0	109.6	126.0	54.9	343	20078
1995	988.9	113.3	875.5	143.7	79.6	5563	21689
1996	1342.0	133.3	1208.8	135.7	78.7	7097	21157
1997	1773.3	144.3	1629.0	132.1	68.6	6879	21875
1998	2431.2	166.3	2264.9	137.1	65.5	7668	22989
1999	3330.8	198.4	3132.4	137.0	60.5	9091	25035
2000	4792.7	232.8	4559.9	143.9	77.7	11031	20090
2001	4556.3	457.4	4098.8	127.6	86.9	12653	21811
2002	5695.8	494.7	5201.1	125.0	106.0	14036	17620
2003	7019.8	541.0	6478.8	123.2	103.8	17238	16594
2004	9712.3	564.3	9148.0	138.4	82.8	19772	14789
2005	12028.5	625.5	11403.0	123.8	73.5	22880	14601
2006	15325.9	730.5	14595.4	127.4	71.3	26988	14373
2007	19805.0	1213.7	18591.3	129.2	69.5	120190	13031
2008	23649.5	1401.8	22247.7	119.4	73.6	151329	15658
2009	27193.5	1639.9	25553.6	115.0	75.3	185786	13910
2010	31978.5	1985.3	29993.2	117.6	74.0	233892	17158
2011	13333.5	1607.7	11725.8	116.3	73.8	367311	15008
2012	15019.3	2036.8	12982.4	112.6	70.7	568548	15402
2013	18432.2	2725.1	15707.2	122.7	63.4	918675	15141
2014	21845.6	3696.1	18149.5	118.5	56.1	1395925	14937

注：邮电业务总量2000年及以前按1990年不变价格计算，2001-2010年按2000年不变价格计算，2011年起按2010年不变价格计算；2001年数据按1990年不变价格计算为6115.1亿元，2011年数据按2000年不变价格计算为37180.1亿元。

邮电业务量(二)

年 份	纪特邮票(万枚)	固定长途电话通话时长(亿分钟)	移动电话通话时长(亿分钟)	移动电话用 户(万户)	移动短信业务量(亿条)	互联网上网人数(万人)
1978						
1980						
1985						
1990	71233			1.8		
1995	239250		113.4	362.9		
1996	303436		252.4	685.3		
1997	451729		420.2	1323.3		62
1998	502850		635.7	2386.3		210
1999	522475		1188.1	4329.6		890
2000	453500		1845.3	8453.3		2250
2001	344114		2904.5	14522.2		3370
2002	244159		4184.0	20600.5	583.3	5910
2003	183421		6308.9	26995.3	1386.3	7950
2004	149178		9454.7	33482.4	2170.5	9400
2005	121214		12507.4	39340.6	3046.3	11100
2006	104581	1742.6	16870.7	46105.8	4295.4	13700
2007	113657	1756.7	23061.3	54730.6	5945.8	21000
2008	131873	1655.8	29355.6	64124.5	6996.9	29800
2009	110089	1314.6	35351.0	74721.4	7726.5	38400
2010	114623	1068.9	43261.2	85900.3	8277.5	45730
2011	102858	856.9	50472.6	98625.3	8790.6	51310
2012	118276	700.7	55444.9	111215.5	8973.1	56400
2013	118335	590.6	58229.7	122911.3	8921.0	61758
2014	138990	532.8	59012.7	128609.3	7630.5	64875

邮电业务量(三)

年份	固定电话用户(万户)	城市电话	#住宅	农村电话	#住宅	#公用电话(万部)
1978	192.5	119.2		73.4		1.2
1980	214.1	134.2		79.9		1.4
1985	312.0	219.0	4.1	93.1	2.0	2.7
1990	685.0	538.4	152.7	146.6	30.7	4.6
1995	4070.6	3263.6	2358.4	807.0	551.4	85.0
1996	5494.7	4277.8	3224.6	1216.9	907.3	138.0
1997	7031.0	5244.4	4057.2	1786.6	1406.6	193.9
1998	8742.1	6259.8	4911.1	2482.3	2070.7	259.5
1999	10871.6	7463.3	5894.4	3408.4	2949.2	297.4
2000	14482.9	9311.6	7219.4	5171.3	4597.8	352.0
2001	18036.8	11193.7	8535.3	6843.1	6197.7	346.2
2002	21422.2	13579.1	10196.7	7843.1	7183.8	985.5
2003	26274.7	17109.7	12533.9	9165.0	8389.7	1561.4
2004	31175.6	21025.1	15246.5	10150.5	9240.5	2215.0
2005	35044.5	23975.3	17201.2	11069.2	10023.9	2681.2
2006	36778.6	25132.9	17697.6	11645.6	10561.5	2960.7
2007	36563.7	24859.8	16988.2	11704.0	10533.1	2991.9
2008	34035.9	23155.9	15588.3	10880.0	9612.2	2771.5
2009	31373.2	21190.0	12969.5	10183.2	8813.3	2708.8
2010	29434.2	19658.1	11973.4	9776.1	8325.0	2595.9
2011	28509.8	19121.7	11411.6	9388.1	7861.2	2468.3
2012	27815.3	18893.4	11013.2	8921.9	7315.8	2347.1
2013	26698.5	18456.8	10474.3	8241.7	6643.4	2233.4
2014	24943.0	17627.9	9896.1	7315.1	5769.2	2056.9

营业网点数及邮电通信电路

年份	营业网点(万处)	邮路总长度(万公里)	#汽车邮路	农村投递路线长度(万公里)	长途光缆线路长度(万公里)	互联网宽带接入端口(万个)
1978	4.96	486.33	57.22	426.63		
1980	4.95	473.71	58.21	413.89		
1985	5.31	141.63	65.81	356.58		
1990	5.36	161.82	67.67	336.49	0.33	
1995	6.19	188.61	81.94	334.58	10.69	
1996	7.25	211.89	91.72	335.81	13.02	
1997	7.93	236.31	87.37	340.29	15.08	
1998	10.22	285.39	93.06	336.15	19.41	
1999	6.66	297.90	98.91	334.81	23.97	
2000	5.84	307.33	107.03	336.45	28.66	
2001	5.71	310.26	107.41	349.28	39.91	
2002	7.64	308.10	111.28	351.12	48.77	
2003	6.36	327.02	113.75	353.18	59.43	1802.3
2004	6.64	333.64	119.46	353.05	69.53	3578.1
2005	6.59	340.62	122.98	356.52	72.30	4874.7
2006	6.28	336.94	123.06	356.70	72.24	6486.4
2007	7.07	353.30	130.29	363.76	79.22	8539.3
2008	6.91	369.34	138.51	365.69	79.80	10890.4
2009	6.57	402.78	145.08	367.60	83.10	13835.7
2010	7.57	463.56	175.30	369.06	81.81	18781.1
2011	7.87	514.03	201.75	363.26	84.23	23239.4
2012	9.56	585.51	228.91	373.17	86.82	32108.4
2013	12.51	589.72	207.08	374.47	89.00	35945.3
2014	13.76	630.56	236.20	377.59	92.84	40105.4

注：邮路总长度1980年及以前含农村投递路线。

邮电通信设备拥有量

年 份	固定长途电话交换机容量(万路端)	局用交换机容量(万门)	移动电话交换机容量(万户)
1978	0.2	405.9	
1980	0.2	443.2	
1985	1.2	613.4	
1990	16.1	1231.8	5.1
1995	351.9	7203.6	796.7
1996	416.2	9291.2	1536.2
1997	436.8	11269.2	2585.7
1998	449.2	13823.7	4706.7
1999	503.2	15346.1	8136.0
2000	563.5	17825.6	13985.6
2001	703.6	25566.3	21926.3
2002	773.0	28656.8	27400.3
2003	1061.1	35082.5	33698.4
2004	1263.0	42346.9	39684.3
2005	1371.6	47196.1	48241.7
2006	1442.3	50279.9	61032.0
2007	1709.2	51034.6	85496.1
2008	1690.7	50863.2	114531.4
2009	1684.9	49265.6	144084.7
2010	1641.5	46537.3	150284.9
2011	1602.3	43428.4	171636.0
2012	1579.7	43749.3	184023.8
2013	1280.5	41089.3	196557.3
2014	1021.6	34624.7	204537.0

邮电通信服务水平

指 标	单 位	2009年	2010年	2011年	2012年	2013年	2014年
平均每一营业网点服务面积	平方公里	146.2	126.8	122.0	100.4	76.7	69.8
平均每一营业网点服务人口	万人	2.0	1.8	1.7	1.4	1.1	1.0
平均每人每年发函件数	件	5.7	5.5	5.5	5.2	4.7	4.1
平均每百人订有报刊数	份	10.4	12.8	11.1	11.4	11.0	10.9
每千人拥有公用电话数	部	20.40	19.45	18.41	17.40	16.41	15.10
电话普及率(含移动)	部/百人	79.89	86.41	94.81	103.10	109.95	112.80
移动电话普及率	部/百人	56.27	64.36	73.55	82.50	90.33	94.50
通邮的行政村比重	%	98.8	99.0	98.0	99.1	99.2	99.4
已通电话的行政村比重	%	99.9	100.0	100.0	100.0	100.0	100.0

金融机构本外币存贷款余额

项目	存款余额	#非金融企业存款	#住户存款	#人民币	贷款余额	#境内短期贷款	#境内中长期贷款
年底余额(亿元)							
2003	220364				169771	87398	67252
2004	254089				189411	90818	81007
2005	300209				206838	91157	92941
2006	169331				238519	101762	113173
2007	401051	195149	179526	175749	277747	118898	138581
2008	478444	224489	225641	222006	320049	128571	164160
2009	612006	305365	268650	264652	425597	151353	235579
2010	733382	314111	312302	308380	509226	171236	305127
2011	826701	313981	351957	348046	581893	217480	333747
2012	943102	345124	410201	406192	672875	268152	363894
2013	1070588	380070	465436	461370	766327	311772	410346
2014	1173735	400420	506890	502504	867868	336371	471818
比上年增长(%)							
2003	20.2				21.4	13.8	30.0
2004	15.3				14.3	7.4	22.1
2005	18.2				13.1	6.8	16.5
2006	13.5				14.7	10.9	21.3
2007	15.2	21.7	5.7	6.8	16.4	16.8	22.5
2008	19.3	15.1	25.7	26.3	17.9	12.3	20.2
2009	27.7	36.1	19.2	19.3	33.0	17.7	43.5
2010	19.8	21.5	16.3	16.5	19.7	13.1	29.5
2011	13.5	9.5	15.5	15.7	15.7	21.8	11.8
2012	14.1	9.9	16.5	16.7	15.6	23.3	9.0
2013	13.5	10.1	13.5	13.6	13.9	16.3	12.8
2014	9.6	5.4	8.9	8.9	13.3	7.9	15.0

注：1.本表中外币存贷余额已折合人民币。

2.人民银行从2007年开始正式编制发布按部门分类《金融机构信贷收支表》，故2007年前各年存款无分类数据。

3.2010年前，"住户存款"称为"居民户存款"，主要为居民储蓄存款；"非金融企业存款"称为"非金融性公司存款"，主要包括企事业单位存款和机关团体存款。

4.2011年金融统计制度调整，"非金融企业存款"与2010年之前数据不可比，增长按可比口径计算。

金融机构人民币信贷收支

（年底余额）　　单位：亿元

项　　目	2012年	2013年	2014年
资金来源合计	**1024067**	**1174666**	**1323453**
各项存款	917555	1043847	1138645
单位存款	458821	520826	565249
个人存款	411003	466502	507831
财政性存款	24426	30133	35664
临时性存款	1633	1661	1098
委托存款	227	354	442
其他存款	21445	24370	28360
金融债券	8488	6681	9843
流通中货币	54660	58574	60260
对国际金融机构负债	828	854	867
其他	42538	64709	113838
资金运用合计	**1024067**	**1174666**	**1323453**
各项贷款	629910	718961	816770
境内贷款	628101	717088	814780
短期贷款	248273	290238	314796
中长期贷款	352907	398862	459482
融资租赁	5931	7661	9699
票据融资	20433	19594	29169
各项垫款	556	733	1634
境外贷款	1809	1874	1990
有价证券	111681	125399	144954
股权及其他投资	21633	41752	65452
黄金占款	670	670	670
外汇占款	258533	286304	294090
在国际金融机构资产	1641	1580	1516

注：1.本表机构包括中国人民银行、银行业存款类金融机构、信托投资公司、金融租赁公司和汽车金融公司。

2.银行业存款类金融机构包括银行、信用社和财务公司。

金融机构人民币存贷款余额和货币供应量

单位：亿元

年份	金融机构		货币供应量		
	存款余额	贷款余额	货币和准货币 (M_2)	狭义货币 (M_1)	流通中现金 (M_0)
1978	1155.0	1890.4			212.0
1979	1362.6	2082.5			267.7
1980	1689.7	2478.1			346.2
1981	2097.2	2853.3			396.3
1982	2449.1	3162.7			439.1
1983	2883.3	3566.6			529.8
1984	3735.3	4746.8			792.1
1985	4560.0	6198.4			987.8
1986	5933.9	8142.7			1218.4
1987	7392.4	9814.1			1454.5
1988	8810.4	11964.3			2134.0
1989	10709.6	14248.8			2344.0
1990	13942.9	17511.0	15293.4	6950.7	2644.4
1991	17972.8	21116.4	19349.9	8633.3	3177.8
1992	23143.8	25742.8	25402.2	11731.5	4336.0
1993	29646.0	32955.8	34879.8	16280.4	5864.7
1994	40502.5	39976.0	46923.5	20540.7	7288.6
1995	53882.1	50544.1	60750.5	23987.1	7885.3
1996	68595.6	61156.6	76094.9	28514.8	8802.0
1997	82392.8	74914.1	90995.3	34826.3	10177.6
1998	95697.9	86524.1	104498.5	38953.7	11204.2
1999	108778.9	93734.3	119897.9	45837.3	13455.5
2000	123804.4	99371.1	134610.3	53147.2	14652.7
2001	143617.2	112314.7	158301.9	59871.6	15688.8
2002	170917.4	131293.9	185007.0	70881.8	17278.0
2003	208055.6	158996.2	221222.8	84118.6	19745.9
2004	241424.3	178197.8	254107.0	95969.7	21468.3
2005	287163.0	194690.4	298755.7	107278.8	24031.7
2006	335459.8	225347.2	345603.6	126035.1	27072.6
2007	389371.2	261690.9	403442.2	152560.1	30375.2
2008	466203.3	303394.6	475166.6	166217.1	34219.0
2009	597741.1	399684.8	606225.0	220001.5	38246.0
2010	718237.9	479195.6	725774.1	266621.5	44628.2
2011	809368.3	547946.7	851590.9	289847.7	50748.5
2012	917554.8	629909.6	974148.8	308664.2	54659.8
2013	1043847.0	718961.0	1106525.0	337291.1	58574.4
2014	1138644.6	816770.0	1228374.8	348056.4	60259.5

注：自2011年10月起，货币供应量已包括住房公积金中心存款和非存款类金融机构在存款类金融机构的存款。

金融机构人民币存贷款余额和货币供应量同比增长率

单位：%

年 份	金融机构		货币供应量		
	存款余额	贷款余额	货币和准货币(M_2)	狭义货币(M_1)	流通中现金(M_0)
1978	6.9	11.2			
1979	18.0	10.2			26.3
1980	24.0	19.0			29.3
1981	24.1	15.1			14.5
1982	16.8	10.8			10.8
1983	17.7	12.8			20.7
1984	29.5	33.1			49.5
1985	22.1	30.6			24.7
1986	30.1	31.4			23.3
1987	24.6	20.5			19.4
1988	19.2	21.9			46.7
1989	21.6	19.1			9.8
1990	30.2	22.9			12.8
1991	28.9	20.6	26.5	24.2	20.2
1992	28.8	21.9	31.3	35.9	36.4
1993	28.1	28.0			
1994	36.6	21.3	34.5	26.2	24.3
1995	33.0	26.4	29.5	16.8	8.2
1996	27.3	21.0	25.3	18.9	11.6
1997	20.1	22.5	17.3	16.5	15.6
1998	15.7	15.5	14.8	11.9	10.1
1999	13.5	12.3	14.7	17.7	20.1
2000	13.8	17.6	12.3	16.0	8.9
2001	16.0	12.9	14.4	12.7	7.1
2002	18.9	15.8	16.8	16.8	10.1
2003	21.7	21.1	19.6	18.7	14.3
2004	16.0	14.4	14.7	13.6	8.7
2005	18.9	13.3	17.6	11.8	11.9
2006	16.8	15.1	17.0	17.5	12.7
2007	16.1	16.1	16.7	21.1	12.2
2008	19.7	16.0	17.8	9.1	12.7
2009	28.2	31.7	27.7	32.4	11.8
2010	20.2	19.9	19.7	21.2	16.7
2011	13.5	15.8	13.6	7.9	13.8
2012	13.3	15.0	13.8	6.5	7.7
2013	13.8	14.1	13.6	9.3	7.1
2014	9.1	13.6	12.2	3.2	2.9

注：本表按可比口径计算。

社会融资规模及构成

单位：亿元

年　份	社　会 融资规模	#人民币贷款	#外币贷款 (折合人民币)	#委托贷款
2002	20112	18475	731	175
2003	34113	27652	2285	601
2004	28629	22673	1381	3118
2005	30008	23544	1415	1961
2006	42696	31523	1459	2695
2007	59663	36323	3864	3371
2008	69802	49041	1947	4262
2009	139104	95942	9265	6780
2010	140191	79451	4855	8748
2011	128286	74715	5712	12962
2012	157631	82038	9163	12838
2013	173168	88916	5848	25466
2014	164133	97813	3556	25069

年　份	#信托贷款	#未贴现银行 承兑汇票	#企业债券	#非金融企业 境内股票融资
2002		-695	367	628
2003		2010	499	559
2004		-290	467	673
2005		24	2010	339
2006	825	1500	2310	1536
2007	1702	6701	2284	4333
2008	3144	1064	5523	3324
2009	4364	4606	12367	3350
2010	3865	23346	11063	5786
2011	2034	10271	13658	4377
2012	12845	10499	22551	2508
2013	18404	7755	18113	2219
2014	5174	-1286	23817	4350

注：社会融资规模是指一定时期内实体经济从金融体系获得的资金总额，是增量概念。

人民币一年期存贷款利率

单位：年利率 %

执行日期	金融机构存款基准利率	金融机构贷款基准利率	中央银行对金融机构贷款基准利率
1978	3.24	5.04	
1980	3.96-5.76	5.04	
1985	5.40-7.20	3.60-7.92	
1990.01.01	11.34	11.34	
1990.04.15	10.08	10.08	
1990.08.21	8.64	9.36	
1991.04.21	7.56	8.64	
1993.05.15	9.18	9.36	
1993.07.11	10.98	10.98	
1995.07.01	10.98	12.06	
1996.05.01	9.18	10.98	10.98
1996.08.23	7.47	10.08	10.62
1997.10.23	5.67	8.64	9.36
1998.03.25	5.22	7.92	7.92
1998.07.01	4.77	6.93	5.67
1998.12.07	3.78	6.39	5.13
1999.06.10	2.25	5.85	3.78
2002.02.21	1.98	5.31	3.24
2004.03.25	1.98	5.31	3.87
2004.10.29	2.25	5.58	3.87
2006.04.28	2.25	5.85	3.87
2006.08.19	2.52	6.12	3.87
2007.03.18	2.79	6.39	3.87
2007.05.19	3.06	6.57	3.87
2007.07.21	3.33	6.84	3.87
2007.08.22	3.60	7.02	3.87
2007.09.15	3.87	7.29	3.87
2007.12.21	4.14	7.47	3.87
2008.01.01	4.14	7.47	4.68
2008.09.16	4.14	7.20	4.68
2008.10.09	3.87	6.93	4.68
2008.10.30	3.60	6.66	4.68
2008.11.27	2.52	5.58	3.60
2008.12.23	2.25	5.31	3.33
2010.10.20	2.50	5.56	3.33
2010.12.26	2.75	5.81	3.85
2011.02.09	3.00	6.06	3.85
2011.04.06	3.25	6.31	3.85
2011.07.07	3.50	6.56	3.85
2012.06.08	3.25	6.31	3.85
2012.07.06	3.00	6.00	3.85
2014.11.22	2.75	5.60	3.85

金融机构人民币存款基准利率

单位：年利率%

项　　目	2012年 6月8日	2012年 7月6日	2014年 11月22日
一、活期存款	**0.4**	**0.35**	**0.35**
二、定期存款			
(一)整存整取			
三个月	2.85	2.60	2.35
半　年	3.05	2.80	2.55
一　年	3.25	3.00	2.75
二　年	4.10	3.75	3.35
三　年	4.65	4.25	4.00
五　年	5.10	4.75	4.00
(二)零存整取、整存零取、存本取息			
一　年	2.85	2.60	2.35
三　年	3.05	2.80	2.55
五　年	3.25	3.00	2.55
(三)定活两便	按一年期以内定期整存整取同档次利率打6折执行		
三、协定存款	**1.21**	**1.15**	**1.15**
四、通知存款			
一　天	0.85	0.80	0.80
七　天	1.39	1.35	1.35

金融机构人民币法定贷款基准利率

单位：年利率%

项　　目	2012年 6月8日	2012年 7月6日	2014年 11月12日
短期贷款			
六个月以内(含六个月)	5.85	5.60	5.60
六个月至一年(含一年)	6.31	6.00	5.60
中长期贷款			
一至三年(含三年)	6.40	6.15	6.00
三至五年(含五年)	6.65	6.40	6.00
五年以上	6.80	6.55	6.15
贴现	以再贴现利率为下限加点确定		
个人住房贷款			
个人住房公积金贷款			
五年以下(含五年)	4.20	4.00	3.75
五年以上	4.70	4.50	4.25

人民币对主要外币年平均汇价

（中间价）　　单位：人民币元

年　份	100美元	100日元	100港元	100欧元
1985	293.66	1.2457	37.57	
1986	345.28	2.0694	44.22	
1987	372.21	2.5799	47.74	
1988	372.21	2.9082	47.70	
1989	376.51	2.7360	48.28	
1990	478.32	3.3233	61.39	
1991	532.33	3.9602	68.45	
1992	551.46	4.3608	71.24	
1993	576.20	5.2020	74.41	
1994	861.87	8.4370	111.53	
1995	835.10	8.9225	107.96	
1996	831.42	7.6352	107.51	
1997	828.98	6.8600	107.09	
1998	827.91	6.3488	106.88	
1999	827.83	7.2932	106.66	
2000	827.84	7.6864	106.18	
2001	827.70	6.8075	106.08	
2002	827.70	6.6237	106.07	800.58
2003	827.70	7.1466	106.24	936.13
2004	827.68	7.6552	106.23	1029.00
2005	819.17	7.4484	105.30	1019.53
2006	797.18	6.8570	102.62	1001.90
2007	760.40	6.4632	97.46	1041.75
2008	694.51	6.7427	89.19	1022.27
2009	683.10	7.2986	88.12	952.70
2010	676.95	7.7279	87.13	897.25
2011	645.88	8.1050	82.97	900.11
2012	631.25	7.9037	81.38	810.67
2013	619.32	6.3323	79.85	822.19
2014	614.28	5.8196	79.22	816.51

注：本表资料由国家外汇管理局提供。2002年的欧元汇价为4-12月的平均汇价。

黄金和外汇储备

年　份	黄金储备(万盎司)	外汇储备(亿美元)	年　份	黄金储备(万盎司)	外汇储备(亿美元)
1978	1280	1.67	1997	1267	1398.90
1979	1280	8.40	1998	1267	1449.59
1980	1280	-12.96	1999	1267	1546.75
1981	1267	27.08	2000	1267	1655.74
1982	1267	69.86	2001	1608	2121.65
1983	1267	89.01	2002	1929	2864.07
1984	1267	82.20	2003	1929	4032.51
1985	1267	26.44	2004	1929	6099.32
1986	1267	20.72	2005	1929	8188.72
1987	1267	29.23	2006	1929	10663.40
1988	1267	33.72	2007	1929	15282.49
1989	1267	55.50	2008	1929	19460.30
1990	1267	110.93	2009	3389	23991.52
1991	1267	217.12	2010	3389	28473.38
1992	1267	194.43	2011	3389	31811.48
1993	1267	211.99	2012	3389	33115.89
1994	1267	516.20	2013	3389	38213.15
1995	1267	735.97	2014	3389	38430.18
1996	1267	1050.29			

注：本表资料由中国人民银行提供。

证券市场基本情况

项　　目	单位	2010年	2011年	2012年	2013年	2014年
境内上市公司数（A、B股）	家	2063	2342	2494	2489	2613
境内上市外资股（B股）	家	108	108	107	106	104
境外上市公司数（H股）	家	165	171	179	185	205
股票发行量	亿股	554.0	164.0	78.9	0	66
股票筹资额	亿元	9606.3	5073.1	3172.5	2802.8	4834.0
股票总发行股本	亿股	33184	36096	38395	40569	43610
#流通股本	亿股	25642	28850	31340	36744	39625
股票市价总值	亿元	265423	214758	230358	239077	372547
#股票流通市值	亿元	193110	164921	181658	199580	315624
股票成交量	亿股	42152	33958	32881	48373	73755
股票成交金额	亿元	545634	421650	314667	468729	743913
上证综合指数(收盘)		2808.08	2199.42	2269.13	2115.98	3234.68
深证综合指数(收盘)		1290.86	866.65	881.17	1057.67	1415.19
股票有效账户数	万户	13391	14050	14046	13247	14215
平均市盈率						
上海		21.6	13.4	12.3	11.0	16.0
深圳		44.7	23.1	22.0	27.8	34.1
平均换手率						
上海	%	198.0	124.8	101.6	123.6	173.8
深圳	%	557.0	340.5	297.9	389.1	478.0
国债发行额	亿元	19778	17100	16154	20230	
公司信用类债券发行额	亿元	16812	23577	37338	36721	
债券成交量	万手	793135	2603462	6029482	11324504	
债券成交额	亿元	76301	216417	403454	678436	935358
债券现货成交金额	亿元	5927	6908	9903	17413	28191
债券回购成交金额	亿元	70374	209510	393551	661023	907166
证券投资基金只数	只	704	914	1173	1552	1897
证券投资基金规模	亿份	24228	26510	31708	31181	42012
证券投资基金成交金额	亿元	8996	6366	8667	12562	19905
期货总成交量	万手	312890	105414	145053	206177	250586
期货总成交额	亿元	2959480	1375162	1711269	2674740	2919882

注：1.本表资料由中国证券监督管理委员会提供。

2.本表中债券成交数据为交易所债券市场数据。

3.公司信用类债券包含非金融企业债券融资工具、企业债券以及公司债、可转债、可分离债、中小企业私募债。该指标为2012年新增指标，与以前年份不可比(以前年份数据为企业债发行额)。

4.股票发行量和股票筹资额仅指A、B股IPO发行量。

5.境外上市公司数(H股)包含在新加坡上市的3家中国公司。

6.期货总成交量、总成交金额不包含期转现部分。

保险业基本情况

年份	机构数（个）	职工人数（人）	保费（亿元）	财产保险公司	人寿保险公司	赔款及给付（亿元）	财产保险公司	人寿保险公司
1994			376					
1995			453					
1996			538					
1997			773	382	390	247	215	32
1998		172892	1256	506	750	532	290	242
1999		171865	1406	527	879	508	280	228
2000	33	166602	1598	608	990	526	308	218
2001	35	185502	2109	685	1424	597	333	264
2002	44	194383	3054	780	2274	707	403	304
2003	62	199705	3880	869	3011	841	476	365
2004	68	262429	4318	1125	3194	1004	582	422
2005	93	366559	4927	1281	3646	1130	691	439
2006	107	434001	5641	1580	4061	1438	825	614
2007	120	500441	7036	2086	4949	2265	1064	1201
2008	130	599344	9784	2446	7338	2971	1475	1496
2009	138	630734	11137	2993	8144	3125	1638	1487
2010	142	685856	14528	4027	10501	3200	1815	1385
2011	152	776258	14339	4779	9560	3929	2249	1680
2012	164	846504	15488	5530	9958	4716	2897	1819
2013	174	831303	17222	6481	10741	6213	3556	2657
2014	180	904253	20235	7544	12690	7216	3968	3248

保险公司业务经济技术指标

单位：亿元

项目	保费		赔款及给付	
	2013年	2014年	2013年	2014年
合计	**17222.2**	**20234.8**	**6212.9**	**7216.2**
财产保险公司	**6481.2**	**7544.4**	**3556.2**	**3968.3**
企业财产保险	378.8	387.4	213.7	215.2
家庭财产保险	37.9	33.7	17.2	11.5
机动车辆保险	4720.8	5515.9	2719.8	3026.7
工程保险	78.6	81.7	29.7	35.0
责任保险	216.6	253.3	89.2	107.7
信用保险	155.2	200.7	69.6	57.7
保证保险	120.4	199.9	16.5	29.1
船舶保险	53.5	55.1	28.7	33.6
货物运输保险	102.9	95.4	42.8	43.7
特殊风险保险	39.0	41.8	15.9	12.9
农业保险	306.6	325.8	194.9	205.8
健康险	118.0	169.1	73.0	124.8
意外伤害保险	150.9	171.9	44.1	55.2
其他险	2.0	12.8	1.1	9.4
人寿保险公司	**10741.1**	**12690.4**	**2656.7**	**3247.9**
寿险	9425.1	10901.7	2253.1	2728.4
健康险	1005.5	1418.1	65.4	446.3
人身意外伤害险	310.4	370.6	338.2	73.2

注：本表人寿保险公司中包括中华控股寿险业务。

国际收支概况

单位：百万美元

年份	经常项目差额	货物和服务	收益	经常转移	资本和金融项目差额	资本项目	金融项目	储备资产	净误差与遗漏
1982	5674	4812	376	486	-1736		-1736	-4217	279
1983	4240	2571	1158	511	-1372		-1372	-2695	-173
1984	2030	54	1534	442	-3752		-3752	531	1191
1985	-11417	-12501	841	243	8485		8485	5422	-2490
1986	-7035	-7390	-23	378	6540		6540	1727	-1232
1987	300	291	-215	224	2731		2731	-1660	-1371
1988	-3803	-4061	-161	419	5269		5269	-455	-1011
1989	-4318	-4928	229	381	6428		6428	-2202	92
1990	11997	10668	1055	274	-2774		-2774	-6089	-3134
1991	13271	11601	840	830	4581		4581	-11091	-6761
1992	6401	4998	248	1155	-251		-251	2102	-8252
1993	-11904	-11792	-1284	1172	23474		23474	-1767	-9803
1994	7658	7357	-1036	1337	32644		32644	-30527	-9775
1995	1618	11958	-11774	1434	38675		38675	-22463	-17830
1996	7242	17550	-12437	2129	39967		39967	-31662	-15547
1997	36963	42823	-11004	5143	21015	-21	21036	-35724	-22254
1998	31471	43837	-16644	4278	-6321	-47	-6275	-6426	-18724
1999	21114	30641	-14470	4943	5180	-26	5205	-8505	-17788
2000	20519	28873	-14666	6311	1922	-35	1958	-10548	-11893
2001	17405	28086	-19173	8492	34775	-54	34829	-47325	-4856
2002	35422	37383	-14945	12984	32291	-50	32340	-75507	7794
2003	43052	35821	-10218	17449	54873	-48	54921	-106148	8224
2004	68941	51174	-5132	22898	108152	-69	108222	-190060	12967
2005	132378	124627	-16114	23865	95349	4102	91247	-250649	22921
2006	231843	208919	-5143	28068	49305	4020	45285	-284776	3628
2007	353183	308036	8044	37102	94232	3099	91132	-460704	13290
2008	420569	348833	28580	43156	40126	3051	37075	-479539	18844
2009	243257	220130	-8533	31659	198470	3939	194531	-400344	-41383
2010	237810	223024	-25899	40686	286865	4630	282234	-471739	-52936
2011	136097	181904	-70318	24511	265470	5446	260024	-387801	-13766
2012	215392	231845	-19887	3434	-31766	4272	-36038	-96552	-87074
2013	148204	235380	-78442	-8733	346100	3052	343048	-431379	-62925
2014	219678	284022	-34110	-30235	38240	-33	38272	-117780	-140137

注：国际收支数据来源于国家外汇管理局(下表同)。

国际收支平衡表

单位：百万美元

项　　目	2013年			2014年		
	差　额	贷　方	借　方	差　额	贷　方	借　方
一、经常项目	**148204**	**2662129**	**2513925**	**219677**	**2799177**	**2579500**
A.货物和服务	235380	2424995	2189615	284022	2545089	2261067
a.货物	359890	2218977	1859087	475992	2354145	1878153
b.服务	-124510	206018	330528	-196969	190944	382914
1.运输	-56678	37646	94324	-57915	38243	96158
2.旅游	-76912	51664	128576	-107946	56913	164859
3.通讯服务	27	1666	1639	-474	1812	2286
4.建筑服务	6773	10663	3890	10485	15355	4870
5.保险服务	-18097	3996	22093	-17880	4574	22454
6.金融服务	-506	3185	3691	-409	4531	4940
7.计算机和信息服务	9447	15433	5985	9898	18361	8462
8.专有权利使用费和特许费	-20146	887	21033	-21937	676	22614
9.咨询	16932	40536	23604	16441	42923	26482
10.广告、宣传	1767	4906	3139	1160	4964	3803
11.电影、音像	-636	147	783	-699	175	873
12.其它商业服务	13480	34062	20583	-21721	1364	23085
13.别处未提及的政府服务	39	1228	1189	-973	1054	2027
B.收益	-78442	183973	262415	-34110	212961	247071
1.职工报酬	16076	17790	1714	25755	29911	4155
2.投资收益	-94518	166183	260701	-59865	183051	242916
C.经常转移	-8733	53162	61895	-30235	41127	71361
1.各级政府	-3113	1124	4237	-2929	1642	4571
2.其它部门	-5621	52037	57658	-27306	39484	66790
二、资本和金融项目	**346100**	**1752753**	**1406652**	**38240**	**2572987**	**2534748**
A.资本项目	3052	4452	1400	-33	1939	1972
B.金融项目	343048	1748301	1405252	38272	2571048	2532775
1. 直接投资	217958	380561	162604	208679	435230	226552
2. 证券投资	52891	105817	52926	82429	166446	84017
3. 其它投资	72200	1261922	1189722	-252836	1969371	2222207
三、储备资产	**-431379**	**1320**	**432700**	**-117780**	**31228**	**149008**
1.货币黄金						
2.特别提款权	203	207	4	61	139	78
3.在基金组织的储备头寸	1114	1114		977	1335	357
4.外汇	-432696		432696	-118818	29755	148572
5.其它债权						
四、净误差与遗漏	**-62925**		**62925**	**-140137**		**140137**

国家外债余额和外债风险指标

年份	外债余额（亿美元）	按偿还期限分		外债风险指标（%）		
		长期债务	短期债务	偿债率	负债率	债务率
1985	158.3	94.1	64.2	2.7	5.2	56.0
1986	214.8	167.1	47.7	15.4	7.3	72.1
1987	302.0	244.8	57.2	9.0	9.4	77.1
1988	400.0	326.9	73.1	6.5	10.0	87.1
1989	413.0	370.3	42.7	8.3	9.2	86.4
1990	525.5	457.8	67.7	8.7	13.6	91.6
1991	605.6	502.6	103.0	8.5	14.9	91.9
1992	693.2	584.7	108.5	7.1	14.4	87.9
1993	835.7	700.2	135.5	10.2	13.6	96.5
1994	928.1	823.9	104.2	9.1	16.6	78.0
1995	1065.9	946.7	119.2	7.6	14.6	72.4
1996	1162.8	1021.7	141.1	6.0	13.6	67.7
1997	1309.6	1128.2	181.4	7.3	13.7	63.2
1998	1460.4	1287.0	173.4	10.9	14.3	70.4
1999	1518.3	1366.5	151.8	11.2	14.0	68.7
2000	1457.3	1326.5	130.8	9.2	12.2	52.1
2001	2033.0	1195.3	837.7	7.5	15.3	67.9
2002	2026.3	1155.5	870.8	7.9	13.9	55.5
2003	2193.6	1165.9	1027.7	6.9	13.4	45.2
2004	2629.9	1242.9	1387.0	3.2	13.6	40.2
2005	2965.4	1249.0	1716.4	3.1	13.1	35.4
2006	3385.9	1393.6	1992.3	2.1	12.5	31.9
2007	3892.2	1535.3	2356.9	2.0	11.1	29.0
2008	3901.6	1638.8	2262.8	1.8	8.6	24.7
2009	4286.5	1693.9	2592.6	2.9	8.6	32.2
2010	5489.4	1732.4	3757.0	1.6	9.3	29.2
2011	6950.0	1941.0	5009.0	1.7	9.5	33.3
2012	7369.9	1960.6	5409.3	1.6	9.0	32.8
2013	8931.7	1865.4	6766.3	1.6	9.4	35.6
2014	8954.6	2121.0	6833.6	1.9	8.6	35.2

注：1.本表数据由国家外汇管理局提供。2001年起外债余额增加3个月以内贸易项下的对外融资余额。

2.偿债率指偿还外债本息与当年贸易和非贸易外汇收入(国际收支口径)之比；负债率指外债余额与当年国内生产总值之比；债务率指外债余额与当年贸易和非贸易外汇收入(国际收支口径)之比。

3.2009年,国家外汇管理局对贸易信贷抽样调查方法进行了调整，为保证数据的可比性，2001-2008年末外债余额也相应进行了调整。

科技事业发展情况

指　　标	单位	1991年	2000年	2010年	2013年	2014年
研究与试验发展(R&D)活动						
R&D人员全时当量	万人年	67.1	92.2	255.4	353.3	393.7
R&D经费支出	亿元		896	7063	11847	13312
R&D经费支出与国内生产总值之比	%		0.90	1.73	2.01	2.09
技术成果和国家奖励						
科技成果登记数	项	32653	32858	42108	52477	53140
#应用技术成果	项	28258	28843	37029	46456	46091
国家奖励						
#国家自然科学奖	项	53	15	30	54	46
国家技术发明奖	项	209	23	46	71	70
国家科技进步奖	项	502	250	273	188	202
国际科学技术合作奖	项		2	5	8	8
技术市场成交额	亿元	95	651	3907	7469	8577
成功发射卫星	次		6	15	14	16
科技服务						
出版地图	种		1150	2009	1706	1678
气象观测站点	个	3903	5117	37992	58181	58181
气象科学数据共享服务数据量	GB			358220	506131	348336
地震台站	个	1125	1234	1477	1687	1687
海洋观测站	个			71	79	79
质量监督						
产品检测实验室	个		5500	25171	25647	27051
#国家检测中心	个		230	443	556	597
抽查产品	种	138	235	132	139	159
抽查产品	批	3907	9705	16357	17020	25672
专利						
专利申请受理量	万件	5.00	17.07	122.23	237.70	236.12
境内	万件	4.40	12.82	108.40	220.96	218.65
境外	万件	0.60	4.25	13.83	16.74	17.48
专利申请授权量	万件	2.46	10.53	81.48	131.30	130.27
境内	万件	2.05	8.55	71.94	121.02	119.16
境外	万件	0.41	1.99	9.54	10.28	11.10

公有经济企事业单位专业技术人员

(年底数)

项　　目	单位	1990年	1995年	2000年	2005年	2010年	2012年	2013年
公有企事业单位职工人数	**万人**	**9459**	**9975**	**6820**	**5161**	**5525**	**5764**	**5257**
专业技术人员总计	**万人**	**2285**	**2705**	**2887**	**2757**	**2816**	**2977**	**3026**
#工程技术人员	万人	480	563	555	479	542	595	614
农业技术人员	万人	45	54	67	71	69	71	73
科学研究人员	万人	34	30	27	31	34	42	43
卫生技术人员	万人	266	304	337	358	384	414	428
教学人员	万人	824	963	1178	1259	1241	1265	1281
平均每万名职工有专业技术人员	**人**	**2416**	**2712**	**4234**	**5341**	**5096**	**5166**	**5756**
#工程技术人员	人	507	564	814	928	980	1032	1168
农业技术人员	人	48	54	98	137	125	124	140
科学研究人员	人	35	30	40	60	61	72	82
卫生技术人员	人	281	304	494	694	695	719	813
教学人员	人	871	966	1728	2439	2247	2195	2436

注：1.2008年及以前年份统计口径为"国有企事业单位"，不包括集体企事业单位情况。

2.1990年数据包括行政机关专业技术人员，但不包括社会科技领域专业技术人员及小学教师人数。

按行业分公有经济企事业单位专业技术人员

(2013年底)　　单位：万人

行　　业	合　　计	企　　业	事　　业
总　　计	**3026.0**	**955.7**	**2070.3**
农林牧渔业	108.6	18.8	89.8
采矿业	95.6	95.2	0.4
制造业	188.7	188.5	0.2
电力、煤气及水的生产和供应业	70.8	69.5	1.3
建筑业	126.0	118.3	7.6
批发和零售业	34.4	34.1	0.3
交通运输、仓储和邮政业	95.9	72.4	23.5
住宿和餐饮业	4.1	3.6	0.5
信息传输、软件和信息技术服务业	53.1	50.8	2.3
金融业	221.4	217.1	4.4
房地产业	15.4	12.1	3.3
租赁和商务服务业	6.6	5.5	1.2
科学研究和技术服务业	107.7	33.1	74.6
水利、环境和公共设施管理业	47.1	5.3	41.9
居民服务、修理和其他服务业	11.5	6.1	5.4
教育	1310.1	2.2	1307.9
卫生和社会工作	405.5	5.7	399.8
文化、体育和娱乐业	61.7	9.6	52.1
公共管理、社会保障和社会组织	61.5	7.6	53.9

学 校 数

单位：所

年 份	普通高等学校	普通高中	中等职业教育	初中	普通小学	特殊教育	学前教育
1978	598	49215		113130	949323	292	163952
1980	675	31300		87077	917316	292	170419
1985	1016	17318		77529	832309	375	172262
1990	1075	15678		73462	766072	746	172322
1995	1054	13991		68564	668685	1379	180438
2000	1041	14564		63898	553622	1539	175836
2001	1225	14907		66590	491273	1531	111706
2002	1396	15406		65645	456903	1540	111752
2003	1552	15779	14682	64730	425846	1551	116390
2004	1731	15998	14454	63757	394183	1560	117899
2005	1792	16092	14466	62486	366213	1593	124402
2006	1867	16153	14693	60885	341639	1605	130495
2007	1908	15681	14832	59384	320061	1618	129086
2008	2263	15206	14847	57914	300854	1640	133722
2009	2305	14607	14401	56320	280184	1672	138209
2010	2358	14058	13872	54890	257410	1706	150420
2011	2409	13688	13093	54117	241249	1767	166750
2012	2442	13509	12663	53216	228585	1853	181251
2013	2491	13352	12262	52804	213529	1933	198553
2014	2529	13253	11942	52623	201377	2000	209881

注：初中为普通初中+职业初中(下表同)。

专任教师数

单位：万人

年 份	普通高等学校	普通高中	中等职业教育	初中	普通小学	特殊教育	学前教育
1978	20.6	74.1		244.1	522.6	0.4	27.8
1980	24.7	57.1		245.6	549.9	0.5	41.1
1985	34.4	49.2		218.5	537.7	0.7	55.0
1990	39.5	56.2		247.0	558.2	1.4	75.0
1995	40.1	55.1		282.1	566.4	2.5	87.5
2000	46.3	75.7		328.7	586.0	3.2	85.7
2001	53.2	84.0		338.6	579.8	2.9	54.6
2002	61.8	94.6		346.8	577.9	3.0	57.1
2003	72.5	107.1	71.3	349.8	570.3	3.0	61.3
2004	85.8	119.1	73.6	350.1	562.9	3.1	65.6
2005	96.6	130.0	75.0	349.2	559.3	3.2	72.2
2006	107.6	138.7	79.9	347.5	558.8	3.3	77.6
2007	116.8	144.3	85.9	347.3	561.3	3.5	82.7
2008	123.7	147.6	89.5	347.6	562.2	3.6	89.9
2009	129.5	149.3	86.9	351.8	563.3	3.8	98.6
2010	134.3	151.8	87.2	352.5	561.7	4.0	114.4
2011	139.3	155.7	88.2	352.5	560.5	4.1	131.6
2012	144.0	159.5	88.1	350.4	558.6	4.4	147.9
2013	149.7	162.9	86.8	348.1	558.5	4.6	166.3
2014	153.5	166.3	86.3	348.8	563.4	4.8	184.4

招　生　数

单位: 万人

年份	普通本专科	#专科	普通高中	中等职业教育	初中	#职业初中	普通小学	特殊教育	学前教育
1978	40.2		692.9		2006.0		3315.4	0.6	
1980	28.1		383.4		1557.6	6.7	2942.3	0.6	
1985	61.9		257.5		1367.0	17.6	2298.2	0.9	
1990	60.9		249.8		1389.2	19.4	2064.0	1.6	
1995	92.6		273.6		1781.1	28.8	2531.8	5.6	
2000	220.6	48.7	472.7		2295.6	32.3	1946.5	5.3	1531.1
2001	268.3	66.6	558.0		2287.9	30.0	1944.2	5.6	1398.2
2002	320.5	89.1	676.7		2281.8	29.5	1952.8	5.3	1373.6
2003	382.2	199.6	752.1		2220.1	24.8	1829.4	4.9	1316.8
2004	447.3	237.4	821.5		2094.6	16.4	1747.0	5.1	1350.3
2005	504.5	268.1	877.7	655.7	1987.6	11.1	1671.7	4.9	1356.2
2006	546.1	293.0	871.2	747.8	1929.5	5.9	1729.4	5.0	1391.3
2007	565.9	283.8	840.2	810.0	1868.5	4.7	1736.1	6.3	1433.6
2008	607.7	310.6	837.0	812.1	1859.6	3.4	1695.7	6.2	1482.7
2009	639.5	313.4	830.3	868.5	1788.5	2.1	1637.8	6.4	1546.9
2010	661.8	310.5	836.2	870.4	1716.6	1.1	1691.7	6.5	1700.4
2011	681.5	324.9	850.8	813.9	1634.7	0.7	1736.8	6.4	1827.3
2012	688.8	314.8	844.6	754.1	1570.8	0.5	1714.7	6.6	1911.9
2013	699.8	318.4	822.7	674.8	1496.1	0.4	1695.4	6.6	1970.0
2014	721.4	338.0	796.6	628.9	1447.8	0.2	1658.4	7.1	1987.8

在校学生数

单位: 万人

年份	普通本专科	#专科	普通高中	中等职业教育	初中	#职业初中	普通小学	特殊教育	学前教育
1978	85.6		1553.1		4995.2		14624.0	3.1	787.7
1980	114.4		969.8		4551.8	13.5	14627.0	3.3	1150.8
1985	170.3		741.1		4010.1	45.2	13370.2	4.2	1479.7
1990	206.3		717.3		3916.6	47.9	12241.4	7.2	1972.2
1995	290.6		713.2		4727.5	69.7	13195.2	29.6	2711.2
2000	556.1	100.9	1201.3		6256.3	88.6	13013.3	37.8	2244.2
2001	719.1	146.8	1405.0		6514.4	83.3	12543.5	38.6	2021.8
2002	903.4	193.4	1683.8		6687.4	83.4	12156.7	37.5	2036.0
2003	1108.6	479.4	1964.8		6690.8	72.4	11689.7	36.5	2003.9
2004	1333.5	595.7	2220.4		6527.5	52.5	11246.2	37.2	2089.4
2005	1561.8	713.0	2409.1	1600.0	6214.9	43.1	10864.1	36.4	2179.0
2006	1738.8	795.5	2514.5	1809.9	5958.0	20.6	10711.5	36.3	2263.9
2007	1884.9	860.6	2522.4	1987.0	5736.2	15.3	10564.0	41.9	2348.8
2008	2021.0	916.8	2476.3	2087.1	5585.0	10.8	10331.5	41.7	2475.0
2009	2144.7	964.8	2434.3	2195.2	5440.9	7.3	10071.5	42.8	2657.8
2010	2231.8	966.2	2427.3	2238.5	5279.3	3.4	9940.7	42.6	2976.7
2011	2308.5	958.9	2454.8	2205.3	5066.8	2.6	9926.4	39.9	3424.5
2012	2391.3	964.2	2467.2	2113.7	4763.1	1.9	9695.9	37.9	3685.8
2013	2468.1	973.6	2435.9	1923.0	4440.1	1.1	9360.5	36.8	3894.7
2014	2547.7	1006.6	2400.5	1802.9	4384.6	0.8	9451.1	39.5	4050.7

毕业生数

单位：万人

年份	普通本专科	#专科	普通高中	中等职业教育	初中	#职业初中	普通小学	特殊教育	学前教育
1978	16.5		682.7		1692.6		2287.9	0.3	
1980	14.7		616.2		964.8	7.9	2053.3	0.4	
1985	31.6		196.6		1007.2	8.9	1999.9	0.4	
1990	61.4		233.0		1123.0	13.9	1863.1	0.5	
1995	80.5		201.6		1244.4	17.0	1961.5	1.9	
2000	95.0	17.9	301.5		1633.5	26.4	2419.2	4.3	
2001	103.6	19.3	340.5		1731.5	24.5	2396.9	4.6	1160.2
2002	133.7	27.7	383.8		1903.7	23.8	2351.9	4.4	1152.7
2003	187.7	94.8	458.1		2018.5	22.9	2267.9	4.5	1072.0
2004	239.1	119.5	546.9		2087.3	16.9	2135.2	4.7	1059.7
2005	306.8	160.2	661.6	418.2	2123.4	16.9	2019.5	4.3	1025.4
2006	377.5	204.8	727.1	479.1	2071.6	9.2	1928.5	4.5	1045.1
2007	447.8	248.2	788.3	530.9	1963.7	6.9	1870.2	5.0	1049.1
2008	511.9	286.3	836.1	580.7	1868.0	5.1	1865.0	5.2	1040.5
2009	531.1	285.6	823.7	625.2	1797.7	3.0	1805.2	5.7	1040.6
2010	575.4	316.4	794.4	665.3	1750.4	1.8	1739.6	5.9	1057.6
2011	608.2	328.5	787.7	660.3	1736.7	1.2	1662.8	4.4	1184.7
2012	624.7	320.9	791.5	674.9	1660.8	0.9	1641.6	4.9	1433.6
2013	638.7	318.7	799.0	674.4	1561.5	0.7	1581.1	5.1	1491.7
2014	659.4	318.0	799.6	633.0	1413.5	0.3	1476.6	4.9	1527.2

研究生和留学生数

单位：人

年 份	研究生数			出国留学人员	学成回国留学人员
	招生数	在校生数	毕业生数		
1978	10708	10934	9	860	248
1980	3616	21604	476	2124	162
1985	46871	87331	17004	4888	1424
1990	29649	93018	35440	2950	1593
1995	51053	145443	31877	20381	5750
1996	59398	163322	39652	20905	6570
1997	63749	176353	46539	22410	7130
1998	72508	198885	47077	17622	7379
1999	92225	233513	54670	23749	7748
2000	128484	301239	58767	38989	9121
2001	165197	393256	67809	83973	12243
2002	202611	500980	80841	125179	17945
2003	268925	651260	111091	117307	20152
2004	326286	819896	150777	114682	24726
2005	364831	978610	189728	118515	34987
2006	397925	1104653	255902	134000	42000
2007	418612	1195047	311839	144000	44000
2008	446422	1283046	344825	179800	69300
2009	510953	1404942	371273	229300	108300
2010	538177	1538416	383600	284700	134800
2011	560168	1645845	429994	339700	186200
2012	589673	1719818	486455	399600	272900
2013	611381	1793953	513626	413900	353500
2014	621323	1847689	535863	459800	364800

民办教育情况

(2014年)

项　　目	学校数(所)	毕业生数(人)	招生数(人)	在校生数(人)	教职工数(人)	专任教师(人)	另有其他学生数(人)
民办高等教育							
民办高校	728	1419645	1729617	5871547	412824	293954	317345
#硕士		106	170	408			
本科		808097	927750	3748336			
专科		611442	801697	2122803			
其中:独立学院	283	625703	651237	2690625	183308	136303	29095
本科		581894	605654	2554396			
专科		43809	45583	136229			
民办其他高等教育机构(不计校数)	(799)				26290	12083	883009
民办中等教育							
高中阶段教育	4785	1483909	1546821	4282286	466438	336912	
民办普通高中	2442	744437	827299	2386542	355368	262622	
民办中等职业教育	2343	739472	719522	1895744	111070	74290	294471
初中阶段教育	4744	1421784	1677377	4870018	376317	286825	
民办普通初中	4743	1421774	1677353	4869950	376312	286821	
民办普通小学	5681	1045563	1148019	6741425	225892	168023	
民办幼儿园	139282	6737691	9536605	21253781	2056325	1131802	
民办培训机构(不计校数)	(20001)				234896	135365	8679377

注：1.“另有其他学生数”包括：自考助学班学生、预科生、进修及培训学生数。

2.民办中等职业教育数据中未含技工学校数据。

3.“()”内数据为不计校数。

学生入学率和升学率

单位：%

年份	小学学龄儿童净入学率	毛入学率				升学率		
		小学(按各地相应学龄计算)	初中阶段(12-14周岁)	高中阶段(15-17周岁)	高等教育(18-22周岁)	小学	初中	高中
1978	95.5					87.7	40.9	
1980	93.0					75.9	45.9	
1985	95.9					68.4	41.7	
1990	97.8	111.0	66.7		3.4	74.6	40.6	27.3
1995	98.5	106.6	78.4	33.6	7.2	90.8	50.3	49.9
1996	98.8	105.7	82.4	38.0	8.3	92.6	49.8	51.0
1997	98.9	104.9	87.1	40.6	9.1	93.7	51.5	48.6
1998	98.9	104.3	87.3	40.7	9.8	94.3	50.7	46.1
1999	99.1	104.3	88.6	41.0	10.5	94.4	50.0	63.8
2000	99.1	104.6	88.6	42.8	12.5	94.9	51.2	73.2
2001	99.1	104.5	88.7	42.8	13.3	95.5	52.9	78.8
2002	98.6	107.5	90.0	42.8	15.0	97.0	58.3	83.5
2003	98.7	107.2	92.7	43.8	17.0	97.9	59.6	83.4
2004	98.9	106.6	94.1	48.1	19.0	98.1	63.8	82.5
2005	99.2	106.4	95.0	52.7	21.0	98.4	69.7	76.3
2006	99.3	106.3	97.0	59.8	22.0	100.0	75.7	75.1
2007	99.5	106.2	98.0	66.0	23.0	99.9	80.5	70.3
2008	99.5	105.7	98.5	74.0	23.3	99.7	82.1	72.7
2009	99.4	104.8	99.0	79.2	24.2	99.1	85.6	77.6
2010	99.7	104.6	100.1	82.5	26.5	98.7	87.5	83.3
2011	99.8	104.2	100.1	84.0	26.9	98.3	88.9	86.5
2012	99.9	104.3	102.1	85.0	30.0	98.3	88.4	87.0
2013	99.7	104.4	104.1	86.0	34.5	98.3	91.2	87.6
2014	99.8	103.8	103.5	86.5	37.5	98.0	95.1	90.2

注：毛入学率为该级教育在校学生总数与政府规定的该级学龄人口总数之比。

每十万人口各级学校在校生数

单位：人

年份	高等教育	高中阶段	初中阶段	小学	学前教育
1990	326	1337	3426	10707	1725
1995	457	1610	3945	11010	2262
1996	470	1780	4180	11273	2208
1997	482	1905	4289	11435	2058
1998	519	1978	4408	11287	1944
1999	594	2032	4656	10855	1864
2000	723	2000	4969	10335	1782
2001	931	2021	5161	9937	1602
2002	1146	2283	5240	9525	1595
2003	1298	2523	5209	9100	1560
2004	1420	2824	5058	8725	1617
2005	1613	3070	4781	8358	1676
2006	1816	3321	4557	8192	1731
2007	1924	3409	4364	8037	1787
2008	2042	3463	4227	7819	1873
2009	2128	3495	4097	7584	2001
2010	2189	3504	3955	7448	2230
2011	2253	3495	3779	7403	2554
2012	2335	3411	3535	7196	2736
2013	2418	3227	3279	6913	2876
2014	2488	3100	3222	6946	2977

注：1.高等教育包括研究生、普通本专科和成人本专科学生。

2.高中阶段教育包括:普通高中、成人高中、中等职业教育(普通中专、职业高中、技工学校和成人中专)。

3.初中阶段教育包括：普通初中和职业初中。

医疗卫生机构数和床位数

年 份	医疗卫生机 构（万个）	#医 院	医疗卫生机构床位（万张）	#医 院
1978	17.0	0.9	204.2	110.0
1979	17.7	1.0	212.8	116.1
1980	18.1	1.0	218.4	119.6
1981	80.0	1.0	223.4	124.1
1982	80.2	1.0	228.0	128.5
1983	87.1	1.1	234.2	134.5
1984	90.5	1.1	241.2	141.2
1985	97.9	1.2	248.7	150.9
1986	99.9	1.2	256.3	156.0
1987	101.3	1.3	268.5	165.3
1988	101.2	1.4	279.5	174.7
1989	102.8	1.4	286.7	181.5
1990	101.3	1.4	292.5	186.9
1991	100.4	1.5	299.2	192.6
1992	100.1	1.5	304.9	197.7
1993	100.1	1.5	309.9	203.6
1994	100.5	1.6	313.4	207.0
1995	99.4	1.6	314.1	206.3
1996	107.8	1.6	310.0	209.7
1997	104.9	1.6	313.5	211.9
1998	104.3	1.6	314.3	213.4
1999	101.8	1.7	315.9	215.1
2000	103.4	1.6	317.7	216.7
2001	102.9	1.6	320.1	215.6
2002	100.5	1.8	313.6	222.2
2003	80.6	1.8	316.4	227.0
2004	84.9	1.8	326.8	236.4
2005	88.2	1.9	336.8	244.5
2006	91.8	1.9	351.2	256.0
2007	91.2	2.0	370.1	267.5
2008	89.1	2.0	403.9	288.3
2009	91.7	2.0	441.7	312.1
2010	93.7	2.1	478.7	338.7
2011	95.4	2.2	516.0	370.5
2012	95.0	2.3	572.4	416.1
2013	97.4	2.5	618.2	457.9
2014	98.1	2.6	660.1	496.1

注：医疗卫生机构含村卫生室。

卫生机构人员数

年份	卫生人员(万人)	卫生技术人员	#执业(助理)医师	执业医师	#注册护士
1978	788.3	246.4	97.8	61.0	40.5
1979	773.8	264.2	108.8	65.3	42.1
1980	735.5	279.8	115.3	70.9	46.6
1981	719.9	301.1	124.4	62.0	52.5
1982	695.4	314.3	130.7	66.8	56.4
1983	675.7	325.3	135.3	70.4	59.6
1984	662.3	334.4	138.1	71.6	61.6
1985	560.6	341.1	141.3	72.4	63.7
1986	572.6	350.7	144.4	74.6	68.1
1987	584.3	360.9	148.2	77.7	71.8
1988	592.5	372.4	161.8	109.6	82.9
1989	602.8	380.9	171.8	125.8	92.2
1990	613.8	389.8	176.3	130.3	97.5
1991	627.8	398.5	178.0	131.1	101.2
1992	640.9	407.4	180.8	132.8	104.0
1993	654.1	411.7	183.2	137.2	105.6
1994	663.1	419.9	188.2	142.5	109.4
1995	670.4	425.7	191.8	145.5	112.6
1996	673.5	431.2	194.1	147.5	116.3
1997	683.4	439.8	198.5	150.5	119.8
1998	686.3	442.4	200.0	151.4	121.9
1999	689.5	445.9	204.5	156.2	124.5
2000	691.0	449.1	207.6	160.3	126.7
2001	687.5	450.8	210.0	163.7	128.7
2002	652.9	427.0	184.4	146.4	124.7
2003	621.7	438.1	194.2	153.4	126.6
2004	633.3	448.6	199.9	158.2	130.8
2005	644.7	456.4	204.2	162.3	135.0
2006	668.1	472.8	209.9	167.8	142.6
2007	696.4	491.3	212.3	171.5	155.9
2008	725.2	517.4	220.2	179.2	167.8
2009	778.1	553.5	232.9	190.5	185.5
2010	820.8	587.6	241.3	197.3	204.8
2011	861.6	620.3	246.6	202.0	224.4
2012	911.6	667.6	261.6	213.9	249.7
2013	979.0	721.1	279.5	228.6	278.3
2014	1023.4	759.0	289.3	237.5	300.4

社会服务基本情况

指　　标	单位	2009年	2010年	2011年	2012年	2013年	2014年
提供住宿的社会服务机构							
单位数	万个	4.4	4.4	4.6	4.8	4.6	3.7
职工人数	万人	33.0	34.8	37.4	39.8	42.4	40.3
收留抚养人员	万人	256.0	278.2	293.2	309.3	323.7	336.8
为残疾人提供服务的福利企业							
单位数	万个	2.3	2.2	2.2	2.0	1.8	1.6
残疾职工	万人	62.7	62.5	62.8	59.7	53.9	47.9
社会救助情况							
城市居民最低生活保障人数	万人	2346	2311	2277	2144	2064	1877
农村居民最低生活保障人数	万人	4760	5214	5306	5345	5388	5207
农村五保供养人数	万人	553	556	551	546	537	529
医疗救助	万人次	1140	1479	2144	2174	2126	2323
参加医疗保险人数	万人	1096	1461	1550	1387	1490	1681
参加新农合人数	万人	4059	4615	4825	4490	4869	4965
优抚安置服务							
国家重点优抚对象	万人	630.7	625.0	852.5	944.4	951.0	917.3
接收军队离退休人员	万人	1.9	1.3	1.5	1.9	3.9	2.8
社区服务							
社区服务机构和设施	万个	17.5	15.2	16.0	20.0	25.2	31.1
为弱势群体筹集资金的活动							
民政部门接收社会捐赠款	亿元	66.5	179.8	96.6	101.7	107.6	79.6
福利彩票销售	亿元	756.0	968.0	1278.0	1510.3	1765.3	2059.7
自然灾害情况							
受灾人口	万人次	47934	42610	43290	29422	38819	24354
因灾死亡人口	人	1299	6541	1014	1325	1851	1583
直接经济损失	亿元	2523.7	5339.9	3096.4	4185.5	5808.4	3373.8
社会组织							
社会团体	万个	23.9	24.5	25.5	27.1	28.9	31.0
民办非企业单位	万个	19.0	19.8	20.4	22.5	25.5	29.2
基金会	个	1843	2200	2614	3029	3549	4116
自治组织							
村民委员会	万个	59.9	59.5	59.0	58.8	58.9	58.5
社区居委会	万个	8.5	8.7	8.9	9.1	9.5	9.7
婚姻服务							
结婚登记	万对	1212.2	1241.0	1302.4	1323.6	1346.9	1306.7
粗结婚率	‰	9.1	9.3	9.7	9.8	9.9	9.6
离婚登记	万对	246.8	267.8	287.4	310.4	350.0	363.7
粗离婚率	‰	1.9	2.0	2.1	2.3	2.6	
殡葬服务							
火化率	%	48.2	49.0	48.8	49.5	48.3	47.0

提供住宿的社会服务床位数

单位：万张

年　份	床位数	#老年及残疾人床　位	#智障和精神疾病床　　位	#儿童床位
1978	16.3	15.7	0.6	
1979	22.6	20.1	2.1	0.4
1980	24.2	21.3	2.4	0.5
1981	25.3	22.2	2.5	0.6
1982	28.2	24.8	2.8	0.6
1983	32.4	29.0	2.8	0.6
1984	42.5	39.0	2.9	0.6
1985	49.1	45.5	2.9	0.5
1986	58.7	54.7	3.1	0.6
1987	64.9	60.7	3.3	0.6
1988	69.5	65.3	3.4	0.6
1989	73.8	69.3	3.6	0.7
1990	78.0	73.5	3.7	0.8
1991	82.8	78.3	3.8	0.7
1992	89.8	85.2	3.8	0.8
1993	92.7	87.4	4.0	0.9
1994	95.5	90.1	4.0	0.9
1995	97.6	91.9	4.0	1.1
1996	100.8	95.0	4.0	1.2
1997	103.1	97.2	4.0	1.3
1998	105.8	99.6	4.1	1.5
1999	108.9	102.4	4.1	1.6
2000	113.0	104.5	4.1	1.8
2001	140.7	114.6	4.2	2.3
2002	141.5	114.9	4.3	2.5
2003	142.9	120.6	4.5	2.7
2004	157.2	139.5	4.5	3.0
2005	180.7	158.1	4.4	3.2
2006	204.5	179.6	4.4	3.2
2007	269.6	242.9	4.7	3.4
2008	300.3	267.4	5.4	4.3
2009	326.5	293.5	5.9	4.8
2010	349.6	316.1	6.1	5.5
2011	396.4	353.2	6.5	6.8
2012	449.3	416.5	6.7	8.7
2013	526.7	493.7	7.4	9.8
2014	613.5	577.7	8.0	10.8

文化文物机构情况

单位：个

年　份	公　共 图书馆	文化馆、站			博物馆	艺术表演 团　　体	艺术表演 场　　馆
		省、地市 级文化馆	县市级 文化馆	乡镇(街道) 文化站			
1978	1218	92	2748	4053	349	3150	1095
1980	1732	218	2912	5609	365	3533	1444
1985	2344	335	2960	5281	711	3317	1377
1990	2527	366	2955	5895	1013	2805	1955
1995	2615	373	2886	10228	1194	2682	1958
1996	2620	392	2892	41969	1219	2664	1934
1997	2628	385	2901	42163	1282	2663	1947
1998	2662	386	2901	42547	1339	2652	1929
1999	2669	389	2905	42543	1363	2632	1911
2000	2675	390	2907	42024	1392	2619	1900
2001	2696	399	2842	40138	1461	2605	1854
2002	2697	389	2854	39273	1511	2587	1829
2003	2709	382	2846	38588	1515	2601	1900
2004	2720	380	2841	38181	1548	2759	1928
2005	2762	375	2851	38362	1581	2805	1866
2006	2778	395	2819	36874	1617	2866	1839
2007	2799	411	2806	37384	1722	4512	1732
2008	2820	389	2829	37938	1893	5114	1662
2009	2850	361	2862	38736	2252	6139	1499
2010	2884	374	2890	40118	2435	6864	1461
2011	2952	379	2906	40390	2650	7055	1429
2012	3076	382	2919	40575	3069	7321	1279
2013	3112	385	2930	40945	3473	8180	1344
2014	3117	385	2928	41110	3660	8769	1338

注：1.2007年以前艺术表演团体为文化部门系统内数据，2007年起含非文化部门单位。

2.艺术表演场馆为文化部门系统内数据.

图书、期刊和报纸出版情况

年 份	图　　书		期　　刊		报　　纸	
	种　数 (万种)	总印数 (亿册、亿张)	种　数 (种)	总印数 (亿册)	种　数 (种)	总印数 (亿份)
1978	1.5	37.7	930	7.6	186	127.8
1980	2.2	45.9	2191	11.3	188	140.4
1985	4.6	66.7	4705	25.6	1445	246.8
1990	8.0	56.4	5751	17.9	1444	211.3
1995	10.1	63.2	7583	23.4	2089	263.3
1996	11.3	71.6	7916	23.1	2163	274.3
1997	12.0	73.1	7918	24.4	2149	287.6
1998	13.1	72.4	7999	25.4	2053	300.4
1999	14.2	73.2	8187	28.5	2038	318.4
2000	14.3	62.7	8725	29.4	2007	329.3
2001	15.5	63.1	8889	28.9	2111	351.1
2002	17.1	68.7	9029	29.5	2137	367.8
2003	19.0	66.7	9074	29.5	2119	383.1
2004	20.8	64.1	9490	28.3	1922	402.4
2005	22.2	64.7	9468	27.6	1931	412.6
2006	23.4	64.1	9468	28.5	1938	424.5
2007	24.8	62.9	9468	30.4	1938	438.0
2008	27.4	70.6	9549	31.0	1943	442.9
2009	30.2	70.4	9851	31.5	1937	439.1
2010	32.8	71.7	9884	32.2	1939	452.1
2011	37.0	77.1	9849	32.9	1928	467.4
2012	41.4	79.2	9867	33.5	1918	482.3
2013	44.4	83.1	9877	32.7	1915	482.4
2014		84.0		32.0		465.0

创造世界纪录和获得世界冠军情况

年份	创造世界纪录			获得世界冠军	
	项数(项)	次数(次)	人(队)数(人/队)	项数(项)	个数(个)
1978	3	3	6	4	4
1980	7	15	17	3	3
1985	5	9	6	42	46
1990	14	16	17	54	54
1995	13	24	14人2队	98	102
1996	22	30	17人1队	72	75
1997	29	43	29人2队	87	92
1998	31	68	30人3队	75	83
1999	24	50	16人	91	92
2000	22	30	14人2队	92	110
2001	10	12	8人2队	79	90
2002	29	33	17人5队	99	110
2003	13	16	8人1队	17	84
2004	16	16	7人2队	27	101
2005	15	21	14人2队	22	106
2006	21	25	11人3队	24	141
2007	10	10	8人2队	22	123
2008	16	16	11人2队	24	120
2009	22	22	11人3队	30	142
2010	15	15	8人5队	22	108
2011	8	8	4人1队	24	138
2012	14	14	9人3队	24	107
2013	13	13	7人3队	22	124
2014	10	10	5人4队	22	98

注：1995年以前各年的集体项目的队数折合在人数中。

香港特别行政区主要社会经济指标（一）

指　　标	1990年	2000年	2010年	2013年	2014年
人口					
年中人口（万人）	570.4	666.5	702.4	718.8	724.2
粗出生率（‰）	12.0	8.1	12.6	7.9	8.6
粗死亡率（‰）	5.2	5.1	6.0	6.0	6.2
劳动、就业					
劳动人口（万人）	274.8	337.4	363.1	385.9	387.6
劳动人口参与率（%）	63.2	61.4	59.6	61.2	61.1
失业率（%）	1.3	4.9	4.3	3.4	3.3
就业不足率（%）	0.9	2.8	2.0	1.5	1.5
实际工资指数（1992年9月=100）	100.2	112.5	113.5	118.7	115.7
本地生产总值					
按2012年环比物量计算①					
本地生产总值年增长率（%）	3.8	7.7	6.8	2.9	2.3
本地生产总值（亿港元）	8702	12822	19110	20961	21446
人均本地生产总值(港元)	152545	192371	272058	291626	296152
按当年价格计算					
本地生产总值年增长率（%）	11.7	4.0	7.1	4.7	5.3
本地生产总值（亿港元）	5993	13375	17763	21318	22457
人均本地生产总值（港元）	105050	200675	252887	296599	310113
本地居民总收入					
按当年价格计算					
本地居民总收入（亿港元）		13482	18139	21723	23065
人均本地居民总收入（港元）		202287	258240	302236	318505
对外初次收入流量净值(亿港元)		107	376	405	608
对外商品贸易					
港产品出口（亿港元）	2259	1810	695	544	553
转口（亿港元）	4140	13917	29615	35053	36175
进口（亿港元）	6425	16580	33648	40607	42190
贸易价格比率指数(2013年=100)	103.9	103.8	99.6	100.0	100.1
对外服务贸易					
服务出口（亿港元）	1431	3167	8290	10583	10769
服务进口（亿港元）	1020	1939	3981	4672	4812

香港特别行政区主要社会经济指标（二）

指　　标	1990年	2000年	2010年	2013年	2014年
国际收支平衡表					
经常账户（亿港元）		588	1244	322	437
资本及金融账户（亿港元）		-613	-888	-863	-964
净误差及遗漏（亿港元）		25	-355	541	527
整体的国际收支（亿港元）		1002	591	579	1391
国际投资头寸②					
国际投资头寸净值（亿港元）		17195	51711	58770	63988
对外金融资产（亿港元）		92493	232300	291248	323416
对外金融负债（亿港元）		75298	180589	232478	259429
居民消费物价指数					
(2009年10月至2010年9月=100)					
综合消费物价指数	57.3	96.5	100.7	115.1	120.2
甲类消费物价指数	58.0	97.4	100.8	115.9	122.4
乙类消费物价指数	57.7	96.2	100.6	114.9	119.8
丙类消费物价指数	55.8	95.9	100.6	114.3	118.3
工业生产					
工业生产指数③(2008年=100)			95.0	95.0	94.6
工业电力消费量（万亿焦耳）	24934	17769	11080	11190	11281
工业煤气消费量（万亿焦耳）	583	982	917	1612	1673
服务					
增加价值（亿港元）					
进出口贸易、批发及零售		2770	4133	5236	
住宿及膳食服务		378	564	754	
运输、仓库、邮政及速递服务		976	1379	1255	
资讯及通讯		429	550	761	
金融及保险		1642	2838	3460	
地产、专业及商用服务		1182	1885	2257	
公共行政、社会及个人服务		2434	2953	3563	
楼宇业权		1391	1847	2191	

香港特别行政区主要社会经济指标（三）

指　　标	1990年	2000年	2010年	2013年	2014年
房屋及物业					
已登记物业买卖合约涉及的价值(亿港元)					
住宅		1684	5607	2989	4334
非住宅		541	1288	1573	1140
总计		2225	6895	4563	5475
楼宇售价指数(1999年=100)					
私人住宅单位	44.8	89.6	150.9	242.4	256.8
私人写字楼(甲级、乙级及丙级)	99.1	89.9	230.4	409.8	423.0
楼宇租金指数(1999年=100)					
私人住宅单位	76.7	98.1	119.7	154.5	159.5
私人写字楼(甲级、乙级及丙级)	137.3	98.5	147.6	204.1	213.5
建筑工程完成名义总值（亿港元）	613	1221	1113	1766	1986
新落成房屋委员会租住单位④（个）	32619	55492	13672	14057	9938
新落成房屋委员会资助出售单位④⑤(个)	15612	33510	1110		
获批准可动工兴建私人居住单位（个）					
初次呈交图则⑥	26722	30039	3945	9092	11919
重大修改⑥			6166	9250	3369
政府收支、货币、金融（亿港元）					
政府储备结余⑦	765	4303	5954	7557	8196
政府收入总额④	895	2251	3765	4553	4707
政府支出总额④	856	2329	3014	4335	3971
货币供应量M_3					
港元⑧	5712	20024	38782	48060	52362
外币⑨	7168	16904	32781	52792	58135
总计	12880	36928	71563	100852	110497
在香港使用的贷款及垫款⑩	6894	18615	29884	39788	45328
港汇指数（贸易总值加权，2010年1月=100)	93.8	117.6	99.5	94.9	96.0
运输、通讯及旅游					
进出香港的货运车辆（万辆）	473.35	940.22	834.57	755.99	722.46
进出香港的货物					
总卸下（万吨）	6076	13035	17282	17942	20090
总装上（万吨）	2997	8692	12882	12632	12558
集装箱吞吐量⑪（万标准集装箱单位）	510	1810	2370	2235	2223
领牌车辆（万辆）	37	52	61	68	70
电话服务（万条操作线路）	245	395	426	432	432
访港旅客⑫（万人次）	658	1306	3603	5430	6084
酒店入住率（%）	79	83	87	89	90

香港特别行政区主要社会经济指标（四）

指　　标	1990年	2000年	2010年	2013年	2014年
教育					
小学学生人数（人）	526720	493979	331112	320918	329300
中学学生人数（人）	453423	466710	452581	397215	374797
大学教育学生人数（人）	57824	78295	166018	195147	187714
卫生					
登记死亡人数（人）	29201	33993	42699	43399	45710
死于心脏病人数⑬（人）	4976	5537	6636	5834	6361
死于恶性肿瘤人数⑬（人）	8669	11222	13076	13589	13727
婴儿死亡率（按每千名登记活产婴儿计算）	5.9	2.9	1.7	1.7	1.7
社会保障					
综合社会保障援助					
个案数目⑦（个）	66675	228263	282732	259422	
发放款项④⑭（亿港元）	9.6	135.6	184.9	195.0	
公共福利金					
个案数目⑦	444517	550585	642979	748797	
发放款项④⑭（亿港元）	21.6	51.3	90.6	188.8	
交通意外伤亡援助					
获批个案数目④	5310	5998	7203	7675	
发放款项④（万港元）	4990	13000	18719	21502	
治安					
举报罪案合计（件）	88300	77245	75965	72911	67740
暴力罪案总计（件）	18820	14812	13546	12153	11073
犯罪被捕人数总计（人）	44013	40930	37956	36609	33679

注：本表数据由香港特别行政区政府统计处提供，国家统计局整理编辑。1996年及以前年份数据均指原香港地区。

① 以环比物量计算的本地生产总值及其组成部分的参照年为2012年。

② 期末头寸。

③ 自2005年统计年度开始，所有工业生产指数均按《香港标准行业分类2.0版》编制。

④ 财政年度数字。指当年4月1日至第二年3月31日。

⑤ 由于宏观经济环境转变，政府于2002年为房屋政策重新定位，决定停建及停售居者有其屋计划(居屋)单位。当时正在兴建而其后于2002年至2004年期间落成的居屋单位，于2007年起才分批发售，统计这些单位时以其首次推售时间作为「落成时间」。为回应中低收入人士自置居所的要求，政府于2011年决定复建居屋。首批2160个新建居屋单位，预计于2016-17年度落成，并已于2014年12月预售。

⑥ 2002年及以前没有“初次呈交图则”和“重大修改”的分类数字。

⑦ 财政年度终结数字。指第二年3月31日。

⑧ 包括外币掉期存款。

⑨ 已扣除外币掉期存款。

⑩ 不包括贸易融资的贷款。

⑪ 由1998年起，采用一系列新的集装箱吞吐量数字。与1998年以前的数字不可比。

⑫ 1996年及以后的数字包括经澳门访港的非澳门居民旅客人数。

⑬ 从2001年起，疾病及死因分类按照根据《疾病和有关健康问题的国际统计分类》(ICD)第十次修订本重新编制。与2001年以前数字不可比。

⑭ 2010年及2013年的开支包括于该财政年度分别向综援受助人及公共福利金受惠人额外发放的一个月标准金额及一个月津贴。

澳门特别行政区主要社会经济指标（一）

指　　标	1990年	2000年	2010年	2013年	2014年
本地生产总值①					
以2012年环比物量计算					
本地生产总值实际增长率(支出法)(%)	8.0	5.7	27.5	10.7	-0.4
本地生产总值（亿澳门元）	653.9	851.2	2594.2	3801.1	3787.7
人均本地生产总值（万澳门元）	19.5	19.8	48.3	64.1	61.0
按当年价格计算					
本地生产总值名义增长率(支出法)(%)	20.4	2.7	33.4	19.3	8.1
本地生产总值（亿澳门元）	254.6	516.3	2269.4	4099.6	4433.0
人均本地生产总值（万澳门元）	7.6	12.0	42.3	69.2	71.4
人口及生命统计					
年中人口（万人）	33.5	43.1	53.7	59.2	62.2
出生率（‰）	20.5	8.9	9.5	11.1	11.8
死亡率（‰）	4.4	3.1	3.3	3.2	3.1
劳动力					
劳动人口（万人）	16.9	20.9	32.4	36.8	39.5
劳动力参与率（%）	66.6	64.3	72.0	72.7	73.8
失业率（%）	3.2	6.8	2.8	1.8	1.7
就业不足率（%）	2.3	3.0	1.7	0.6	0.4
就业人口（万人）	16.3	19.5	31.5	36.1	38.8
（Ⅰ）制造业	5.3	3.8	1.5	0.9	0.7
（Ⅱ）批发及零售业②	3.5	3.0	4.1	4.5	4.5
（Ⅲ）餐厅及酒店业		2.1	4.3	5.4	5.5
（Ⅳ）团体、社会及个人服务业	4.5	2.2	7.5	9.3	9.4
对外商品贸易					
出口（亿澳门元）	136.4	203.8	69.6	90.9	99.1
本地产品出口（亿澳门元）		170.8	23.9	20.1	20.2
转口（亿澳门元）		33.0	45.7	70.8	78.9
进口（亿澳门元）	123.4	181.0	441.2	810.1	899.5
贸易条件指数（2011年=100）	114.4	115.8	99.3	97.6	97.1
工业生产					
工业电力消耗量（亿千瓦小时）		1.6	1.6	1.8	1.9
建筑					
建成的私人楼宇单位数目（个）	11574	3146	4527	1316	3001
建成的私人楼宇总建筑面积(万平方米)	105.7	37.0	127.2	56.2	44.0
新动工的私人楼宇单位数目（个）		1167	870	2241	1900
新动工的私人楼宇总建筑面积(万平方米)		20.3	18.4	239.6	223.9
楼宇单位买卖数目（个）	8463	10211	29617	19237	13230
不动产买卖契约数目（宗）	8559	12484	12707	10527	10279
不动产按揭贷款数目（宗）	6610	7367	15127	17093	32193
运输、通讯、旅游					
进出澳门货运车辆数目③(万辆)	26.4	45.4	35.8	31.1	35.7
领牌车辆④（万辆）	5.1	11.4	19.7	22.8	24.0
电话线（万条）	9.6	17.7	16.8	15.8	15.4
访澳旅客⑤（万人次）	594.2	916.2	2496.5	2932.5	3152.6
酒店入住率（%）	69	58	80	83	87

澳门特别行政区主要社会经济指标（二）

指　　标	1990年	2000年	2010年	2013年	2014年
政府收支、货币、金融(亿澳门元)					
政府总收入①	60.2	153.4	884.9	1759.5	1560.7
政府总开支①	55.1	150.2	383.9	513.9	657.8
货币供应（广义货币供应量M_2）					
澳门元⑥	70.2	232.2	680.4	1064.3	1245.5
港元	150.8	445.1	1328.1	2354.5	2473.4
其他货币	86.5	171.9	422.1	995.4	1157.1
总计	307.4	849.2	2430.5	4414.1	4875.9
本地机构及私人贷款及垫款	156.0	382.0	1267.9	2517.1	3345.9
消费价格指数					
(2013年10月至2014年9月=100)					
综合消费价格指数		64.82	80.50	95.35	101.11
甲类消费价格指数		62.86	79.56	94.76	100.99
乙类消费价格指数		64.79	79.87	94.83	100.42
房屋（期末值）					
公共房屋⑦（个）	4871	9084	8174	12221	11344
教育⑧					
幼儿教育学生（人）	20814	14978	10804	13395	14552
小学生（人）	34972	45474	23785	22862	24252
中学生（人）	17601	38156	37224	32054	30088
高等教育学生（人）	7425	8358	25539	29521	30771
医疗					
死亡人数（人）	1482	1338	1774	1920	1939
死于心脏病人数（人）	356	252	140	110	126
死于癌症人数（人）	283	352	581	709	671
婴儿死亡率（按每千名出生登记活产婴儿计算）	8.4	2.9	2.9	2.0	2.0
社会保障					
供款单位数目		8451	34294	20842	22339
总发放援助次数（万次）		16.3	52.3	125.2	162.0
总发放金额（亿澳门元）		2.0	7.5	22.0	26.1
治安					
罪案数目（宗）	5514	8925	11649	13685	14016
囚犯数目（期末值,人）	719	847	929	1154	1205

注：本表数据由澳门特别行政区政府统计暨普查局提供，国家统计局整理编辑。1998年及以前数据均指原澳门地区。

①数字在日后得到更多资料时会作出修订。

②1990年“批发及零售业”数字包含了“酒店及饮食业”数字。

③自2000年开始包括进出关闸及路氹城边检站的数字；另外，自2007年开始亦包括进出跨境工业区边检站的数字。

④自2007年开始不包括单车。

⑤自2008年开始访澳旅客不包括外地雇员及学生等。

⑥“中华人民共和国澳门特别行政区基本法”说明，澳门元是澳门特别行政区的法定货币。

⑦不包括已出售者。

⑧不包括特殊教育学生。第n年的学生人数是指n/n+1学年年底学生人数。2007/2008学年起不包括回归教育学生人数；2010/2011学年起为注册学生人数。

台湾省主要社会经济指标（一）

指　　标	1995年	2000年	2010年	2013年	2014年
人口					
户籍登记人口数①（万人）	2136	2228	2316	2337	2343
人口自然增加率（‰）	9.90	8.08	0.91	1.85	1.98
人口社会增加率（‰）	-1.45	0.22	0.92	0.62	0.59
人口密度（人/平方公里）	590	616	640	646	647
性别比①（女性=100）	106.0	104.7	100.9	100.0	100.0
离婚率（对/千人）	1.57	2.37	2.51	2.30	2.27
劳动、就业					
劳动力人口（万人）	921	978	1107	1145	1154
劳动参与率（%）	58.7	57.7	58.1	58.4	58.5
男	72.0	69.4	66.5	66.7	66.8
女	45.3	46.0	49.9	50.5	50.6
工业占就业人口比重（%）	38.7	37.2	35.9	36.2	36.1
服务业占就业人口比重（%）	50.7	55.0	58.8	58.9	58.9
失业率（%）	1.8	3.0	5.2	4.2	4.0
工业及服务业每月人均薪资(新台币元)	35449	41938	44359	45664	47300
工业	33508	39679	42754	44076	45378
服务业	37558	44180	45656	46921	48815
就业服务					
求供倍数（倍）	2.1	1.6	1.3	1.7	2.0
求职人数（万人）		28.9	118.3	92.2	76.0
求才人数（万人）		47.0	149.5	155.6	151.9
生活环境					
平均每人每月用电量（千瓦小时）	105.2	130.9	146.5	145.9	151.4
平均每人每月用水量（立方米）	10.1	10.5	11.0	11.1	11.4
公共安全					
刑案发生率（件/十万人）	2023	1977	1607	1281	1312
犯罪人口率（人/十万人）	734	819	1164	1094	1128
刑案破获率（%）	53.7	59.2	79.7	86.6	86.1
少年犯罪人数(13-17岁)（人）	29287	18144	11102	12038	11121
火灾发生次数（次）	10916	15560	2186	1451	1417
火灾死伤人数（人）	908	994	391	281	368
机动车肇事率（件/万辆）	2.76	31.76	101.94	126.80	137.72
道路交通事故伤亡人数					
死亡（人）	3065	3388	2047	1928	1819
受伤（人）	2933	66895	293764	373568	390916
参保人数					
全民健保参保人数（万人）		2140	2307	2346	2362
公保、劳保、农保参保人数（万人）					
公教人员保险	63	63	60	59	59
劳工保险	764	792	940	975	992
农民保险	180	178	151	141	135

台湾省主要社会经济指标（二）

指　　标	1995年	2000年	2010年	2013年	2014年
工业					
受雇者劳动生产力指数(2011年＝100)			97.1	99.4	103.1
工业生产指数（2011年＝100）			95.8	100.4	106.8
制造业			95.5	100.2	106.9
房屋建筑工程业			93.0	111.1	122.8
工业生产总值（新台币亿元）	71609	91425	149384	149453	155480
核准对外投资（亿美元）	13.6	50.8	28.2	52.3	72.9
核准侨外投资（亿美元）	29.3	76.1	38.1	49.3	57.7
核发建筑物使用执照总楼地板面积（万平方米）	5526	3502	2401	2877	3172
商业及对外贸易					
营利事业家数①(万家)	99.4	105.7	121.4	129.8	132.1
营利事业销售额（新台币亿元）	190210	258436	363712	385387	403681
贸易额（亿美元）					
出口	1117	1520	2746	3054	3137
进口	1036	1407	2512	2701	2740
出(入)超	81	112	234	355	397
对日出(入)超（亿美元）	-171	-217	-339	-240	-218
对美出(入)超（亿美元）	56	103	61	74	74
对中国内地和香港出(入)超(亿美元)			772	770	749
外销订单（亿美元）	1136	1534	4067	4429	4728
运输通信					
交通运输客运人数					
铁路（亿人）	1.6	4.6	7.8	9.7	10.2
公路（亿人）	12.0	11.0	11.1	12.2	12.4
航空（万人）					
省内	2874	2665	973	1055	1056
国际	1499	1978	3111	3939	4440
高速公路通行车辆数（万辆次）	36815	45381	55506	58978	518391③
每百人机动车辆数①(辆)	61.8	76.4	93.8	92.3	90.9
港埠货物装卸量（万收费吨）	42017	56695	65540	70575	74861
观光（万人次）					
出岛旅客	519	733	942	1105	1184
来台湾旅客	233	262	557	802	991
财政、金融及景气					
赋税实征净额②(新台币亿元)	12323	19298	16222	18341	19761
直接税（%）	52.4	56.6	62.1	59.5	59.8
间接税（%）	47.6	43.4	37.9	40.5	40.2
外汇存底①(亿美元)	903.1	1067.4	3820.1	4168.1	4189.8
汇率					
1美元兑新台币	27.32	33.06	30.42	29.82	31.68
1日元兑新台币	0.2661	0.2908	0.3753	0.2855	0.2663
货币供应量$M_2$①(新台币亿元)	128054	188978	309544	355189	376968
年增长率（%）	9.4	6.5	5.4	5.8	6.1
存款①(新台币亿元)	131309	193087	310063	350624	371339
放款与投资①(新台币亿元)	121003	166220	228037	267206	281106

台湾省主要社会经济指标（三）

指标	1995年	2000年	2010年	2013年	2014年
财政、金融及景气					
再贴现率①(年息百分比率)	5.500	4.625	1.625	1.875	1.875
本地银行逾放比率①(%)	2.85	5.34	1.15	0.38	0.25
股价指数（1966年＝100）	5544	7847	7950	8093	8992
国际收支平衡（亿美元）	-39.3	24.8	401.7	113.2	130.2
经常账户	54.7	89.0	384.6	552.6	653.4
资本账户	-6.5	-2.9	-1.2	0.1	-0.8
金融账户	-81.9	-80.2	-3.6	-429.3	-530.5
物价年涨跌率(%)					
批发		1.82	5.46	-2.43	-0.56
消费者		1.26	0.96	0.79	1.20
进口		4.63	7.04	-4.45	-2.09
出口		-0.88	2.02	-2.07	0.10
国民经济核算					
本地居民生产总值(新台币亿元)	71291	101716	145489	156462	166214
本地生产总值（新台币亿元）	70179	100320	141192	152212	160818
居民最终消费支出	41247	60872	74977	82493	85552
固定资本形成总额	17506	23940	33359	33712	34687
商品及服务出口	33670	53924	100135	105803	112547
减：商品及服务进口	32504	51728	90154	91945	95730
经济增长率（%）	6.4	5.8	10.6	2.2	3.7
农业	2.9	1.2	2.2	3.5	3.5
工业	5.1	5.8	20.3	1.6	5.6
服务业	7.4	5.9	5.8	2.2	2.4
产业结构（%）					
农业	3.5	2.0	1.6	1.7	1.9
工业	36.4	29.1	34.0	33.2	34.1
服务业	60.1	68.9	64.4	65.1	64.1
人均本地居民生产总值					
新台币元	336042	459729	628706	670226	710407
美元	12686	14721	19864	22513	23390
居民储蓄总额（新台币亿元）	19278	26114	48218	49056	53428
储蓄率（%）	27.0	25.7	33.1	31.4	32.1

注：①年底数。②为年度资料。③从2013年12月30日起，国道高速公路由计次收费改为计程电子收费。
资料来源：台湾统计月报。

世界主要国家和地区国内生产总值和人均国内生产总值

国家和地区	国内生产总值（亿美元）			人均国内生产总值（美元）		
	2000年	2010年	2013年	2000年	2010年	2013年
世　界	**329811**	**645483**	**748999**	**5455**	**9474**	**10610**
高收入国家	**272419**	**457399**	**504470**	**22749**	**36050**	**39116**
中等收入国家	**55612**	**183954**	**239001**	**1308**	**3833**	**4814**
低收入国家	**1787**	**4270**	**5745**	**281**	**573**	**722**
中　国	11985	59305	92403	949	4433	6807
印　度	4766	17085	18768	457	1417	1499
印度尼西亚	1650	7092	8683	790	2947	3475
日　本	47312	54954	49196	37292	43118	38634
韩　国	5616	10945	13046	11948	22151	25977
马来西亚	938	2475	3132	4005	8754	10538
巴基斯坦	740	1772	2323	514	1023	1275
新加坡	958	2364	2979	23793	46570	55182
菲律宾	810	1996	2721	1043	2136	2765
泰　国	1227	3189	3873	1969	4803	5779
埃　及	998	2189	2720	1510	2804	3314
尼日利亚	464	3691	5218	378	2311	3006
南　非	1329	3652	3506	3020	7176	6618
加拿大	7395	16141	18268	24032	47465	51958
墨西哥	6836	10516	12609	6582	8921	10307
美　国	102848	149644	167681	36450	48377	53042
阿根廷	2842	4627	6099	7701	11460	14715
巴　西	6447	21431	22457	3694	10978	11208
法　国	13684	26468	28064	22466	40706	42503
德　国	19472	34120	37303	23685	41723	46269
意大利	11422	21266	21495	20059	35876	35926
荷　兰	4134	8364	8535	25958	50338	50793
俄罗斯	2597	15249	20968	1772	10710	14612
西班牙	5954	14316	13930	14788	30736	29863
英　国	15487	24079	26785	26296	38363	41787
澳大利亚	4150	11413	15604	21667	51801	67458
新西兰	520	1435	1858	13483	32846	41556

资料来源：世界银行数据库。

世界主要国家和地区经济增长率

单位：%

年份	世界	欧元区	美国	日本	巴西	印度	俄罗斯	南非
1980	2.0		-0.2	3.2	9.2	5.3		6.6
1981	2.3		2.6	4.2	-4.4	6.0		5.4
1982	0.8		-1.9	3.4	0.6	3.5		-0.4
1983	2.8		4.6	3.1	-3.4	7.3		-1.8
1984	4.8		7.3	4.5	5.3	3.8		5.1
1985	3.9		4.2	6.3	7.9	5.3		-1.2
1986	3.4		3.5	2.8	7.5	4.8		0.0
1987	3.8		3.5	4.1	3.6	4.0		2.1
1988	4.6		4.2	7.1	0.3	9.6		4.2
1989	3.9		3.7	5.4	3.2	5.9		2.4
1990	3.4		1.9	5.6	-4.2	5.5		-0.3
1991	2.4		-0.1	3.3	1.0	1.1		-1.0
1992	2.3	1.4	3.6	0.8	-0.5	5.5		-2.1
1993	2.2	-0.8	2.7	0.2	4.7	4.8	-8.7	1.2
1994	3.3	2.5	4.0	0.9	5.3	6.7	-12.7	3.2
1995	3.4	2.9	2.7	1.9	4.4	7.6	-4.1	3.1
1996	3.9	1.6	3.8	2.6	2.2	7.6	-3.6	4.3
1997	4.1	2.6	4.5	1.6	3.4	4.1	1.4	2.6
1998	2.5	2.9	4.5	-2.0	0.4	6.2	-5.3	0.5
1999	3.6	2.9	4.7	-0.2	0.5	8.5	6.4	2.4
2000	4.8	3.8	4.1	2.3	4.4	4.0	10.0	4.2
2001	2.5	2.1	1.0	0.4	1.3	4.9	5.1	2.7
2002	2.9	0.9	1.8	0.3	3.1	3.9	4.7	3.7
2003	4.0	0.7	2.8	1.7	1.2	7.9	7.3	2.9
2004	5.4	2.2	3.8	2.4	5.7	7.8	7.2	4.6
2005	4.9	1.7	3.3	1.3	3.1	9.3	6.4	5.3
2006	5.5	3.2	2.7	1.7	4.0	9.3	8.2	5.6
2007	5.7	3.0	1.8	2.2	6.0	9.8	8.5	5.4
2008	3.1	0.5	-0.3	-1.0	5.0	3.9	5.2	3.2
2009	0.0	-4.5	-2.8	-5.5	-0.2	8.5	-7.8	-1.5
2010	5.4	2.0	2.5	4.7	7.6	10.3	4.5	3.0
2011	4.2	1.6	1.6	-0.5	3.9	6.6	4.3	3.2
2012	3.4	-0.8	2.3	1.8	1.8	5.1	3.4	2.2
2013	3.4	-0.5	2.2	1.6	2.7	6.9	1.3	2.2
2014	3.4	0.9	2.4	-0.1	0.1	7.2	0.6	1.5

资料来源：国际货币基金组织WEO数据库。

世界主要国家和地区消费者价格指数

(2010年=100)

年份	世界	欧元区	美国	日本	巴西	印度	俄罗斯	南非
1980	5.1	36.9	37.8	77.2		10.1		6.1
1981	5.9	41.3	41.7	81.0		11.4		7.0
1982	6.9	45.3	44.3	83.2		12.3		8.0
1983	7.9	49.1	45.7	84.7		13.7		9.0
1984	9.0	52.5	47.6	86.7		14.9		10.0
1985	10.3	55.6	49.3	88.4		15.7		11.6
1986	11.5	57.2	50.3	89.0		17.1		13.8
1987	13.1	57.5	52.1	89.1		18.6		16.1
1988	15.2	58.0	54.2	89.7		20.3		18.1
1989	17.0	58.5	56.9	91.7		21.0		20.8
1990	21.5	60.3	59.9	94.5		22.9		23.7
1991	25.3	63.3	62.5	97.6		26.0		27.4
1992	29.6	62.9	64.3	99.3	0.1	29.1	0.1	31.2
1993	35.3	65.0	66.2	100.5	1.0	31.0	0.5	34.2
1994	44.9	67.6	68.0	101.2	22.1	34.1	2.1	37.3
1995	51.6	71.2	69.9	101.1	36.6	37.6	6.3	40.5
1996	56.0	72.6	71.9	101.2	42.4	41.0	9.4	43.5
1997	59.4	74.9	73.6	103.0	45.4	43.9	10.7	47.2
1998	62.7	76.4	74.8	103.7	46.8	49.7	13.7	50.5
1999	66.1	78.1	76.4	103.4	49.1	52.1	25.5	53.1
2000	69.2	79.9	79.0	102.7	52.5	54.2	30.8	55.9
2001	72.1	82.5	81.2	101.9	56.1	56.2	37.4	59.1
2002	74.5	84.3	82.5	100.5	60.9	58.6	43.3	64.5
2003	77.1	86.3	84.4	100.7	69.8	60.9	49.2	68.3
2004	79.9	88.2	86.6	100.7	74.4	63.1	54.5	69.3
2005	82.9	90.4	89.6	100.4	79.6	65.8	61.4	71.6
2006	85.9	92.7	92.4	100.7	82.9	69.9	67.4	74.9
2007	89.1	94.8	95.1	100.7	85.9	74.3	73.5	80.3
2008	94.3	98.1	98.7	102.1	90.8	80.5	83.8	89.5
2009	96.5	98.0	98.4	100.7	95.2	89.3	93.6	95.9
2010	100.0	100.0	100.0	100.0	100.0	100.0	100.0	100.0
2011	104.8	102.7	103.2	99.7	106.6	108.9	108.4	110.9
2012	108.8	105.2	105.3	99.7	112.4	119.0	113.9	113.4
2013	112.8	106.7	106.8	100.0	119.4	132.0	121.6	117.1
2014	116.4	107.2	108.6	102.8	126.9	140.4	131.2	123.6

资料来源：国际货币基金组织数据库。

世界主要国家和地区就业结构与失业率

单位：%

国家和地区	年份	就业结构			年份	失业率
		第一产业	第二产业	第三产业		
中国	2011	34.8	29.5	35.7	2013	4.1
印度	2012	47.2	24.7	28.1	2013	3.6
印度尼西亚	2012	35.1	21.7	43.2	2013	6.3
以色列	2009	1.7	20.4	77.1	2013	6.2
日本	2010	3.7	25.3	69.7	2013	4.0
哈萨克斯坦	2012	25.5	19.4	55.1	2013	5.2
韩国	2010	6.6	17.0	76.4	2014	3.5
马来西亚	2012	12.6	28.4	59.0	2014	2.9
巴基斯坦	2013	43.7	21.5	33.2	2008	5.2
菲律宾	2012	32.2	15.4	52.5	2013	7.1
新加坡	2009	1.1	21.8	77.1	2013	2.8
斯里兰卡	2012	39.4	17.7	41.5	2011	4.0
泰国	2012	39.6	20.9	39.4	2013	0.7
埃及	2011	29.2	23.5	47.1	2013	13.3
南非	2011	4.6	24.3	62.7	2014	25.1
加拿大	2008	2.4	21.5	76.5	2014	6.9
墨西哥	2011	13.4	24.1	61.9	2014	4.5
美国	2010	1.6	16.7	81.2	2013	7.4
阿根廷	2012	0.6	23.4	75.3	2013	7.1
巴西	2011	15.3	21.9	62.7	2014	4.8
委内瑞拉	2012	7.7	21.2	70.7	2013	7.5
捷克	2012	3.1	38.1	58.8	2013	7.7
法国	2012	2.9	21.7	74.9	2012	9.8
德国	2012	1.5	28.2	70.2	2013	6.9
意大利	2012	3.7	27.8	68.5	2013	12.2
荷兰	2011	2.5	15.3	71.5	2013	8.3
波兰	2012	12.6	30.4	57.0	2013	13.5
俄罗斯	2009	9.7	27.9	62.3	2014	5.2
西班牙	2012	4.4	20.7	74.9	2013	26.4
土耳其	2012	23.6	26.0	50.4	2013	9.7
乌克兰	2012	17.2	20.7	62.1	2013	7.1
英国	2012	1.2	18.9	78.9	2014	6.2
澳大利亚	2009	3.3	21.1	75.5	2013	5.7
新西兰	2009	6.6	20.9	72.5	2013	6.2

资料来源：世界银行数据库、国际货币基金组织IFS数据库、各国统计局官网。

世界主要国家和地区货物进出口贸易额

单位：亿美元

国家和地区	2000年		2010年		2013年		2014年	
	出口	进口	出口	进口	出口	进口	出口	进口
世界	**64580**	**67250**	**153010**	**155110**	**188260**	**189040**	**189350**	**190240**
中国	2492	2251	15778	13962	22090	19500	23427	19603
印度	424	515	2264	3502	3148	4654	3174	4604
印度尼西亚	654	436	1578	1357	1826	1866	1763	1782
伊朗	287	139	1013	654	825	490	888	520
以色列	314	377	584	612	668	749	681	753
日本	4792	3795	7698	6941	7151	8332	6838	8223
哈萨克斯坦	88	50	600	311	847	488	782	412
韩国	1723	1605	4664	4252	5596	5156	5727	5255
老挝	3	5	17	21	23	30	27	33
马来西亚	982	820	1986	1646	2283	2059	2341	2089
蒙古	5	6	29	33	43	64	58	52
缅甸	16	24	87	48	112	120	150	178
巴基斯坦	90	109	214	378	251	446	247	476
菲律宾	381	370	515	585	567	651	618	671
新加坡	1378	1345	3519	3108	4102	3730	4098	3662
斯里兰卡	54	63	86	135	102	180	112	197
泰国	690	619	1933	1829	2285	2504	2276	2280
越南	145	156	722	848	1320	1320	1505	1493
埃及	53	146	264	529	285	583	271	675
尼日利亚	210	87	840	442	1030	560	980	637
南非	300	297	913	968	959	1264	910	1219
加拿大	2766	2448	3875	4027	4583	4743	4743	4749
墨西哥	1664	1795	2983	3102	3800	3910	3975	4116
美国	7819	12593	12785	19692	15796	23291	16232	24094
阿根廷	263	252	682	568	817	737	719	652
巴西	551	586	2019	1915	2420	2506	2251	2391
委内瑞拉	335	162	657	390	890	544	805	443
捷克	291	320	1330	1267	1623	1443	1738	1522
法国	3276	3389	5238	6111	5810	6815	5832	6792
德国	5518	4972	12589	10548	14518	11916	15109	12174
意大利	2405	2388	4473	4870	5183	4794	5287	4717
荷兰	2331	2183	5743	5164	6716	5897	6724	5868
波兰	317	490	1597	1780	2050	2076	2167	2181
俄罗斯	1050	449	4006	2486	5233	3413	4967	3080
西班牙	1153	1561	2544	3270	3178	3406	3228	3560
土耳其	278	545	1139	1855	1518	2517	1576	2422
乌克兰	146	140	515	609	643	768	542	543
英国	2854	3481	4160	5911	5410	6558	5068	6829
澳大利亚	639	715	2126	2016	2526	2421	2402	2376
新西兰	133	139	314	306	394	396	416	425

资料来源：世界贸易组织数据库。

万美元国内生产总值能耗[①]

单位：吨标准油/万美元

国家和地区	1990年	2000年	2005年	2010年	2012年	2013年
世　　界	**1.84**	**1.57**	**1.49**	**1.39**	**1.36**	
中　　国	5.15	2.55	2.45	2.04	2.02	
印　　度	2.05	1.72	1.47	1.32	1.28	
印度尼西亚	1.29	1.33	1.23	1.09	1.02	
伊　　朗	1.42	1.74	1.86	1.80	1.76	
以 色 列	1.43	1.13	1.03	1.03	0.99	1.00
日　　本	1.20	1.27	1.20	1.13	1.05	1.01
哈萨克斯坦	3.53	2.47	2.15	2.33	2.27	
韩　　国	1.80	1.93	1.71	1.66	1.67	1.65
马来西亚	1.16	1.28	1.37	1.26	1.25	
蒙　　古	3.63	2.56	2.05	1.97	1.75	
巴基斯坦	1.30	1.32	1.23	1.15	1.13	
菲 律 宾	1.15	1.21	0.94	0.77	0.74	
新 加 坡	1.10	0.90	0.83	0.94	0.86	
斯里兰卡	0.97	0.88	0.78	0.63	0.62	
泰　　国	1.16	1.30	1.39	1.38	1.40	
越　　南	1.80	1.40	1.44	1.51	1.48	
埃　　及	0.95	0.79	1.02	0.89	0.92	
尼日利亚	2.44	2.60	1.85	1.41	1.38	
南　　非	2.49	2.50	2.43	2.32	2.23	
加 拿 大	2.41	2.19	2.09	1.81	1.77	1.75
墨 西 哥	1.14	0.95	1.03	0.98	0.98	0.97
美　　国	2.07	1.75	1.58	1.45	1.41	1.34
巴　　西	0.94	0.98	0.98	0.97	0.96	
委内瑞拉	1.52	1.60	1.66	1.57	1.40	
捷　　克	2.42	1.90	1.72	1.50	1.45	1.44
法　　国	1.30	1.19	1.18	1.09	1.04	1.03
德　　国	1.40	1.11	1.07	0.99	0.91	0.89
意 大 利	0.84	0.84	0.85	0.80	0.79	0.76
荷　　兰	1.35	1.10	1.12	1.10	1.00	1.03
波　　兰	2.68	1.60	1.43	1.25	1.19	1.12
俄 罗 斯	3.06	3.21	2.51	2.27	2.27	
西 班 牙	0.96	0.99	0.97	0.83	0.82	0.83
土 耳 其	0.92	0.93	0.82	0.87	0.86	0.87
乌 克 兰	4.62	5.65	4.17	3.67	3.33	
英　　国	1.36	1.16	1.01	0.89	0.81	0.83
澳大利亚	1.77	1.60	1.43	1.35	1.32	1.38
新 西 兰	1.65	1.61	1.32	1.34	1.30	1.30

注：①国内生产总值按2011年不变价PPP法计算。

资料来源：世界银行WDI数据库。

中国主要经济指标和主要工农业产品产量居世界位次

指　　标	1978年	1990年	2000年	2005年	2010年	2013年
国内生产总值	**10**	**11**	**6**	**4**	**2**	**2**
人均国民总收入①	**175(188)**	**178(200)**	**141(207)**	**128(208)**	**120(215)**	**109(214)**
货物进出口额	**29**	**15**	**8**	**3**	**2**	**1**
外汇储备	**38**	**7**	**2**	**2**	**1**	**1**
主要工业产品产量						
粗　钢	5	4	2	1	1	1
煤	3	1	1	1	1	1
原　油	8	5	5	5	4	4
发电量	7	4	2	2	1	1
水　泥	4	1	1	1	1	1
化　肥	3	3	1	1	1	1
棉　布	1	1	2	1	1	1
主要农业产品产量						
谷　物	2	1	1	1	1	1
肉　类②	3	1	1	1	1	1
籽　棉	3	1	1	1	1	1
大　豆	3	3	4	4	4	4
花　生	2	2	1	1	1	1
油菜籽	2	1	1	1	1	2
甘　蔗	7	4	3	3	3	4
茶　叶	2	2	2	1	1	1
水　果③	9	4	1	1	1	1

注：①括号中为参加排序的国家和地区数。②1990年以前为猪、牛、羊肉产量的位次。③不包括瓜类。

资料来源：联合国粮农组织数据库、联合国《统计月报》数据库及世界银行数据库。

附录一

主要统计指标解释

法人单位 指有权拥有资产、承担负债，并独立从事社会经济活动（或与其他单位进行交易）的组织。法人单位应同时具备以下条件：

（一）依法成立，有自己的名称、组织机构和场所，能够独立承担民事责任；

（二）独立拥有（或授权使用）资产或者经费，承担负债，有权与其他单位签订合同；

（三）具有包括资产负债表在内的账户，或者能够根据需要编制账户。

法人单位包括五种类型：企业法人、事业单位法人、机关法人、社会团体和其他成员组织法人、其他法人。

三次产业 指根据社会生产活动历史发展的顺序对产业结构的划分。我国第一产业是指农、林、牧、渔业（不含农、林、牧、渔服务业）；第二产业是指采矿业（不含开采辅助活动），制造业（不含金属制品、机械和设备修理业），电力、热力、燃气及水生产和供应业，建筑业；第三产业即服务业，是指除第一、二产业以外的其他行业。第三产业包括：批发和零售业，交通运输、仓储和邮政业，住宿和餐饮业，信息传输、软件和信息技术服务业，金融业，房地产业，租赁和商务服务业，科学研究和技术服务业，水利、环境和公共设施管理业，居民服务、修理和其他服务业，教育，卫生和社会工作，文化、体育和娱乐业，公共管理、社会保障和社会组织，国际组织，以及农、林、牧、渔业中的农、林、牧、渔服务业，采矿业中的开采辅助活动，制造业中的金属制品、机械和设备修理业。

国内生产总值(GDP) 指按市场价格计算的一个国家所有常住单位在一定时期内生产活动的最终成果。国内生产总值有三种表现形态，即价值形态、收入形态和产品形态。从价值形态看，它是所有常住单位在一定时期内生产的全部货物和服务价值与同期中间投入的全部非固定资产货物和服务价值的差额，即所有常住单位的增加值之和；从收入形态看，它是所有常住单位在一定时期内创造并分配给常住单位和非常住单位的初次收入之和；从产品形态看，它是所有常住单位在一定时期内最终使用的货物和服务价值与货物和服务净出口价值之和。在实际核算中，国内生产总值有三种计算方法，即生产法(总产出减中间投入)、收入法(由劳动者报酬、生产税净额、固定资产折旧、营业盈余组成)和支出法(由最终消费、资本形成总额、货物和服务净出口组成)。三种方法分别从不同的方面反映国内生产总值及其构成。对一个地区来说称为地区生产总值或地区 GDP。

当年价格 也称现行价格，指报告期内的实际市场价格。按现行价格计算的各种综合指标可以反映当年国民经济发展水平及比例关系，但因其变化受实物数量增减和价格升降因素的影响，在不同时期之间缺乏可比性。

可比价格　指计算各种总量指标所采用的扣除了价格变动因素的价格，可进行不同时期总量指标的对比。按可比价格计算总量指标有两种方法：一种是直接用产品产量乘某一年的不变价格计算；另一种是用价格指数对按现价计算的总量指标进行缩减。

人口数　指一定时点、一定地区范围内有生命的个人总和。年度统计的年末人口数指每年12月31日24时的人口数。年度统计的全国人口总数未包括香港、澳门特别行政区和台湾省以及海外华侨人数。

人口自然增长率　指在一定时期内(通常为一年)人口自然增加数(出生人数减死亡人数)与该时期内平均人数(或期中人数)之比，用千分率表示。计算公式为：

$$人口自然增长率=\frac{本年出生人数-本年死亡人数}{年平均人数}\times 1000‰$$

$$=人口出生率-人口死亡率$$

城镇登记失业人员　指有非农业户口，在一定的劳动年龄内(16周岁至退休年龄)，有劳动能力，无业而要求就业，并在当地劳动保障部门进行失业登记的人员。

城镇登记失业率　城镇登记失业人员与城镇单位就业人员(扣除使用的农村劳动力、聘用的离退休人员、港澳台及外方人员)、城镇单位中的不在岗职工、城镇私营业主、个体户主、城镇私营企业和个体就业人员、城镇登记失业人员之和的比。

全社会固定资产投资额　是以货币形式表现的在一定时期内全社会建造和购置固定资产的工作量以及与此有关的费用的总称。全社会固定资产投资按登记注册类型可分为国有、集体、联营、股份制、私营和个体、港澳台商、外商、其他等。

房地产开发投资　指各种登记注册类型的房地产开发法人单位统一开发的包括统代建、拆迁还建的住宅、厂房、仓库、饭店、宾馆、度假村、写字楼、办公楼等房屋建筑物，配套的服务设施，土地开发工程(如道路、给水、排水、供电、供热、通讯、平整场地等基础设施工程)和土地购置的投资；不包括单纯的土地开发和交易活动。

货物进出口总额　指实际进出我国国境的货物总金额。包括对外贸易实际进出口货物，来料加工装配进出口货物，国家间、联合国及国际组织无偿援助物资和赠送品，华侨、港澳台同胞和外籍华人捐赠品，租赁期满归承租人所有的租赁货物，进料加工进出口货物，边境地方贸易及边境地区小额贸易进出口货物(边民互市贸易除外)，中外合资企业、中外合作经营企业、外商独资经营企业进出口货物和公用物品，到、离岸价格在规定限额以上的进出口货样和广告品(无商业价值、无使用价值和免费提供出口的除外)，从保税仓库提取在中国境内销售的进口货物，以及其他进出口货物。我国规定出口货物按离岸价格统计，进口货物按到岸价格统计。

外商直接投资　指外国投资者在我国境内通过设立外商投资企业、合伙企业、与中方投资者共同进行石油资源的合作勘探开发以及设立外国公司分支机构等方式进行投资。外国投资者可以用现金、实物、无形资产、股权等投资，还可以用从外商投资企业获得的利润进行再投资。

公共财政收入 指国家财政参与社会产品分配所取得的收入，是实现国家职能的财力保证。主要包括：（1）各项税收：包括国内增值税、国内消费税、进口货物增值税和消费税、出口货物退增值税和消费税、营业税、企业所得税、个人所得税、资源税、城市维护建设税、房产税、印花税、城镇土地使用税、土地增值税、车船税、船舶吨税、车辆购置税、关税、耕地占用税、契税、烟叶税等。（2）非税收入：包括专项收入、行政事业性收费、罚没收入和其他收入。财政收入按现行分税制财政体制划分为中央本级收入和地方本级收入。

公共财政支出 指国家财政将筹集起来的资金进行分配使用，以满足经济建设和各项事业的需要。主要包括：一般公共服务、外交、国防、公共安全、教育、科学技术、文化体育与传媒、社会保障和就业、医疗卫生、环境保护、城乡社区事务、农林水事务、交通运输、资源勘探电力信息等事务、商业服务等事务、金融监管支出、国土气象等事务、住房保障支出、粮油物资储备管理等事务、国债付息支出等方面的支出。财政支出根据政府在经济和社会活动中的不同职权，划分为中央财政支出和地方财政支出。

货币供应量 指某一时点一国流通中的货币量。货币供应量可分为三个层次：

M_0：流通中的现金

M_1：即狭义货币，M_0＋单位活期存款

M_2：即广义货币，M_1＋准货币（单位定期存款＋居民储蓄存款＋单位其他存款＋证券公司客户保证金）

存款 指企业、机关、团体或居民根据资金必须收回的原则，把货币资金存入银行或其他信贷机构保管并取得一定利息的一种信用活动形式。根据存款对象或性质的不同可划分为单位存款、个人存款、财政性存款、临时性存款、委托存款、其他存款等科目。它是银行信贷资金的主要来源。

贷款 指银行或其他信贷机构根据资金必须归还的原则，按一定利率，为企业、个人等提供资金的一种信用活动形式。我国银行贷款分为短期贷款、中长期贷款、融资租赁、票据融资、各项垫款、境外贷款等。

上市公司 指向社会公开发行股票且股票在交易所上市的公司。

股票市价总值 指上市股票在某一时点按市价与发行数量计算的总金额。

价格指数 指从生产者、购买者和市场的角度，分别反映不同时期货物和服务商品价格总水平变动趋势幅度的相对数。目前编制的价格指数主要有居民消费价格指数、商品零售价格指数、工业生产者出厂价格指数、工业生产者购进价格指数、固定资产投资价格指数、农产品生产价格指数等。

居民可支配收入（2013 年起） 居民可支配收入指居民可用于最终消费支出和储蓄的总和，即居民可用于自由支配的收入。既包括现金收入，也包括实物收入。按照收入的来源，可支配收入包含四项，分别为：工资性收入、经营性净收入、转移性净收入和财产性净收入。

居民消费支出（2013 年起） 居民消费支出是指居民用于满足家庭日常生活消费需要的全部支出，既包括现金消费支出，也包括实物消费支出。消费支出可划分为食品烟酒、衣

着、居住、生活用品及服务、交通和通信、教育文化和娱乐、医疗保健以及其他用品及服务八大类。

城镇居民可支配收入（2012 年及以前） 指家庭成员得到的可用于最终消费支出和其他非义务性支出以及储蓄的总和，即居民家庭可以用来自由支配的收入。它是家庭总收入扣除交纳的个人所得税、个人交纳的社会保障支出以及记账补贴后的收入。计算公式为：

$$\begin{matrix}\text{城镇居民}\\\text{可支配收入}\end{matrix}=\text{家庭总收入}-\text{交纳个人所得税}-\text{个人交纳的社会保障支出}-\text{记账补贴}$$

农村居民纯收入（2012 年及以前） 指农村住户当年从各个来源得到的总收入相应地扣除所发生的费用后的收入总和。计算公式为：

$$\begin{matrix}\text{农村居民}\\\text{纯收入}\end{matrix}=\text{总收入}-\begin{matrix}\text{家庭经营}\\\text{费用支出}\end{matrix}-\text{税费支出}-\begin{matrix}\text{生产性固定}\\\text{资产折旧}\end{matrix}-\begin{matrix}\text{赠送农村内}\\\text{部亲友}\end{matrix}$$

恩格尔系数 指食品支出金额在生活消费总支出金额中所占的比例。计算公式为：

$$\text{恩格尔系数}=\frac{\text{食品支出金额}}{\text{生活消费总支出金额}}\times 100\%$$

农作物播种面积 指农业生产经营者应在日历年度内收获农作物在全部土地（耕地或非耕地）上的播种或移植面积。凡是本年内收获的农作物，无论是本年还是上年播种，都算为播种面积，但不包括本年播种，下年收获的农作物面积。

建筑业总产值 是以货币形式表现的建筑业企业在一定时期内生产的建筑业产品和提供服务的总和。建筑业总产值包括：

1. 建筑工程产值：指列入建筑工程预算内的各种工程价值。

2. 安装工程产值：指设备安装工程价值，不包括被安装设备本身价值。

3. 其他产值：建筑业总产值中除建筑工程、安装工程以外的产值。包括房屋构筑物修理产值、非标准设备制造产值、总包企业向分包企业收取的管理费以及不能明确划分的施工活动所完成的产值。

劳务分包企业建筑业总产值指劳务分包企业与总承包企业或专业承包企业签定劳务分包合同后，从事建筑安装工程取得的所有劳务收入。

货(客)运量 指在一定时期内，各种运输工具实际运送的货物重量(旅客数量)。货运按吨计算，客运按人计算。货物不论运输距离长短、货物类别，均按实际重量统计。旅客不论行程远近或票价多少，均按一人一次客运量统计；半价票、小孩票也按一人统计。

邮电业务总量 指以货币形式表现的邮电通信企业为社会提供各类邮电通信服务的总数量。计算方法为各类邮电通信服务业务的实物量分别乘以相应的不变单价，求出各类业务的货币量后加总求得。分别按邮政业务总量和电信业务总量统计。

社会消费品零售总额 指企业（单位、个体户）通过交易直接售给个人、社会集团非生产、非经营用的实物商品金额，以及提供餐饮服务所取得的收入金额。个人包括城乡居民和入境人员，社会集团包括机关、社会团体、部队、学校、企事业单位、居委会或村委会等。

国际旅游（外汇）收入　指入境游客在中国(大陆)境内旅行、游览过程中用于交通、参观游览、住宿、餐饮、购物、娱乐等全部花费。

小学学龄儿童净入学率　指调查范围内已入小学学习的学龄儿童占校内外学龄儿童总数的比重。计算公式为:

$$\text{小学学龄儿童净入学率}=\frac{\text{已入学的小学学龄儿童数}}{\text{校内外小学学龄儿童总数}}\times 100\%$$

研究与试验发展(R&D)　指在科学技术领域，为增加知识总量，以及运用这些知识去创造新的应用进行的系统的创造性的活动，包括基础研究、应用研究、试验发展三类活动。

城市居民最低生活保障人数　指报告期末家庭平均收入在当地规定的最低生活保障线以下的城市居民，并已领取补助经费的人数。包括“三无”对象、失业人员和在职、下岗、退休人员等。

农村居民最低生活保障人数　指报告期末在建立农村最低生活保障制度的地区，得到当地政府或集体给予最低生活保障的农业人口家庭，并已领取补助经费的人数。

粗离婚率　指当年离婚对数占年平均人口的比重，计算公式为:

$$\text{粗离婚率}=\frac{\text{当年离婚对数}}{\text{年平均人口数}}\times 1000‰$$

工业固体废物综合利用量　指报告期内企业通过回收、加工、循环、交换等方式，从固体废物中提取或者使其转化为可以利用的资源、能源和其他原材料的固体废物量(包括当年利用的往年工业固体废物累计贮存量)。如用做农业肥料、生产建筑材料、筑路等。

工业固体废物综合利用率　指工业固体废物综合利用量占固体废物产生量与综合利用往年贮存量之和的百分率。计算公式为:

$$\text{工业固体废物利用率}=\frac{\text{工业固体废物综合利用量}}{\text{工业固体废物产生量}+\text{综合利用往年贮存量}}\times 100\%$$

附录二

香港特别行政区主要统计指标解释

年中人口 在1996年前是以“广义时点”方法编制，数字包括在统计时点身在香港特别行政区的永久性居民、非永久性居民和旅客，亦包括暂时离港前往中国内地及澳门特别行政区的香港特别行政区永久性居民。自2000年8月起，“居住人口”方法已取代“广义时点”方法用以编制香港特别行政区的人口数字。追溯至1996年的修订人口数字已经编制。利用“居住人口”方法所编制的人口估计，称“居港人口”。“居港人口”包括“常住居民”和“流动居民”。

“常住居民”指两类人士：（一）在统计时点之前的6个月内，在港逗留最少3个月，又或在统计时点之后的6个月内，在港逗留最少3个月的香港特别行政区永久性居民，不论在统计时点他们是否身在香港特别行政区；及（二）在统计时点身在香港特别行政区的香港非永久性居民。至于“流动居民”，是指在统计时点之前的6个月内，在港逗留最少1个月但少于3个月，又或在统计时点之后的6个月内，在港逗留最少1个月但少于3个月的香港特别行政区永久性居民，不论在统计时点他们是否身在香港特别行政区。根据新的编制方法，旅客并不包括在香港特别行政区的人口内。

粗出生率 是指某一年内的活产婴儿数目相对年中每千名人口的比率。

粗死亡率 是指某一年内的死亡人数相对年中每千名人口的比率。

劳动人口 是指15岁及以上陆上非住院人口，并符合就业人口或失业人口的定义。

劳动人口参与率 是指劳动人口占所有15岁及以上陆上非住院人口的比例。

失业率 是指失业人口在劳动人口中所占的比例。失业人口包括所有在统计前7天内并无职位，且并无为赚取薪酬或利润而工作，而随时可工作，并在统计前30天内有找寻工作的15岁及以上人士。失业人口亦包括那些并无职位，有找寻工作，但由于暂时生病而不能工作的人士；及并无职位，可随时工作，但由于下列理由而没有找寻工作的人士：（I）已为于稍后时间担当的新工作或开展的业务作出安排；或（II）正期待返回原来的工作岗位；或（III）相信没有工作可做（第III类为“因灰心而不求职的人士”）。

就业不足率 是指就业不足人口在劳动人口中所占的比例。就业不足人口包括在统计前7天内在非自愿情况下工作少于35小时，而在统计前30天内有找寻更多工作，或即使没有找寻更多工作，但在统计前7天内可担任更多工作的就业人士。因工作量不足、原料短缺、机械故障或不能找到全职工作，以致只能工作短时数的人士，可视作非自愿情况下将工作时数缩短。根据此定义，因工作量不足而在统计前7天内放取无薪假期的就业人士，若在该7天期间内工作少于35小时甚或全段期间都在休假，亦会被界定为就业不足人士。

实质工资指数 是从名义工资指数中，以甲类消费物价指数扣除通胀的影响而得出，显示雇员所赚取工资金额购买力的转变。而名义工资指数是将接连两次统计调查中有关行业、职业及性别方面的劳动人口结构维持不变，从而量度督导级及以下雇员（即不包括经理级与专业雇员）工资率的纯变动。

本地生产总值 是指香港特别行政区的所有居民生产单位，在一个指定的期间内（一般是1年或1季），未扣除固定资本消耗的生产总值。由2009年的统计期开始，按经济活动划分的本地生产总值统计数字是按「香港标准行业分类 2.0 版」编制，其数列已作出后向估计至2000年。

本地居民总收入 是指香港特别行政区的居民，在其经济领域内或外从事各项经济活动而赚取的收入，但不包括非本地居民在香港特别行政区经济领域内从事经济活动的收入。

对外初次收入流量净值 是将对外初次收入流入，减去对外初次收入流出所得出的净值。初次收入组成部分主要分为投资收益及雇员报酬。香港特别行政区与中国内地之间的经济交易，包括对外初次收入流量，亦视作国际交易。

国际收支平衡 是一项统计报表，有系统地撮录在一个指定期间内（一般是1年或1季）某经济体与世界各地之间（即居民与非居民之间）进行的经济交易。完整的国际收支平衡表包括两大账户：(a) 经常账户；及 (b) 资本及金融账户。

国际投资头寸 是显示一个经济体在某特定时点的对外金融资产及负债存量的资产负债表。对外金融资产及负债的差额即为该经济体的国际投资头寸净值，代表其对世界各地的净申索或净负债。

居民消费物价指数 有四个数列，以反映消费价格变动对不同开支范围的住户的影响。甲类、乙类及丙类消费物价指数分别根据较低、中等及较高开支范围的住户开支模式编制而成。而综合消费物价指数是根据上述住户的整体开支模式而编制，反映消费价格转变对全体住户的影响。

指　　数	约占住户的百分比	住户于 2009 年 10 月至 2010 年 9 月期间的每月平均住户开支
综合消费物价指数	90%	\$4,500–\$65,999
甲类消费物价指数	50%	\$4,500–\$18,499
乙类消费物价指数	30%	\$18,500–\$32,499
丙类消费物价指数	10%	\$32,500–\$65,999

综合社会保障援助计划 其目的是向有需要的个人或家庭提供现金援助，使他们的收入达到一定水平，以应付生活上基本及特别需要。申请人无须供款，但必须接受经济状况调查。

公共福利金计划 包括高龄津贴、伤残津贴、广东计划及长者生活津贴。高龄津贴及伤残津贴分别是为年龄在70岁或以上或严重残疾的香港居民，每月提供现金津贴，以应付因年老或严重残疾而引致的特别需要。至于广东计划，是向符合申请资格并选择到广东省养老的长者继续提供现金津贴。而长者生活津贴，旨在为年龄在65岁或以上有经济需要的香港居民，每月提供特别津贴，以补助他们的生活开支。除长者生活津贴及65–69岁的广东计划申请人外，在本计划下发放的津贴均无须申请人接受经济状况调查。公共福利金计划的一宗个案指一位受助人士。

附录三

澳门特别行政区主要统计指标解释

本地生产总值　反映每年在澳门特区生产的货物和提供各种服务的总量。本摘要中的国内生产总值用支出法及生产法估算，支出法等于私人消费支出、政府最终消费支出、固定资本形成总额、库存变化和货物及服务出口净值（出口减进口）的总和。而生产法等于各经济行业的增加值总额的总和，这种方法可以评估澳门特区的产业结构。

出生率　参考期内新生婴儿数目与年中人口之千分比。

死亡率　参考期内死亡人数与年中人口之千分比。

劳动人口　在参考期间内可参与生产商品或提供服务的年龄在 16 岁及以上人士的总数。包括就业人口及失业人口。

就业人口　在参考期间内为赚取报酬、利润或家庭收入而工作最少 1 小时的年龄在 16 岁及以上人士。包括没有上班但与雇主保持正式工作联系的雇员，以及某些原因而暂时没有上班的公司东主或股东。

劳动力参与率　劳动人口占年龄在 16 岁及以上人士的百分比。

失业率　失业人口占劳动人口的百分比。

就业不足率　就业不足人口占劳动人口的百分比。

贸易条件指数　澳门称为贸易价格比率指数。即货物出口单位价格指数与货物进口单位价格指数之比率。

访澳旅客　指任何非以澳门特区为常居地的人士，其在澳门的逗留时间少于一年，旅客之旅游目的并非在澳门特区参与任何有偿活动。

酒店入住率　入住客房数量与可供应客房数量之百分比。

进口　将任何来自外地的货物运入澳门特区，但属以再进口及转运方式运入者除外。

出口　将任何货物运离澳门特区，但属以暂时出口及转运方式运离者除外。

本地产品出口　将原产地为澳门特区的任何货物运离澳门特区。

转口　澳门称为再出口。将任何先前进口入澳门特区的货物，不经加工运离澳门特区，或虽经加工，但尚不足以取得以澳门特区作为原产地资格的货物运离澳门特区。

楼宇单位　包括住宅、商业、办公室、工业、车位、酒店及其他单位。

楼宇总建筑面积　所有楼层楼面面积之总和。楼面面积从外墙起量度，包括大堂、楼梯、升降机所占面积以及所有公用地方面积。

广义货币供应量 M_2　指狭义货币供应量 M_1 加上准货币负债。准货币负债指储蓄存款、通知存款、定期存款、其他存款和存款证明书。

消费价格指数　反映澳门特区住户于购买一篮子之指定商品或服务时，在不同时间该等商品或服务之价格变动。

小学教育　为期 6 年，完成幼儿教育或在报名当年的 12 月 31 日年满 6 岁的儿童可报读小学教育第一年。就读小学的最高年龄为15岁。

中学教育　由两个阶段组成：初中教育及高中教育。

1)初中教育　为期3年，合格完成小学教育者可以入读。就读初中最大年龄为18岁，但在特别情况下，经教育机构决定，可以逾越此年限。

2)高中教育　为期3年，合格完成初中教育者可以入读。就读高中最大年龄为21岁，但在特别情况下，经教育机构决定，可以逾越此年限。

高等教育　由大学、理工学院及相等之学院开办之学位或非学位课程。